Band 26

Frauen an der Heimatfront

Erinnerungen 1939–1945

Band 26

Frauen an der Heimatfront

Erinnerungen 1939–1945

36 Geschichten und Berichte
von Zeitzeuginnen

Herausgegeben von Jürgen Kleindienst
& Ingrid Hantke

Zeitgut Verlag

Umschlagbild: Eine Schaffnerin im Kriegshilfsdienst der Post- und Verkehrsbetriebe im Zweiten Weltkrieg,1939–1945.
Foto: DIZ, München

Die im Buch veröffentlichten Abbildungen und Dokumente stammen, soweit nicht anders vermerkt, aus dem Privatbesitz der Verfasserinnen sowie aus folgenden Quellen: Hiltrud Bramm, Sachsenheim, S. 66, 69, 135; DIZ München, S. 87; Zeitgut-Archiv S. 177, 188, 191, 228, 242, 243.

Bibliografische Information Der Deutschen Bibliothek
Die Deutsche Bibliothek verzeichnet diese Publikation in der Deutschen Nationalbibliografie; detaillierte bibliografische Daten sind im Internet über http://dnb.ddb.de abrufbar.

© 2012 by Zeitgut Verlag GmbH, Berlin
2. Auflage 2013
Zeitgut Verlag GmbH
Klausenpaß 14, 12107 Berlin
Telefon 030 - 70 20 9 3 0, Telefax 030 - 70 20 93 22
E-Mail: info@zeitgut.de
Herausgeber: Jürgen Kleindienst & Ingrid Hantke
Textauswahl, Gesamtredaktion und Zusammenstellung: Ingrid Hantke
Lektorat: Ingrid Hantke, Barbara Jacob, Dr. Helga Miesch
Chronologie: Dirk Palm
Umschlaggestaltung: Daniel Kreisel, Berlin
Druck: GGP Media GmbH, Pößneck
Printed in Germany
Gebundene Ausgabe: ISBN 978-3-86614-206-0
Taschenbuch-Ausgabe: ISBN 978-3-86614-208-4

www.zeitgut.de

Inhalt

Orte

A

Ahlbeck/Usedom 205
Alt Kattenau 295
Ammensen 183

B

Baalau 225
Bad Pyrmont 128
Baden 210
Barth/Ostsee 236
Bergstadt 210
Berlin 78, 168, 200, 291
Blankenburg 140
Breslau 86, 210
Buchenwald 158
Buckow 38

C

Coesfeld 190

D

Danzig 225
Dargen 251
Deutsch-Krone 205
Dietfurt 236
Dülmen 190, 195

E

Ebenrode 295
Elbing 225
Erlangen 72

F

Frankenberg/Eder 107
Frankfurt/Main 86
Freudenfier 205
Furmanowka 295
Fürstenberg 158

G

Gießen 86
Gifting 54
Gleiwitz 210
Göppingen 68, 135
Greifenberg/Rega 236
Greifenhagen 60
Groß Gerau 86

H

Hamburg 54, 103, 112, 259
Hannover 183, 210
Hirschberg 210
Holzminden 183
Hüpede 210

J

Jebenhausen 66, 68, 135

K

Kaaden/Eger 284
Kassel 78
Köln 86
Köslin Koszalin 251, 255
Kronach 54

L

Leeheim 130
Lübeck 38
Lüdge 128
Lüneburg 158

Vorbemerkungen

Mit Beginn des Zweiten Weltkrieges 1939 sah man sie immer öfter im Straßenbild in Deutschland: die jungen Frauen in den Uniformen der Post oder der Bahn zum Beispiel, kriegsdienstverpflichtet und in Funktionen, die zuvor überwiegend Männer innehatten. Schon bald entstand neben der militärischen Front in den von Deutschland besetzten Ländern im Deutschen Reich selbst die so genannte Heimatfront. Hitler-Deutschland rüstete auf. Immer mehr Frauen übernahmen Tätigkeiten, um das Land zu versorgen. Ungelernte Hausfrauen arbeiteten in der Produktion von Rüstungsbetrieben. Viele Bäuerinnen bewirtschafteten alleine die Höfe ihrer Familien, oft nur unterstützt durch einen französischen Kriegsgefangenen, eine polnische Fremdarbeiterin oder deutsche RAD-Maiden. Frauen mußten sich als „Volksgenossinnen" in den Produktionsprozeß des Landes eingliedern lassen. In den knapp sechs Jahren, in denen sich das Dritte Reich im Krieg befand, wurden sie in eine aktive Rolle gedrängt, die dem ursprünglichen Frauenbild des Nationalsozialismus kaum entsprach.

Gleichzeitig wurde im Laufe des Krieges von Frauen erwartet, daß sie „kinderreiche" Mütter würden. Zum Muttertag des Jahres 1943 wurden knapp 138.000 Mutterkreuze verliehen, abgestuft vom vierten bis zum achten Kind, das eine Frau auf die Welt brachte. Und ein Jahr später verlangte der Reichsgesundheitsführer „Geburtenhöchstleistungen" von allen deutschen Müttern. Und weil die aktiven

Männer an der Front stehen mußten, gab er ergänzend die
Parole aus, von Soldaten sei „die gesunde Ansicht zu hören:
Jetzt habe ich ein Kind, jetzt kann ich beruhigt wieder an
die Front".

1944 wurde das Arbeitsdienstalter für Frauen in Deutschland von bisher 45 Jahren auf nunmehr 50 Jahre angeho-
ben. Solche Maßnahmen hätten in Anbetracht der unter
Waffen stehenden mehr als 17 Millionen deutscher Soldaten
dennoch für die Versorgung der deutschen Bevölkerung niemals ausgereicht, wenn nicht zusätzlich mehr als 7,6 Millionen Fremdarbeiter und Fremdarbeiterinnen im Deutschen
Reich gearbeitet hätten. In der Landwirtschaft war jeder
zweite Beschäftigte ausländischer Herkunft, im Bergbau und
im Bau- und Metallbereich war es jeder Dritte.

Im vorliegenden Buch schildern 28 Zeitzeuginnen der Jahr-
gänge 1913 bis 1929 und vier männliche Zeitzeugen die weitgehend unbekannte und vergessene Seite des Kriegsallta-
ges, wie er in der Heimat stattfand. Aber neben den Erleb-
nissen der Frauen bei der Arbeit und im Alltagsleben erzählen sie auch von Schicksalsschlägen, von ihren Ängsten und
von der Trauer um Todesfälle in der Familie, Nachbarschaft
und im Freundeskreis. Und sie schildern den Mut, die Ener-
gie und den Lebenswillen, die täglich erforderlich waren.

Damit setzt der neue Frauenband – diesmal als Original-
ausgabe – die wertvolle Erinnerungssammlung fort, die in
den Zeitgut-Bänden „Als wir Frauen stark sein mußten. Erinnerungen 1939 – 1945" und „Endlich wieder tanzen gehen. Erinnerungen 1945 –1952" begonnen wurde und auf
großes Interesse stieß.

Ingrid Hantke & Jürgen Kleindienst
Mai 2012

Chronologie 1939–1945

1939

13. Februar	Pflichtjahr im Reichsarbeitsdienst (RAD) gesetzlich festgelegt. Mit der Einführung des Pflichtjahrs für alle ledigen Frauen unter 25 mußte ab 1938 zudem eine einjährige Tätigkeit im Haushaltsdienst, der Soldatenbetreuung, in der Erntehilfe, im Luftschutz oder im Nachrichtenwesen geleistet werden.
15. März	Wehrmacht besetzt tschechischen Teil der Tschechoslowakei, Slowakei erklärt sich für souverän, „Tschechei" wird Satellitenstaat Deutschlands („Reichsprotektorat Böhmen und Mähren").
21. Mai	Im Deutschen Reich wird erstmals das 1938 von der NSDAP gestiftete „Ehrenkreuz der deutschen Mutter" (Mutterkreuz) verliehen.
23. Mai	Die 7. und 8. Durchführungsverordnung zum Luftschutzgesetz verpflichtet die deutschen Hausbesitzer zum Kauf von Selbstschutzgeräten und zur Vorbereitung der Verdunkelung.
25. März	Jugenddienstpflicht (Pflichtmitgliedschaft in HJ, BDM).
3. April	Weisung Hitlers zum Angriff auf Polen.
2. Mai	In Ostpreußen werden probeweise Frauen zur Arbeit in Metallbetrieben einberufen.
23. August	Nichtangriffspakt Deutschland – UdSSR mit geheimem Zusatzprotokoll über die Aufteilung Ostmitteleuropas.
27. August	Einführung von Lebensmittelkarten.
1. September	Angriff der deutschen Wehrmacht auf Polen, Anschluß Danzigs an das Reich. Im September kommt es zu ersten Terroraktionen der Einsatzgruppen des SS-Sicherheitsdienstes (SD) gegen die jüdische Bevölkerung.
3. September	England und Frankreich erklären Deutschland den Krieg.
4. September	Kriegswirtschaftsverordnung: Kürzung der Brutto-

	löhne, Aussetzung der bisherigen Arbeitszeitregelung (schrittweise Wiedereinführung des 10-Stunden-Tages).
September	Anordnung Hitlers: Deutsche Frauen, die sich mit Kriegsgefangenen „einlassen", sollen öffentlich diskriminiert und bestraft werden (am Pranger stehen, kahl scheren, KZ-Einweisung).
17. September	Einmarsch der Roten Armee in Ostpolen.
28. September	Grenzvertrag Deutschland – UdSSR: endgültige Abgrenzung der Interessengebiete.
6. Oktober	Polenfeldzug beendet, Hitler bietet den Westmächten Frieden an.
9. Oktober	Weisung Hitlers zum Angriff im Westen.
12. Oktober	Erste Judendeportation aus Österreich und der Tschechoslowakei nach Polen. Einrichtung des Generalgouvernements in Zentralpolen.
Oktober	Befehl Hitlers zur Vernichtung „lebensunwerten Lebens" (Tötung Behinderter).
26. Oktober	Zwangsarbeit für Juden im Generalgouvernement, Arbeitspflicht für Polen.
14. November	Einführung der Reichskleiderkarte.
23. November	Einführung des Judensterns im Generalgouvernement.

1940

1. April	Bestimmungen zur Beförderung von Feldpost treten in Kraft. Während des Zweiten Weltkrieges sind nach Schätzungen 30 bis 40 Milliarden Feldpostsendungen zwischen Heimat und Front versendet worden.
9. April	Deutscher Überfall auf Dänemark und Norwegen.
30. April	Errichtung des ersten Judenghettos in Lodz/Polen.
10. Mai	Deutscher Angriff im Westen. Winston Churchill wird britischer Premierminister.
15. Mai	Kapitulation der Niederlande.
18. Mai	Rückgliederung des Gebietes Eupen-Malmedy von Belgien an das Reich.
28. Mai	Kapitulation Belgiens.
4. Juni	Britisch-französische Truppen aus dem Kessel von Dünkirchen über den Ärmelkanal gerettet.
5. Juni	Beginn der Schlacht um Frankreich.
10. Juni	Kapitulation Norwegens.

	Kriegseintritt Italiens an der Seite Deutschlands.
15.–17. Juni	UdSSR besetzt die baltischen Staaten.
22. Juni	Waffenstillstand zwischen Deutschland und Frankreich.
7. August	Anschluß von Elsaß-Lothringen und Luxemburg an das Reich.
13. August	Beginn der deutschen Luftoffensive gegen England.
3. Oktober	Beginn der Kinderlandverschickung (KLV). In der Folgezeit werden rund 2,5 Millionen Jungen und Mädchen in ländliche Gebiete evakuiert und in etwa 9.000 Lagern untergebracht.
22. Oktober	Beginn der Judendeportationen aus Baden, dem Saarland und Elsaß-Lothringen, zunächst nach Südfrankreich, dann nach Polen.
5. November	Reichsarbeitsminister Franz Seldte zieht eine positive Bilanz der Halbtagsarbeit von Frauen außer Haus.
15. November	Abriegelung des Warschauer Ghettos.
18. Dezember	Weisung Hitlers zum Angriff auf die Sowjetunion.

1941

11. Februar	Deutsche Truppen landen in Nordafrika.
6. April	Angriff Deutschlands auf Jugoslawien und Griechenland. Jugoslawien kapituliert am 17. April, Griechenland am 21. April.
10. Mai	Rudolf Heß, Stellvertreter Hitlers in der Parteiführung, fliegt auf eigene Faust nach England.
20. Mai–1. Juni	Deutsche Truppen erobern Kreta.
6. Juni	„Kommissarbefehl" zur Ermordung aller sowjetischen Politoffiziere, derer deutsche Truppen habhaft werden können. Ab Juni Massenmorde der SS-Einsatzgruppen in der UdSSR.
22. Juni	Deutscher Überfall auf die Sowjetunion.
Juli, August	Kesselschlachten in der Sowjetunion, Hunderttausende sowjetische Kriegsgefangene.
August	Ab August verlängerte sich der RAD um ein halbes Jahr „Kriegshilfsdienst" im Luftschutz, in sozialen Einrichtungen, Krankenhäusern, kinderreichen Familien oder Verkehrsbetrieben.
3. September	Beginn der Vergasung von Juden im KZ Auschwitz.
8. September–18. Januar 1943	Belagerung von Leningrad durch deutsche Truppen; etwa eine Million Einwohner verhungern.

19. September	Einführung des Judensternes im Reichsgebiet.
3. Oktober	Zwangsarbeit für Juden im Reich.
16. Oktober	Beginn der Deportationen von Juden aus dem Reich in polnische Ghettos.
15. November	Beginn der erfolglosen deutschen Offensive auf Moskau.
7. Dezember	Japanischer Überfall auf den US-Flottenstützpunkt Pearl Harbour auf Hawaii, am folgenden Tag Kriegserklärung der USA an Japan.
11. Dezember	Kriegserklärung Deutschlands und Italiens an die USA.
19. Dezember	Hitler wird Oberbefehlshaber des Heeres.

1942

20. Januar	Wannsee-Konferenz: Organisatorische Absprachen zur Judendeportation und -ausrottung.
17. Mai	„Gesetz zum Schutze der erwerbstätigen Mutter" (Mutterschutzgesetz) erlassen.
29. Mai	Adolf Hitler stiftet die Medaille „Winterschlacht im Osten 1941/42", den sogenannten Gefrierfleischorden.
30.– 31. Mai	Erster „1000-Bomber-Angriff" auf eine deutsche Großstadt (Köln).
30. Juni	Das deutsche Afrika-Korps unter General Rommel erreicht die Enge von El Alamein/Ägypten.
23. Juli	Einrichtung des Vernichtungslagers Treblinka.
7.– 8. November	Alliierte Landung in Marokko und Algerien.
11. November	Wehrmacht besetzt Südfrankreich und Tunesien.
19. November	Sowjetische Offensive bei Stalingrad.

1943

26. Januar	Verpflichtung von HJ-Jungen als Luftwaffenhelfer.
Januar	Die Rüstungsindustrie meldet für das erste Quartal einen zusätzlichen Bedarf von 800.000 Arbeitskräften an. Mobilisierung aller deutschen Arbeitskräfte für den Kriegseinsatz.
27. Januar	Erster Tages-Luftangriff der amerikanischen Luftwaffe auf das Reich.
31. Januar – 2. Februar	Die deutsche 6. Armee kapituliert bei Stalingrad. Etwa 600 000 Opfer auf beiden Seiten.

11. Februar	Im Deutschen Reich beginnt die zwangsweise Rekrutierung von Fünfzehnjährigen als Luftwaffenhelfer.
8. Februar	Goebbels' Sportpalastrede („Wollt ihr den totalen Krieg?").
	Letztes Flugblatt der studentischen Widerstandsgruppe „Weiße Rose" in München.
22. Februar	Die Geschwister Scholl werden hingerichtet.
Februar	1.622.000 Kriegsgefangene und 4.121.000 ausländische Arbeitskräfte arbeiten in Deutschland
19. April – 16. Mai	Aufstand im Warschauer Ghetto blutig niedergeschlagen.
9. Mai	Am Muttertag werden im Deutschen Reich 137 950 Mutterkreuze verliehen: 23 439 in Gold (ab dem achten Kind), 29 971 in Silber (für das sechste und siebte Kind) und 84 540 in Bronze (für das vierte und fünfte Kind).
13. Mai	Kapitulation der letzten elf deutschen und sechs italienischen Divisionen in Afrika.
11. Juni	Himmler („Reichsführer SS und Chef der deutschen Polizei") befiehlt die Liquidierung aller polnischen Ghettos.
15. Juni	Ganze Schulklassen werden von nun an wegen Luftkriegsgefahr geschlossen verlegt. Die Evakuierung von Müttern und Kindern wird massiv verstärkt.
19. Juni	Der Berliner Gauleiter und Reichspropagandaminister Joseph Goebbels erklärt die Reichshauptstadt Berlin für „judenfrei".
5.–15. Juli	Letzte deutsche Großoffensive an der Ostfront (bei Kursk); ab Juli sowjetische Offensiven.
10. Juli	Alliierte Landung in Sizilien.
24./25. Juli	Sturz Mussolinis.
9. August	Der Kreisauer Kreis um Yorck von Wartenberg und Moltke stellt „Grundsätze für die Neuordnung Deutschlands" auf.
3. September	Alliierte Landung in Italien.
8. September	Kapitulation Italiens.
13. Oktober	Kriegserklärung Italiens an Deutschland.
28. November– 1. Dezember	Konferenz von Teheran (Roosevelt, Churchill und Stalin verhandeln über die Neuordnung Europas nach dem Ende des Krieges.)

1944

1. Januar	Das deutsche Reichspostministerium führt die Postleitzahlen ein.
3. Januar	Die erste staatliche Eheberatungs- und Vermittlungsstelle für Kriegsversehrte im Deutschen Reich wird vom Thüringischen Landesamt für Rassenwesen in Weimar errichtet. Die Behörde bezeichnet sich als besonders geeignet für die Ehestiftung, da sie u.a. über ein umfangreiches Erbarchiv verfüge.
18./19. März	Besetzung Ungarns durch deutsche Truppen.
8. April	Der Reichsarbeitsdienst für Mädchen wird auf eineinhalb Jahre verlängert.
April – Juni	Judendeportation aus Griechenland und Ungarn.
11. Mai	Der deutsche Reichsgesundheitsführer Leonardo Conti fordert „Geburtenhöchstleistungen" von allen Müttern des Landes, denn man könne bei Soldaten „die gesunde Ansicht hören: Jetzt habe ich ein Kind, jetzt kann ich beruhigt wieder an die Front". Diese Forderung wird auch von Reichsfrauenführerin Gertrud Scholtz-Klink zum Muttertag bekräftigt.
30. Mai	Die deutschen Finanzbehörden teilen mit, daß selbst ein totaler Bombenschaden ein Unternehmen nicht von der Pflicht entbinde, eine Jahresabschluß-Bilanz aufzustellen. Das gelte auch im Fall einer verlorengegangenen Buchhaltung.
6. Juni	Alliierte Invasion in Frankreich.
10. Juni	Massaker deutscher Truppen an der Bevölkerung des französischen Ortes Oradour.
12./13. Juni	Beginn des Beschusses von London mit unbemannten Flugbomben (V1).
12. Juli	Der Reichsminister für Rüstung und Kriegsproduktion, Albert Speer, fordert im Angesicht zunehmender Einberufungen männlicher Arbeitskräfte zur Wehrmacht den verstärkten Einsatz von Frauen in der Wirtschaft.
22. Juni	Beginn der sowjetischen Offensive an der Ostfront.
Juli	Höhepunkt der Rüstungsproduktion in Deutschland.
20. Juli	Attentatsversuch Stauffenbergs auf Hitler und Staatsstreichversuch scheitern. Zahlreiche Verschwörer werden hingerichtet.
30. Juli	Alliierter Durchbruch in Frankreich.

1. August	Einführung der Sippenhaftung in Deutschland: Familien von politischen Straftätern haben selbst mit Bestrafung zu rechnen.
1. August–	Warschauer Aufstand gegen die deutschen Besatzer.
August	Im Deutschen Reich arbeiten 7.615.970 Fremdarbeiter und Fremdarbeiterinnen. In der Landwirtschaft ist jede(r) zweite Beschäftigte ausländischer Herkunft, im Bergbau-, Bau- und Metallbereich ca. jede(r) Dritte.
15. August	Das Arbeitsdienstalter für Frauen in Deutschland wird von 45 auf 50 Jahre angehoben.
25. August	Auf Befehl von Generaloberst H. Guderian wird Breslau zur Festung erklärt; es wird mit dem Bau von Befestigungen begonnen.
August–	Im Deutschen Reich arbeiten 7.615.970 Fremdarbeiter und Fremdarbeiterinnen. In der Landwirtschaft ist jeder zweite Beschäftigte ausländischer Herkunft, im Bergbau-, Bau- und Metallbereich ca. jeder Dritte.
2. Oktober	Am rechten Weichselufer stehende sowjetische Truppen kommen den Polen nicht zu Hilfe.
15. August	Alliierte Landung in Südfrankreich.
11. September	Amerikanische Truppen stehen an der Reichsgrenze.
25. September	Beginn der Einberufung des Volkssturms.
November	Frauen des Arbeitsdienstes werden als Flakhelfer eingesetzt, um Soldaten für den Frontdienst freizusetzen.
5. Dezember	Reichsfrauenführerin Scholtz-Klink ruft alle Frauen in Deutschland zur aktiven Verteidigung auf.
16.–24. Dezember	Letzte deutsche Offensive an der Westfront (in den Ardennen).

1945

12. Januar	Sowjetische Offensive von der Weichsel bis zur Oder.
Januar	Massenflucht aus Pommern, Schlesien und Ostpreußen, etwa sieben Millionen Menschen fliehen.
25. Januar	Das KZ Auschwitz wird befreit.
4.–11. Februar	Konferenz von Jalta (Folgekonferenz von Teheran).
12. Februar	Die Nationalsozialistische Deutsche Arbeiterpartei (NSDAP) ruft Frauen und Mädchen zum Hilfsarbeitsdienst beim „Volkssturm" auf.
13./14. Februar	Alliierter Luftangriff auf das mit Flüchtlingen

	überfüllte Dresden, etwa 25 000 Opfer.
15. Februar	Einführung von Standgerichten.
26. Februar	Durchbruch der sowjetischen Truppen von Bromberg aus bis zur Ostsee bei Kolberg (18. März), zum Stettiner Haff und zur Danziger Bucht (30. März).
28. Februar	Erste offizielle Maßnahmen der polnischen Übergangsverwaltung gegen die in Pommern, Schlesien und Ostpreußen zurückgebliebene deutsche Bevölkerung (Arbeitslager, Vermögensentzug).
7. März	Alliierter Rheinübergang bei Remagen.
19. März	„Nerobefehl" Hitlers (nichts darf unzerstört zurückgelassen werden).
2. April	Aufruf zum „Werwolf" (Sabotage hinter den feindlichen Linien).
16. April	Sowjetische Großoffensive von Oder und Neiße aus.
25. April	Sowjetische und amerikanische Truppen treffen bei Torgau an der Elbe aufeinander.
29. April	Kapitulation der deutschen Truppen in Italien.
30. April	Selbstmord Hitlers, Großadmiral Karl Dönitz wird Staatsoberhaupt.
1. Mai	Selbstmord Goebbels'.
2. Mai	Kapitulation Berlins.
7. Mai	Unterzeichnung der bedingungslosen Kapitulation in Reims.
8. Mai	Wiederholung der Unterzeichnung in Berlin-Karlshorst.
23. Mai	Verhaftung der Regierung Dönitz.
5. Juni	Die Alliierten übernehmen die oberste Regierungsgewalt in Deutschland.

Im Zweiten Weltkrieg sind in Europa und Asien etwa 55 Millionen Menschen ums Leben gekommen. 20 Millionen davon entfallen auf die Sowjetunion, vier Millionen auf Deutschland, 4,5 Millionen auf Polen.

Mindestens 5,29 Millionen, wahrscheinlich aber noch mehr Juden fielen zwischen 1939 und 1945 den gegen sie gerichteten Vernichtungsaktionen zum Opfer. Darunter befanden sich 2,7 Millionen polnische und 2,1 Millionen sowjetische Juden. Von den mehr als 500 000 Juden, die 1933 in Deutschland lebten, wurden 160 000 Opfer des Holocaust.

[Neunkirchen im Hellertal, Siegerland,
Nordrhein-Westfalen;
1945]

Elfriede Michalik

Mutter bekommt kein Geld

Die Wege meiner Kindheit waren mit Kriegsgeschrei, Trauer, Leid und vielen Entbehrungen gepflastert. Aber im Nachhinein erscheinen mir die Maientage von damals, als seien sie heller, die Farben der Natur kräftiger gewesen als jemals danach.

An einem solchen Tag im Wonnemonat begann bei uns in der Schule der Unterricht mit dem Lied: „Nun will der Lenz uns grüßen". Danach lasen wir aus unserem Lesebuch die Geschichte mit der obigen Überschrift. Sie handelte von einer Mutter, die mit viel Liebe und Tatkraft, selbstlos und mit schweißtreibender Arbeit ihren Mann und die Kinder versorgt, ohne dafür entlohnt zu werden. Diese Erzählung, sie ist von Wilhelm Raabe, muß auf mich einen sehr starken Eindruck gemacht haben. Wieso könnte ich mich sonst noch heute daran erinnern?

Schleppenden Schrittes und nachdenklich bin ich damals mittags nach Hause gegangen. Überlegend, was wohl meine Mutter und die Mütter meiner Mitschüler während unserer Schulstunden schon alles hatten erledigen müssen.

Am Morgen wurden im Haus mindestens zwei Feuerstellen entzündet, damit Essen und oft auch Wäsche gekocht werden konnten. Reisig und Holz mußten immer wieder nachgelegt werden, da Kohlen rar und nur auf Bezugsschein erhältlich waren. Zum Glück gab es in unseren Bergen und

Mutter bekommt kein Geld

Auf der Straße begegnete mir frühmorgens oft ein munterer, fröhlicher Junge. Er trug für einen Bäcker die Brötchen aus. Eines Tages ließ ich mich in ein Gespräch mit ihm ein.

„Mit dem Austragen", sagte der Knabe mit leuchtenden Augen, „verdiene ich schon ein gutes Stück Geld. Mein Vater, der in einer großen Tischlerei arbeitet, verdient freilich viel mehr."

„Und was tut denn deine Mutter den ganzen Tag?" fragte ich.

„Mutter", sagte er, „die steht morgens als erste von uns auf und weckt mich, damit ich pünktlich wegkomme. Dann weckt sie meine Geschwister, die zur Schule müssen, und gibt ihnen ihr Frühstück. Sind sie fort, so wird Vaters Tasche zurechtgemacht und sein Frühstück hineingepackt. Inzwischen ist die kleine Luise aufgewacht, die erst zwei Jahre alt ist. Mutter muß sie waschen und anziehen. Dann macht Mutter die Betten, räumt auf und kocht Mittagessen. Und so geht es den ganzen Tag weiter."

„Wieviel verdienst du denn?" fragte ich weiter.

„Na – so ungefähr zehn Mark."

„Und der Vater, wieviel bekommt der?"

„Hundert Mark und noch mehr."

„Und was bekommt die Mutter für ihre Arbeit?" fragte ich zuletzt.

Da sah mich der Junge groß an und fing an zu lachen. „Die Mutter", sagte er, „die arbeitet doch nicht für Geld. Die arbeitet doch nur für uns den ganzen Tag!"

Wilhelm Raabe (1831–1910)

Wäldern einen gesicherten Holzbestand. Das Fällen der Bäume mit der Axt, das Zerkleinern des Astwerks waren an den oft steilen Hängen gerade für Frauen harte Knochenarbeit. Doch unsere Mütter standen „ihren Mann", banden perfekt geschlagenes und zerkleinertes Holz zu Bündeln zusammen. Waren wir Kinder dabei, mußten wir die Späne auflesen.

Am Abend eines solchen Tages gingen wir alle total erledigt nach Hause. Das Feuer im Herd war dann meistens erloschen; und es gab nur noch Wasser aus der Wasserleitung zu trinken. Da kam es mitunter vor, daß sich unsere Mutter schweren Herzens von einer Mark trennte. Damit wurde ich in die nahegelegene Gastwirtschaft geschickt. In eine Aluminiumkanne zapfte der Wirt einen Liter Biergemisch. Zuhause angekommen, hatte ich den Schaum schon vernascht. Das schale Gebräu aber muß den Eltern köstlich gemundet haben.

Im Frühjahr waren zusätzlich schwere, zeitraubende Arbeiten zu verrichten. Jeder Quadratmeter Boden wurde damals als Nutzfläche gebraucht. Es wurde gesät und gejätet, was das Zeug hielt. In Mutters Garten begann es bald zu grünen und zu blühen. Ob Erdbeeren, Kräuter und Salate; ob Erbsen, Bohnen, Spinat, Kohlrabi, Rot- und Weißkohl, es durfte an nichts fehlen. Dieses alles brauchten wir zum Überleben. Zwischen all dem Nützlichen und Notwendigen ragten große Sonnenblumen empor, deren Kerne wir Kinder so gerne naschten. So wurde den ganzen Sommer und Herbst über geerntet und in Gläsern, Dosen und Steintöpfen konserviert. Jeder Apfel vom Baum wurde verwertet. Man fand ihn als Mus, Kompott, Saft oder als getrockneten Schnitz wieder.

Unsere Mütter hatten also nicht nur im Haus für ihre Familie mit Kochen, Backen, Flicken, Nähen, Stricken, Waschen, Bügeln und Saubermachen alle Hände voll zu tun. Das Bearbeiten von Garten und Feld erforderte ebenfalls ihre ganze Kraft. Selbst hochschwangere Frauen sah man damals auf Wiesen und Feldern arbeiten!

Bei den meisten Familien standen auch noch ein Schwein und eine Ziege im Stall. Zum Füttern wurden Eicheln und Brennesseln gesucht und auf offener Flamme gekocht, egal wie hoch die Außentemperaturen gerade waren.

Mütter wissen sich anscheinend immer zu helfen. Sie machen aus der Not eine Tugend. Sie geben nicht auf. Viele Frauen und Mütter vermochten damals, ein ganzes geschlachtetes Schwein zu verarbeiten. Das begann mit dem Blutschlagen, damit es nicht gerann und später für die Blutwurst verarbeitet werden konnte. Danach wurden die Därme geleert und mit Hilfe eines Löffels und Wasser gereinigt. Bis in die Nacht hinein waren die Frauen mit der Herstellung verschiedener Wurstsorten beschäftigt, die dann gekocht in Gläser und Dosen kamen oder in der Räucherkammer haltbar gemacht wurden.

Wieviele Berufe hat eigentlich eine solche Mutter gehabt?

Wie die Mutter aus Raabes Erzählung bekam sie für all ihre Mühe kein Geld. Man hätte sie auch gar nicht bezahlen können, das hätte jeden Etat gesprengt. Aber von Herzen dankbar sein und ihnen das auch immer wieder sagen, das konnte die Familie wohl. Doch geschah es auch?

So soll hier einmal allen Müttern auf unserem Erdenball ein großes Dankeschön gesagt werden. Vor den Müttern von damals aber eine tiefe Verbeugung!

(Weitere ZEITGUT-Beiträge dieser Autorin sind im Autorenverzeichnis am Ende des Buches vermerkt.)

[Niederzehren, Kreis Marienwerder*), Westpreußen;
August – Oktober 1939 / 1939 – 1986]

Erika Peters

„*Lassen Sie meine Frau nicht im Stich!*"

„Mama, mach der Erika Schaumomelett", das höre ich noch
heute die Kinder der Familie Gosda rufen, wenn ich mir
Eierkuchen backe. Schaumomelett war das Beste, was sie
in ihrer Freude meinten, mir anbieten zu können, wenn ich
sie in den Jahren 1940 bis 1944 in ihrem Dorf Niederzehren in Westpreußen besuchte. Bei ihnen hatte ich ein paar
Monate des Jahres 1939 als „studentische Erntehilfe" gelebt. Drei Wochen sollte damals der freiwillige Arbeitsein-
satz bei Bauern in Westpreußen dauern. Wer von uns Studentinnen von der Hochschule für Lehrerbildung in Elbing
konnte sich dieser Aufforderung zur Hilfe in der Landwirtschaft entziehen?
   Tatsächlich wurde aus meinem geplanten dreiwöchigen Ar-
beitseinsatz eine Hilfe über mehrere Monate, der eine le-
benslange Freundschaft mit der Familie Gosda folgte.
   Doch der Reihe nach: Wie ich meldeten sich damals wohl
fast alle Mädchen aus meiner Klasse zur „studentischen Erntehilfe". Es muß sie auch schon vorher gegeben haben, denn
es kursierten alle möglichen Gerüchte darüber, auf was für
Bauernhöfe manche Mädchen geraten waren. Doch mit meiner Arbeitsdiensterfahrung im Sommer 1938 bei Bauern in
Pommern und der Neumark meinte ich, so schlimm könnte

---

*) heute Czarne Dolne und Kwidzyn in Polen

das nicht sein, da würde wohl manches negativ übertrieben. Zu Hause in Stolp erhielt ich dann vom Arbeitsamt Mitte Juli 1939 die Aufforderung, in ein mir völlig unbekanntes Dorf an der polnischen Grenze zu fahren. Im Glauben, es seien wohl noch mehr Mädchen dorthin beordert, begab ich mich zuversichtlich und neugierig zur angegebenen Dienststelle. Dort merkte ich, daß ich ganz allein nach Niederzehren geschickt worden war. Da war mir doch recht beklommen zumute: Wo würde ich landen?

„Frau, ich habe dir ein Mädchen bestellt"

Ein schlanker, junger Mann Mitte dreißig empfing mich am Bahnhof in Marienwerder, und wir fuhren auf seinem Pferdewagen nach Niederzehren. Die Unterhaltung unterwegs war freundlich und angeregt, und als ich dann auf das Gehöft und in das saubere Haus kam, mußte ich lachen, daß ich mich hatte bange machen lassen. Hier war es schön, es würde mir gefallen. Vier Kinder kamen mir entgegengelaufen, sie mögen vier bis zehn Jahre alt gewesen sein. Dazu gab es noch die zweijährige Christa. Es gefiel mir immer mehr. Dann trat eine junge Frau auf mich zu und begrüßte mich – freundlich, hübsch von Gestalt und Aussehen, sauber und adrett gekleidet – gar nicht, wie ich mir eine Bauersfrau vorgestellt hatte. Ich habe Glück, so meinte ich, bei so netten Leuten kann ich gern bleiben.

Auch das Ehepaar Gosda hatte ihrer neuen Hausgenossin mit gemischten Gefühlen entgegengesehen. Das Grundstück umfaßte etwa 120 Morgen. „Zu groß, um es allein bewirtschaften zu können, zu klein, um sich mehrere Angestellte zu leisten – eine ungünstige Zwischengröße", so hörte ich später. Es wurde nur ein älterer, etwas dümmlicher Mann als Hilfskraft beschäftigt. Die Hausfrau war darum auch im Stall tätig und mußte zu Spitzenarbeitszeiten mit aufs Feld. Das war für sie eine große Belastung, da sie für fünf Kinder, den Haushalt, den Garten und das Kleinvieh auf dem Hof zu sorgen hatte. Eines Tages war Karl Gosda aus der Stadt nach Hause gekommen und hatte gesagt: „Frau, nun wirst du es leichter haben. Ich war auf dem Arbeitsamt und habe dir ein Mädchen bestellt."

„Wen sollen wir denn kriegen?"

„Eine Studentin!"

„Na, da werden wir ja etwas Rechtes bekommen!" war die skeptische, ja vorwurfsvolle Antwort. Das erzählte Alma Gosda mir später einmal lachend.

Nun war die Studentin eingetroffen, sah sich um, und alles gefiel ihr. Einen ähnlichen Eindruck hatte das Ehepaar anscheinend von seinem neuen Mädchen. Wir freundeten uns an. Ich hatte auf diesem mittelgroßen Bauernhof in Westpreußen die Aufgabe, der Bäuerin tatkräftig zu helfen und sie zu entlasten – allerdings nur für die Zeit der Ernte. Mir kamen dabei meine Erfahrungen und Kenntnisse zugute, die ich als „Maid" im Reichsarbeitsdienst in Hof und Feld bei pommerschen Bauern erworben hatte. Als Tochter einer städtischen Familie und Schulmädchen bis ins zwanzigste Lebensjahr wäre ich sonst wahrscheinlich hilflos und überfordert gewesen. Nun wußte ich im Stall Bescheid, hatte melken gelernt und keine Angst mehr vor Kühen und Pferden. Auf dem Feld konnte ich das geschnittene Getreide binden und hinter dem Mähbinder die Garben aufstellen, ich wußte auch mit Rechen und Hacke umzugehen. Kurzum, ich hatte die Ungeschicklichkeit eines Stadtkindes, das nie das Landleben kennengelernt hatte, weitgehend abgelegt. In Haus und Garten zu helfen, war ich schon von daheim gewöhnt.

Wie in alten Zeiten

Auf dem Hof in Niederzehren war alles aber ganz anders. Es war ein Gehöft im Abbau, lag ein oder zwei Kilometer vom Dorf entfernt. Darum gab es hier weder Elektrizität noch Gas, und das schockierte mich anfangs sehr. Ich wußte nicht, daß es das Ende der dreißiger Jahre noch gab: kei-

Diese Aufnahme stammt aus dem Jahr 1942. Zu dieser Zeit war ich 25 Jahre alt und arbeitete bereits seit zwei Jahren als Lehrerin.

ne Elektrizität! Immer mußte man im Herd Feuer anzünden, auch wenn man nur Kaffeewasser brauchte, oder wenn ich für Klein-Christa den Brei kochen wollte. Daran mußte ich mich erst gewöhnen, zumal in diesen warmen Monaten August und September. Es gab auch keinen Schalter, um Licht anzuknipsen, sondern wie in alten Zeiten Petroleumlampen und Kerzen. Ich war von der ungewohnten Arbeit müde und ging wie die anderen zeitig ins Bett. Aber einmal wachte ich nachts auf, weil eine Maus in meinem Strohsack knispelte. Ich erschrak, sprang auf und tastete mich in die Küche. Doch mir war hier noch alles unbekannt und ich fand im Dunkeln kein Streichholz oder Licht. So kroch ich zur Maus zurück in mein Bett.

Natürlich konnte man auch die Wäsche nicht mit dem elektrischen Eisen bügeln. Dafür gab es wie zu Großmutters Zeiten ein wahres Monstrum von Plätteisen. Man klappte den Deckel dieses Apparates hoch und füllte glühende Holzkohle aus dem Herd hinein. War das Eisen zu heiß, schwenkte man es hin und her, bis es etwas abgekühlt war. Dann ging die Bügelei los. Das war ein Kunststück und erforderte im wahrsten Sinne des Wortes Fingerspitzengefühl. Man tippte dabei mit der feuchten Fingerspitze auf die Unterseite des Eisens und prüfte die Hitze. Ich wurde einmal zu solcher Bügelei angestellt. Aber nur ein einziges Mal, denn dieses Fingerspitzengefühl besaß ich nicht. Die schöne weiße Wäsche wurde sofort bräunlich-gelb und wies überall die Umrißspuren des Kohleneisens auf. Das war mir sehr peinlich, aber ich verstand es wirklich nicht.

Im Haus gab es auch keine Wasserleitung. Wir holten das Wasser von der Pumpe im Stall. Es war ein heißer, trockener Sommer. Das Wasser im Brunnen wurde knapp. So nahmen wir einen Handwagen, stellten Milchkannen darauf, und ich fuhr mit den beiden großen Jungen zu einer entfernten Quelle. Alle Erleichterungen, die ich aus dem städtischen Haushalt kannte, gab es hier nicht. Die Bäuerin hatte es dadurch zusätzlich schwer. Es war also meine Aufgabe, ihr überall zu helfen.

Hauptsächlich wurde ich aufs Feld zur Ernte geschickt. Ich erinnere mich aber auch, daß ich mit der Leiter hoch in die Kirschbäume kletterte und die Früchte eimerweise pflückte. Während der Getreideernte war ein so reicher Obstsegen gar nicht sehr willkommen. Die Kirschen mußten nun ausgesteint und eingekocht werden. An manchem Sonnabend wurden wir sogar zu zweit mit der vielen Arbeit nicht fertig, und ich putzte noch nachts um zwölf die Küche. Über solche mitternächtlichen Beschäftigungen amüsierten wir uns. Wir waren jung. Sich einmal richtig ins Zeug legen, machte Spaß.

Ohnehin hatten wir trotz der vielen Arbeit auch manche schöne Zeit miteinander. Mir schmeckte hier das Essen ganz besonders gut. Für den Sonntagsbraten schöpfte die Hausfrau von der Milch ein paar Löffel Sahne ab und schmorte sie mit. Nirgends habe ich so gute Soßen gegessen wie bei Gosdas.

„In der allergrößten Not schmeckt der Käs' auch ohne Brot". Das wurde mir in diesem Haus ebenfalls geboten – aber es gab keine Not. Wenn für die abgelieferte Milch von der Molkerei Butter und Käse zurückkamen, dann schnitt die Mutter jedem ein dickes Stück Tilsiter ab, und wir schmierten Butter darauf. Das schmeckte! So etwas Gutes hatte ich noch nicht kennengelernt. Bei uns zu Hause in der Stadt wurden die Käsescheiben dünn aufs Butterbrot gelegt.

Und Kuchen konnte Alma Gosda backen – einmalig gut! Am Wochenende heizten wir den Backofen im Küchenherd, und die Hausfrau rührte den Teig. Ich hatte darin als junges Mädchen noch wenig Erfahrung. Deshalb spielte ich lieber die Putzmamsell. Die Arbeit wurde eingeteilt und dem Können nach gut verteilt. Darin waren wir uns einig. Manchmal bekam ich auch extra einen Kuchen, so zu meinem 22. Geburtstag, den ich in dieser Zeit feierte. Die Kinder Gerdchen und Ille durften ihre hübschen Sonntagskleider anziehen und gratulierten mit einem Blumenstrauß. Das magere Gerdchen war ein Springinsfeld und trieb sich lieber draußen herum. Doch an diesem Morgen war auch **sie** dabei und sah niedlich aus. Als vor Kriegsbeginn die Wälder ringsum voll deutscher Soldaten lagen, war die Mutter noch eifriger beim Backen. Sie lud ein paar junge Männer zu Kaffee und Kuchen ein, damit die Erika, die so viel arbeiten mußte, einmal etwas Unterhaltung und Abwechslung erhielt.

„Lassen Sie meine Frau nicht im Stich!"
Ja, viele deutsche Soldaten campierten in dieser Gegend. Die Grenze zu Polen lag nur zwei Kilometer entfernt, und es war August 1939. Einmal zeigte Herr Gosda sie mir aus nächster

Ihre Meinung ist uns wichtig!

Liebe Leserin, lieber Leser, wie wurden Sie auf das Buch aufmerksam?

☐ Ich habe das Buch geschenkt bekommen

☐ durch eine Anzeige

☐ durch einen Zeitungsartikel

☐ durch die Buchhandlung

☐ durch Freunde, Verwandte _____

☐ Ich möchte gerne frei Haus bestellen: ▼

Wie hat Ihnen das Buch gefallen?
Bitte sagen Sie uns Ihre Meinung, auch Kritik interessiert uns:

Ihre Einsendung nimmt an der **monatlichen Buchverlosung** teil, bei der jeweils drei ZEITGUT-Bände zu gewinnen sind. Die Gewinner werden informiert. Die Ergebnisse und weitere Informationen finden Sie auch im Internet auf unserer Website **www.zeitgut.de**

Antwort

Zeitgut Verlag
Leserservice
Klausenpaß 14

12107 Berlin

www.zeitgut.de

Absender

Name:

Vorname:

Straße:

PLZ:

Ort:

E-Mail:

Die Karte entnahm ich dem Buch:

☐ Ich möchte regelmäßig über das
Zeitgut-Programm informiert werden.

Für zwei statistische Angaben wären wir Ihnen
dankbar. Sie werden vertraulich behandelt:

Geburtsjahr:

(ehemaliger) Beruf:

bitte nicht „Rentner"

Nähe. Er gab mir ein Fahrrad – o weh, ein Herrenrad! Zum Aufsteigen mußte ich es an einen hohen Chausseestein lehnen und fiel dann noch öfter herunter. Aber Herr Gosda radelte tüchtig drauflos, und ich mußte sehen, daß ich hinterher kam. Dann waren wir an der Staatsgrenze angelangt. Zu meinem Erstaunen war das ein Feldweg, der sich zwischen Äckern und Wiesen dahinzog. Diese Seite war Deutschland, die andere Polen. Kein Grenzer, kein Zöllner, überhaupt kein Mensch zu sehen! Ich konnte nicht widerstehen, stieg vom Rad ab und berührte das polnische Land.

So friedlich blieb es nicht lange. Bei abendlichen Besuchen im Dorfgasthaus, wohin mich das Ehepaar Gosda mehrmals mitnahm, hörte ich einen Satz, der mir nicht aus dem Gedächtnis gegangen ist. Wenn die Männer sich untereinander verabschiedeten, riefen sie einander zu: „Auf Wiedersehen im Massengrab!" Ein Gruß mit zuviel Galgenhumor.

Die Stimmung in der Bevölkerung war gespannt. Die Gespräche drehten sich beinahe nur um das eine Thema: Krieg!

Angst kroch hoch. Niemand konnte etwas dagegen tun. Die Menschen hockten mehr als sonst in der Schänke zusammen, und doch war jeder hilflos. Man erzählte schon von brennenden Gehöften in der Nähe längs der Grenze. Das wollten einige von geflüchteten Frauen mit ihren Kindern gehört haben. Aber keiner wußte etwas Genaues. Wie Jahrzehnte später durch die Medien zu erfahren war, handelte es sich hier und auch an anderen Grenzen um Brandstiftungen aus der eigenen Nazi-Partei, um die Kriegsstimmung anzuheizen. Doch wer wußte das damals schon?!

An einem Tag Mitte August kam ein Mann mit einem Brief auf den Hof geradelt: Es war der schriftliche Gestellungsbefehl. Der Bauer war auf dem Feld. Horst, der zehnjährige Sohn, lief hin: „Vater, du sollst sofort nach Hause kommen!"

Karl Gosda wußte, was das hieß. Die Männer mußten sich um die Mittagsstunde im Dorf sammeln und wurden noch am selben Abend in die Kasernen nach Marienwerder gebracht.

Abschied zwischen den Eheleuten, Abschied von den Kindern. Ich habe die Einzelheiten dieser aufregenden Stunden vergessen, nur die Worte des Mannes an mich sind mir in Erinnerung geblieben: „Lassen Sie meine Frau nicht im Stich! Helfen Sie ihr! Stehen Sie ihr bei!"

Nun waren wir zwei Frauen allein auf dem Hof – Alma Gosda, Ende zwanzig; ich 22 Jahre alt. Noch so jung!

Wir hatten oft Angst. Die Nachbarhöfe waren mehrere hundert Meter entfernt, die Staatsgrenze zu Polen in zwei Kilometer Nähe, im Haus fünf kleine Kinder. Oben auf dem Dachboden hauste der dümmliche Knecht, von dem wir keine Hilfe erwarten konnten, vor dem wir uns sogar manchmal fürchteten. Das war eine bange Situation. Wir waren beide vollkommen aufeinander angewiesen.

Tagsüber kamen wir nicht zum Nachdenken. Wir hatten viel zu tun. Die Getreideernte war noch nicht beendet. Horst, der Älteste, half uns willig und verständig. Aber wenn der Abend und die Nacht kamen, wurde uns unsere hilflose Lage bewußt. Wir verrammelten zuerst einmal die Haustür, klemmten einen dicken Balken zwischen Bodentreppe und Tür. Die ließ sich so leicht nicht öffnen. Paul im Oberstübchen war nicht zu sehen, half uns nicht, er hatte sich verkrochen. Er hatte wahrscheinlich mehr Angst als wir Frauen. Die Kinder schickten wir ins Bett. Sie sollten unsere bangen Gedanken nicht bemerken. Ich durfte die entlegene Hinterstube verlassen und mit ins Elternzimmer ziehen. Doch an Schlaf mochten wir nicht denken. Wir pusteten das Licht aus, setzten uns ans Fenster hinter die Gardinen und warteten. Worauf?

Das wußten wir nicht. Die gleichmäßigen Atemzüge der Kinder erfüllten den Raum und beruhigten uns allmählich. Außerdem: Wir waren müde, todmüde. So gaben wir es auf zu wachen.

Am anderen Morgen weckten uns die Sonne und die Tiere in Hof und Stall. Es war nichts passiert. Die Arbeit begann wie immer, es kam der gewohnte Rhythmus in Gang. So verging die Woche, aber die Unruhe blieb. Was würde werden? Was konnte hier so dicht an der Grenze geschehen?

Etwas Sicherheit gab uns die Tatsache, daß die Wälder ringsum voller deutscher Soldaten waren. Sie kamen auf den Hof, wollten sich einmal richtig im Stall waschen, kauften Milch oder ein paar Eier. Auch weiterhin lud Frau Gosda sonntags zwei Männer zu Kaffee und Kuchen ein. Aber erzählen konnten die uns wenig, sie wußten selbst nichts. Die Unruhe ließ uns nicht los; und so bezogen wir beide jeden Abend im Dunkeln unseren Platz hinter der Gardine.

Einmal pochte es plötzlich ans Fenster. Wir schraken zusammen und sahen uns entsetzt an. Dann hörten wir eine Stimme: „Erschrecken Sie nicht! Wir sind deutsche Soldaten und gehen nachts Patrouille um Ihr Haus."

Das war beruhigend, aber auch erschreckend: Was ging hier vor? Wir mußten etwas tun. Würden wir evakuiert oder müßten wir fliehen?

Am anderen Morgen machten Horst und der dumme Paul den Leiterwagen lang und trugen eine Truhe, Holzkisten und ein kleines Schränkchen auf den Hof, aus denen ich mit Seifenlauge Spinnweben und Staub herausscheuerte. In der Sonne sollten die Behälter gut trocknen. Die Bäuerin hatte im Haus zu schaffen. Wahrscheinlich suchte sie Betten, Kleider und Wäsche zusammen – alles für eine Flucht. Gerdchen und Ille spielten in der Nähe mit ihren Puppen. Klein-Christa schlief drinnen in ihrem Bettchen. Wo war Willein?

Er war nicht zu sehen.

„Ich bleibe hier!"

Da kam die Postfrau auf den Hof und übergab mir einen Brief. Nanu? Ein Schreiben vom Arbeitsamt Marienwerder:

„Ihr studentischer Ernteeinsatz ist hiermit beendet. Pakken Sie sofort Ihren Koffer und melden Sie sich morgen bei uns auf Zimmer Nr. ... zwecks Empfang einer Fahrkarte zur Fahrt in Ihren Heimatort.

Nachsatz: Bei Verspätung Ihrerseits könnte Ihre Eisenbahn-
strecke nicht passierbar sein. Wir würden dann dafür sorgen,
daß Sie von Königsberg aus mit dem ‚Seedienst Ostpreußen'
in Ihre Heimat gebracht werden."

Da saß ich nun mit dem Blatt Papier in der einen und dem
Putzlappen in der anderen Hand auf einer Kiste und begriff
erst allmählich, was der Inhalt bedeutete: Sofort alles hin-
werfen und nach Hause fahren. – Das ging doch nicht! Ich
konnte die Frau und ihre Kinder jetzt nicht alleinlassen.
Gleich würde Krieg sein!

Aber die Eltern zu Hause! Sie ängstigen sich. Mein Gott,
was sollte ich tun?

Ich starrte vor mich hin. Die Tränen liefen, ohne daß ich
es wollte oder beachtete.

„Mama, Mama, komm! Die Erika weint!"

Ich hatte es nicht gemerkt, daß die kleinen Mädchen
hergelaufen waren und mich anschauten. Augenblicklich
stand auch die Bäuerin neben mir und nahm mir den Brief-
bogen aus der Hand. Sie las und stöhnte: „Was soll nun werden? Jetzt bin ich ganz allein!"

Und ihre Tränen wogen schwerer als die meinen.

Da kam ich zu mir: Ich hatte dem scheidenden Bauern
mein Versprechen gegeben und beschloß: Ich bleibe, gleich-
gültig, was kommen mag! Auch Abenteuerlust – wie manchmal in meinem Leben – überkam mich, als ich den Treckwa-
gen, die Kisten und Kasten sah: Pferdchen lenken! Ich war
jung und wußte noch nicht, was Krieg und Flucht bedeute-
ten. Ich lachte und rief: „Ich bleibe hier!"

Die Kinder hatten gemerkt, daß hier etwas Schlimmes vor
sich ging. Nun sprangen sie herum und jauchzten: „Die Erika bleibt hier!"

Die Mutter lächelte glücklich und umarmte mich. Damit
war die Sache erledigt, und jeder ging weiter an seine Arbeit. – Dies war wohl der eigentliche Beginn unserer lebens-
langen Freundschaft.

Einige Tage später kamen plötzlich Militärautos, Panzerwagen, Kriegsgerät auf den Hof gefahren. Soldaten waren geschäftig, liefen umher. Pferde wieherten, Lärm, Bewegung und Rufe. Unsere Kinder überall dazwischen, Jungen wie Mädchen. Sie hatten ihre große Zeit, wußten nichts vom Ernst der Lage. Auch wir beiden Frauen wurden von diesem Trubel aus der Bahn geworfen, mußten nur sehen, daß wir abends zur rechten Zeit das Vieh fütterten und die Kühe molken.

Ganz früh am nächsten Morgen waren wir schon wieder auf den Beinen. Die Pumpe im Stall streikte. Wir hatten kein Wasser: „Schnell, ihr Jungen, wir müssen an die Quelle fahren, Wasser holen!"

So lief ich mit den beiden Großen davon. Wir waren nicht lange fort – eine Viertelstunde, zwanzig Minuten. Als wir wieder auf den Hof kamen, war er leer – kein Auto, keine Kanone, kein Pferd, kein Wagen – überhaupt kein Mensch mehr. Wo waren alle geblieben? Weg! Ganz plötzlich!

Es war der Morgen des 1. September 1939 – Krieg! Der Beginn des Zweiten Weltkrieges! Der Anfang des schrecklichen Endes!

An den folgenden Tagen war Bewegung auf der Chaussee, die in geringer Entfernung am Gehöft entlangführte. Ununterbrochen zogen die Kolonnen der Soldaten vorbei in Richtung polnische Grenze bei Garnsee. Es war heiß in diesen Septembertagen, die Sonne brannte. Die Männer waren verstaubt und durstig. Die Kinder liefen an die Straße, schrien und winkten. „Kinder, bringt ihnen etwas zu trinken, sie haben Durst!"

Auch ich rannte den Ausweg entlang, weg von der Abwaschschüssel, manchmal noch das Trockentuch in der Hand, wenn die Kinder riefen: „Erika, komm schnell!"

Dann kehrte draußen wieder Ruhe ein. Nur vereinzelt fuhr ein Auto vorbei, ritt ein Soldat auf der Chaussee entlang. Die Front war weit ins polnische Land vorgedrungen. Wir merkten nichts mehr davon und räumten die Fluchtsachen ins Haus zurück. Der Leiterwagen wurde auf seine normale

Länge gezogen und in den Schuppen gefahren. An Flucht brauchten wir nun nicht mehr zu denken, auf dem Bauernhof begann wieder der Alltag mit all seinen Arbeiten.

Ende Oktober 1939 kam der Hofbesitzer Karl Gosda nach Hause. Ich fuhr nach einigen Tagen zu meinen Eltern nach Stolp zurück. Die „Erntehilfe" war erfüllt, die Semesterferien neigten sich dem Ende zu.

Abschied vom Bauern, Abschied vom Hof

Polen war besiegt und besetzt. Die Bauern wurden heimgeschickt, damit sie ihr Land bestellten und ihr Vieh besorgten. Karl Gosda hat das nicht lange tun können. Er hatte sich in der Hitze der Tage und der Kälte der Herbstnächte bei dem Kriegsvormarsch erkältet und bald darauf eine Lungenentzündung zugezogen, die sich zur Schwindsucht ausweitete. Er starb im folgenden Jahr 1940, als sein ältester Sohn Horst noch ein Kind von elf Jahren und der Hoferbe Willi Gosda zehn Jahre alt war. Ein furchtbares Unglück, das die Familie traf. Wie sollte es auf dem Hof weitergehen?

Alma Gosda trug nun alle Verantwortung, alle Last und Arbeit allein. In den Jahren 1940 bis 1944 besuchte ich sie mehrmals. Noch fünf Jahre, dann ereilte die Familie dasselbe Schicksal wie alle Deutschen damals im Osten: Sie flohen 1945 vor der heranrückenden Front oder wurden in den folgenden Jahren ausgewiesen. In diesen Wirren verloren auch wir uns aus den Augen – Alma Gosda mit ihren vier überlebenden Kindern und ich, ihre damalige Studentin Erika.

Freundschaft über den Tod hinaus

Doch irgendwann entstand wieder eine Verbindung von Sachsen nach Thüringen und später ins Birkenfelder Land, wohin ich mich mit meiner Familie ein zweites Mal auf die Flucht begeben mußte. Die briefliche Verbindung blieb, und die Freundschaft dauerte bis zum Lebensende von Alma Gosda im Jahre 1986.

Doch die Geschichte dieser Freundschaft reichte über den Tod der Mutter hinaus. Die Gosda-Kinder vergaßen ihre Erika nicht. Ich glaube, das lag daran, daß die Mutter die Briefe ihres einstigen Studenten-Mädchens immer zum Lesen bereit legte, wenn die Kinder zu ihr zu Besuch kamen. Ich wußte nichts davon. Ich erfuhr aus Almas Briefen wohl vom Ergehen und Schicksal ihrer Kinder. Aber ich hatte keine Vorstellung und kannte nicht das Land, in dem sie im äußersten Zipfel der DDR bei Görlitz lebten. Zudem war mein eigenes Leben mit Arbeit und Sorgen um meine Familie erfüllt. Es blieb wenig Zeit für Gedanken um das Leben der anderen. Doch die Wurzeln der Freundschaft lebten wohl im Verborgenen weiter und trieben plötzlich neue Blüten, als die Mauer zwischen Ost und West 1989 fiel – ein Geschenk der deutschen Einheit für uns!

Ilse – die „süße Illemaus" von damals – hatte nach Mutters Tod die Verbindung nicht ganz abreißen lassen. Aber nun setzte sich Gerdchen – damals die „wilde Hummel" – einfach in den Zug, fuhr die ganze Nacht hindurch und stand am Morgen in Idar-Oberstein auf dem Bahnhof. Würden wir uns wiedererkennen?

Sie war für mich immer noch das kleine, dünne Mädchen vom Bauernhof in Niederzehren, jedoch: Fünfzig Jahre waren vergangen. Dann passierte etwas Eigenartiges: Sie wurde meine kleine Schwester. Es kam durch einen indischen Perlenhändler, dem ich – allein schon wegen der Sprachschwierigkeiten – die Vorgeschichte nicht erklären konnte, auch nicht wollte. Auf seine Frage bei einem geschäftlichen Gespräch gab ich intuitiv zur Antwort: „Sie ist meine jüngere Schwester!"

Wir sahen uns vor der Tür fassungslos an und fielen uns in die Arme. Eine alte Freundschaft zwischen Bäuerin und Studentin war zu einer verwandtschaftlichen Beziehung geworden, später in beglückendem Einverständnis aller Geschwister.

*(Weitere **ZEITGUT**-Beiträge der Autorin sind am Buchende vermerkt.)*

[Buckow, Märkische Schweiz – Lübeck, Schleswig-
Holstein, – Strausberg – Werneuchen –
Vehlefanz – Friesack, Havelland,
Brandenburg – Lübeck;
1939 – 1945]

Rosemarie Bender-Rasmuß

Erste Liebe und eine überstürzte Heirat

*Weil mein Vater, der Kunstlehrer Lothar Rasmuß, jüdischer
Herkunft und Sozialdemokrat war, wurde er 1933 von den Nazis aus dem Schuldienst entfernt. Aus Angst vor ständigen Be-
drohungen und Überfällen der SA zog er 1935 mit seiner Familie aus Berlin-Köpenick weg in das idyllische Buckow in der
Märkischen Schweiz. Mit Hilfe der beiden Großeltern und zwei-
er Tanten konnte unsere Familie dort ein schönes Haus mit großem Garten und direktem Zugang zum Buckowsee erwerben.*

Sommer 1939. Meine Eltern gingen zwar ganz selten aus, da
ja gespart werden mußte, aber ab und zu leisteten sie sich ein
abendliches Vergnügen. Dieses Mal durften meine Berliner
Freundin Gerda Schmidt und ich mit. Wir gingen ins „Zen-
tralhotel" am Marktplatz, und es war das erste Mal, daß meine Eltern ihre Tochter zum Tanz mitnahmen.

„Ob mich überhaupt jemand auffordern wird?", dachte ich
aufgeregt. Tanzen hatte ich ja gelernt, auf dem Gebiet traute ich mir schon einiges zu. Gerda war überzeugt, daß man
sie sofort zum Tanz bitten würde. Zu mir sagte sie, ich müsse das erst noch lernen und solle deshalb gut aufpassen. Ar-
tig saßen wir am Tisch meiner Eltern. Die Musik spielte und
einige Paare tanzten bereits. Meine Freundin war äußerst
nervös. Sie ging zur Toilette und ich mußte sie begleiten.
Auf dem Weg dorthin fiel mir ein hübscher, junger Mann auf,

Ab 1935 lebte meine Familie in dem idyllischen kleinen Städtchen Buckow in der Märkischen Schweiz. Der Fremdenverkehrs- und Kurort liegt etwa eine Autostunde östlich von Berlin am Schermützelsee.

der uns beide auffallend musterte. Er gefiel mir auf Anhieb. Auch meine Freundin bemerkte ihn und zwinkerte ihm selbstsicher zu. „Der holt mich bestimmt", meinte sie.

Als wir wieder am Tisch saßen und die Musik aufspielte, steuerte dieser junge Mann tatsächlich auf uns zu. Mir blieb fast das Herz stehen. Und als er dann noch mich und nicht meine Freundin zum Tanz aufforderte, bekam ich einen roten Kopf. Das hätte ich nie gedacht! Ich schwebte im „siebten Himmel". Die anfänglichen Schwierigkeiten beim Tanzen hatte ich bald überwunden. Mein Tanzpartner war reizend. Sein Name war Sebeny Denés und er war Ungar. Er verbrachte die Sommerferien bei seinem Großvater, der Direktor bei der Schuhfirma Leiser war. Der junge Mann stammte also aus einer betuchten Familie.

Dieser Sommer war wunderbar. Mit unserem Kahn gondelten wir über den Buckowsee. Mit heißen Küßchen und innigen Umarmungen vergingen die herrlichen Tage leider viel zu schnell. Die erste Liebe war für mich beinahe märchenhaft, ein Erlebnis, das nachhaltiger nicht sein konnte. Meine Eltern unterstützten diese harmlose Liebe. Denés ging bei uns ein und aus. Unser Haus stand liebenswerten Gästen ohnehin immer offen, gleich welcher Herkunft oder Religion sie waren.

Als am 1. September 1939 der Zweite Weltkrieg ausbrach, mußte Denés sofort nach Ungarn zurückkehren. Zum Abschied gab es Tränen auf beiden Seiten und das Versprechen, sich bald wiederzusehen. Dazu ist es leider nie gekommen.

Im April 1939 war Großvater Vau verstorben. Ich hatte ihn noch ein letztes Mal im Krankenhaus in Strausberg besucht. Zwei schmerzhafte Trennungen in einem Jahr, das machte mir seelisch ziemlich zu schaffen. Jetzt, da Denés fort war, empfand ich um so stärker auch den Verlust meines geliebten Großvaters. Nie mehr würde ich ihn in seiner Dachstube besuchen können.

Sommer 1939. Mit Sebeny Denés, meiner ersten Liebe. Arglos genossen wir unser Glück und ahnten nicht, daß es schon bald durch den Ausbruch des Krieges ein jähes Ende nehmen würde.

Traurige Zeiten

Oft hatte ich mich gefragt: „Krieg, was ist das eigentlich?" Eine Zeit lang änderte sich in Buckow gar nichts. „Vielleicht betrifft es uns nicht", sagte ich mir. Nachdem die ersten Freunde ihren Einberufungsbefehl erhalten hatten, wurde es ruhiger in unserem Städtchen. Berliner Urlauber und Ausflügler kamen nicht mehr.

Ich hatte mich bei meiner Lehrherrin Frau Sirch mit einer politischen Äußerung verplappert. Es gab Gott sei Dank nur geringen Ärger, der aber für meine Eltern Anlaß war, mich sofort aus der Lehre bei Sirchs zu nehmen.

Ich begann im Verlag Otto Lautenbach zu arbeiten, der sein Domizil in der „Eisernen Villa", direkt am Scharmützelsee, hatte. Idyllisch am Rande von Buckow gelegen, kam, bis auf die Post, nie jemand dorthin, worüber ich sehr unglücklich war. Das bißchen tägliche Arbeit war schnell erledigt, danach langweilte ich mich maßlos. Ich stöberte auf dem Dachboden herum und las sämtliche Broschüren zum Inhalt „Wie lebe ich richtig?" aus dem Verlagsprogramm. Das Auslieferungslager befand sich in Zürich und so drang wenigstens ein kleiner Hauch der großen, weiten Welt in meine Einsamkeit. Nach dem Zweiten Weltkrieg erwarben Bertolt Brecht und Helene Weigel dieses Anwesen, das durch seine malerische Lage bestens geeignet war, Einkehr zu halten und Gedanken zu Papier zu bringen.

Zu Hause wurde es immer ruhiger, auch unsere Feriengäste blieben aus. Die „Siegesnachrichten" machten unsere Eltern ernster, nachdenklicher und stummer. Heimlich hörten sie in dem kleinen Radio, das wir inzwischen besaßen, Nachrichten aus dem Ausland, allerdings nie im Beisein von uns Kindern, denn das Hören von Feindsendern war bei Strafe verboten.

Um nicht aufzufallen, gingen mein Bruder Heiner und ich auch zur „Hitlerjugend". Mitmachen, ohne mitzumachen – diesen Gegensatz haben wir beide ganz gut bewältigt.

Mein Vater vertiefte sich derweil in seine Briefmarkensammlung. Überall in der Wohnung lagen die kleinen, wertvollen Marken herum. Selbst Stühle waren damit belegt. Wenn doch zufällig jemand zu Besuch kam, balancierte meine Mutter mit einigen Tabletts die Briefmarken unter das breite Sofa, damit man sich wenigstens hinsetzen konnte.

In dieser trostlosen Situation schrieb meine Mutter an eine Freundin in Travemünde, die mit dem Besitzer der Schlichting-Werft, in der Schnellboote und kleine Schiffe gebaut wurden, verheiratet war. Dort bewarb sich dann mein Vater als Technischer Zeichner. Mit Erfolg. Erneut stand uns 1940 ein Umzug bevor. Diesmal in eine größere Stadt, nach Lübeck.

Zwischenspiel in Lübeck

Weil es in Buckow so langweilig geworden war, freute ich mich auf den Ortswechsel. In Lübeck bezogen wir eine für unsere Begriffe riesengroße Wohnung mit kleinem Gästezimmer, Herrenzimmer, großem Eßzimmer und zwei Schlafzimmern. Am Ende des geräumigen Korridors lagen noch zwei kleine Zimmer, eines für meinen Bruder und eines für mich. Die Küche im Souterrain war mit einem Speisenaufzug ausgestattet und so groß, daß man im Kreis Rad fahren konnte.

Um meine Ausbildung als Buchhändlerin fortzusetzen, begann ich am 1. September 1940 als Lehrling in der Verlagsanstalt Charles Coleman. Ein interessanter Betrieb, denn neben belletristischen Heften erschien hier auch die „Lübecker Zeitung".

Da meine Mutter ebenfalls arbeitete, bekamen wir ein Pflichtjahrmädchen. Hella Wohlrab war in meinem Alter, und wenn wir drei, mein Bruder, Hella und ich, allein zu Hause waren, ging es recht lustig zu. Der Aufzug aus der Küche war das beliebteste Versteck. In ihm ging es bald rauf, bald runter. Nur die Eltern durften davon nichts erfahren.

Da meine Rechtschreibung noch mangelhaft war, drückte mir mein Vater eines Sonntags nach dem Mittagessen ein gutes Jugendbuch in die Hand und verlangte von mir, es bis zum nächsten Sonntag zu lesen und den Inhalt mündlich wiederzugeben. „Oh je", dachte ich, „das paßt mir aber gar nicht bei meiner wenigen Freizeit." Doch was Vater sagte, mußte befolgt werden.

Der Sonntag war da und ich dachte, ich sei erlöst, nachdem ich den Inhalt des Buches nacherzählt hatte. Falsch gedacht, ich bekam ein neues. Woche für Woche las ich nun Kinder- und Jugendbücher von Jules Verne, Jonathan Swift und Karl May, etwa ein halbes Jahr lang, bis sich meine Rechtschreibung tatsächlich merklich verbessert hatte. Mein Interesse an Literatur war dabei so groß geworden, daß ich, wenn ich abtrocknen oder etwas anderes im Haus oder im Garten tun sollte, zuvor lieber mit einem Buch auf der Toilette verschwand. Schriften wie Hitlers „Mein Kampf" oder Rosenbergs „Mythus des 20. Jahrhunderts" kannte ich allerdings nicht. Das müsse ich nicht lesen, hatte mein Vater mir geraten. Da ich darüber nichts wußte, fiel ich bei der Abschlußprüfung, die am 28. März 1942 in Kiel stattfand, durch. Völlig niedergeschlagen kam ich danach mit dem Zug in Lübeck an. Doch was war das?

Die Altstadt brannte lichterloh!

Meine Mutter nahm mich am Bahnhof in Empfang. Mutter erzählte mir auf dem Heimweg, daß Engländer Brandbomben abgeworfen hätten. Daß ich durch die Prüfung gefallen war, spielte jetzt keine Rolle. Später standen wir alle auf dem Dach unseres Hauses und sahen das ganze Ausmaß des Infernos. Die brennenden Turmspitzen der Marienkirche fielen auf die noch stehengebliebenen Gebäude an der Untertrave. Die schöne, alte Hansestadt – ein Raub der Flammen! Der Krieg hatte Lübeck eingeholt.

Damit veränderte sich auch unser Leben. Meine Eltern nahmen Oma und Opa Wohlrab sowie eine ältere Kollegin aus meinem Verlag, die ihre Wohnung verloren hatten, bei sich auf. Es wurde enger bei uns, aber auch lebhafter. Man

Die Marienkirche von Lübeck nach dem Feuersturm vom März 1942.

kochte gemeinsam, und Oma Wohlrab kannte so manche neue Bezugsquelle für Lebensmittel.

Mein Vater hatte an seiner Tätigkeit als Technischer Zeichner wenig Freude. Er wollte zurück nach Buckow, erst recht nach dem schweren Luftangriff auf Lübeck. Wir alle sehnten uns nach der Märkischen Schweiz, wo es friedlich und still zuging. Noch 1942 zogen wir um.

Ich besuchte dann ein dreiviertel Jahr die Deutsche Buchhändlerlehranstalt in Leipzig. Einen Tag vor der Prüfung hatte ich wieder Pech. Ich war in ein Auto gelaufen und im Krankenhaus gelandet. Was meine berufliche Zukunft betraf, waren meine Eltern der Meinung, daß nach dem Krieg solche Tätigkeiten wie Buchhändler von Männern ausgeübt werden würden. Ich sollte mir lieber einen für mich aussichtsreicheren Beruf suchen, vielleicht eine Arbeit mit Kindern.

Nachdem ich die Mittlere Reife nachgeholt hatte, besuchte ich ab 1944 zusammen mit meiner Freundin Hella Wohlrab die Fachschule für Kindergärtnerinnen und Hortnerinnen in Frankfurt an der Oder – bis die Rote Armee an der Oder stand und die Schule geräumt wurde.

Meine Mutter und ich hatten zwischenzeitlich eine Ausbildung beim Deutschen Roten Kreuz absolviert. Nachdem die Erholungsstätte „Wilhelmshöhe" zum Lazarett umfunktioniert worden war, arbeitete Mutter dort als OP-Schwester.

Hochzeitsnacht zu dritt

Ich wurde Frühjahr 1945 als Rote-Kreuz-Helferin in einem Leichtverwundeten-Lazarett im „Haus Tornow" bei Buckow in der Märkischen Schweiz eingesetzt. Ein wunderschönes, großes Haus, von Wald umgeben und direkt am Tornowsee gelegen, ein so beschaulicher Ort, daß man den Krieg fast vergessen konnte – wenn nicht laufend verwundete Soldaten eingeliefert worden wären. Viele kamen mit Erfrierungen, da die armen Kerle für den Winter nur selten gute Stiefel hatten. Mit Wechselbädern versuchten wir, ihre Schmerzen zu lindern. Größtenteils waren es junge Männer in meinem Alter.

Im großen Saal, dessen Flügeltüren zum See hin aufgingen, fanden auf Erlaß des Chefarztes Klavierkonzerte statt. Wer von den Verwundeten einigermaßen laufen konnte, saß auf den Stufen der Freitreppe und lauschte in der Frühlingssonne andächtig den Klängen. Eine merkwürdige Stimmung, denn gleichzeitig konnte man von der nur 30 Kilometer entfernten Oder her Geschützdonner hören.

Bevor die Soldaten, wenn sie einigermaßen genesen waren, wieder an die Front geschickt wurden, mußten für sie neue Schuhe bestellt werden. Unser Chefarzt aber zögerte die Bestellung absichtlich hinaus, da er großes Mitleid mit den jungen Männern hatte. Warum sollte man sie erneut in den Krieg schicken, wenn dessen Ende schon abzusehen war?

Ich verguckte mich in einen jungen Gefreiten. Wir verliebten uns Hals über Kopf ineinander. Als am 16. April an Oder und Neiße die sowjetische Offensive auf Berlin begann, wurde sofort die Evakuierung des Lazaretts eingeleitet. Da aber die Schuhlieferung immer noch nicht angekommen war, sollten die jungen Soldaten mit Sanitätsautos in Richtung Westen transportiert werden. Mein Freund und ich waren ziemlich ratlos. Was tun, um nicht getrennt zu werden?

Kurzerhand beschlossen wir, binnen zwei Tagen zu heiraten. Zwar kannten wir uns erst zwei Wochen, aber die Liebe und die chaotische Situation machten das Ungewöhnliche möglich. Vom Chefarzt unseres Lazaretts erhielten wir die Genehmigung, uns für den Tag der Trauung von der Truppe entfernen zu dürfen.

Unsere Hochzeit gestaltete sich ziemlich turbulent. Am Vormittag des 18. April 1945 zogen Heinz, wie mein Angebeteter hieß, und ich zunächst zum Buckower Standesamt. Unsere Heirat sollte vorläufig die letzte hier sein, das Trauregister befand sich schon nicht mehr im Bürgermeisteramt. Wir mußten es erst bei einer Mitarbeiterin zu Hause holen. Als wir auf dem Weg zu ihr waren, „besichtigte" ein sowjetischer Tiefflieger Buckow von oben und „grüßte" mit einigen Maschinengewehrsalven, wobei ein Pferd auf der Straße tödlich getroffen wurde.

Im Schatten der Häuser hasteten wir zurück zum Rathaus, wo in dem Augenblick, als wir dort ankamen, unser Lazarett mit den LKW und Krankenwagen an uns vorbeizog. Großes Hallo, alle wünschten uns viel Glück.

Der Bürgermeister, Herr Fritz, war sehr nervös. Die Trauung war ihm sichtlich lästig, denn schließlich hatte er in diesen Stunden Wichtigeres zu tun. Der Volkssturm wollte wissen, ob er Barrikaden bauen solle, wenn ja, wo. Nach Lebensmittelmarken und nach einem Arzt wurde gefragt und ob die Bahn nach Berlin noch fahre. Rasch stellte der Bürger-

Weil sie ihr Haus nicht verlassen wollten, blieben unsere Eltern in Buckow zurück, während wir – mein frisch angetrauter Mann Heinz, mein Bruder und ich – nach unserer Blitzhochzeit im April 1945 zu dritt in Richtung Westen aufbrachen.

meister unsere Urkunde aus und entschuldigte sich dafür, daß diese Trauung nicht den üblichen Gepflogenheiten entsprach. Wir waren trotzdem froh, denn für uns war wesentlich, daß wir unseren Trauschein in den Händen hielten.

Danach eilten wir nach Hause, wo meine Mutter aus Eingewecktem ein gutes Essen zubereitet hatte. Wenigstens das Hochzeitsmahl sollte würdevoll ausfallen.

Nach dem Essen packten wir ein paar Habseligkeiten auf ein Fahrrad und verabschiedeten uns von den Eltern, die erschüttert zurückblieben. Sie wollten Buckow und ihr Haus nicht verlassen. Zu dritt machten wir uns auf den Weg in Richtung Westen: mein Ehemann in Wehrmachtsuniform, aber ohne Papiere, mein Bruder Heiner, der sich bis zu diesem Zeitpunkt jeder militärischen Verwendung erfolgreich entzogen hatte, und ich in meiner Rote-Kreuz-Kleidung. Ein merkwürdiges Dreiergespann.

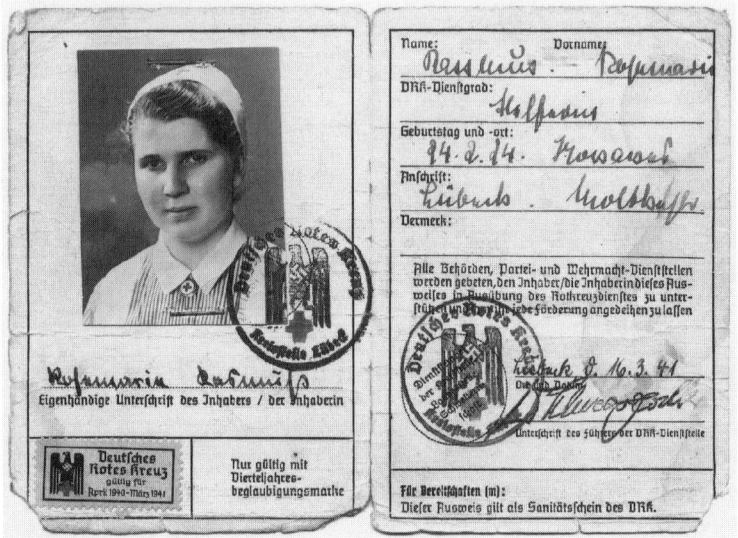

*Mein Ausweis als Helferin des Roten Kreuzes, ausgestellt in Lübeck 1941.
Dieser Ausweis berechtigte mich nach meiner Rückkehr in die Märkische
Schweiz zum Einsatz im Leichtverwundeten-Lazarett „Haus Tornow" bei
Buckow. Den dortigen Dienst quittierte ich erst, als die Rote Armee be-
reits die Oder überschritten hatte.*

Kurz hinter Buckow, bei Hasenholz, tat sich die erste
Schwierigkeit auf. An der Kreuzung war reger Militärfahr-
zeugverkehr, vor allem Richtung Strausberg. „Kettenhun-
de" (Feldgendarmerie), lauerten versprengten Soldaten auf,
um sie wieder in den Kampf zu zwingen. Als Rote-Kreuz-
Helferin, mit dem Papier des Chefarztes in der Hand, ging
ich zunächst allein nach vorne, um zu klären, ob ich befugt
sei, mit einem Soldaten und einem Zivilisten meinem Lazarett zu folgen. Es klappte. Trotzdem trauten wir dem Frieden nicht und mieden fortan belebte Straßen.

Am Abend erreichten wir ein kleines Dorf, in dem Milch ver-
schenkt wurde, die wir natürlich gern annahmen. Ein herren-
loses Fahrrad und nagelneue Stiefel, die mein Bruder entdeckt

Mein Mann Heinz Bender als Soldat. Er war als Leichtverwundeter im Frühjahr 1945 ins „Haus Tornow" gekommen, wo ich ihn kennenlernte. Am 18. April 1945 gaben wir uns im Standesamt von Buckow das Jawort, in letzter Minute vor der Ankunft der Russen.

hatte, ließen wir einfach mitgehen. Die Stiefel paßten ihm, aber neue Schuhe haben auch ihre Tücken. Heiner mußte sie bald wieder ausziehen, da ihn Blasen plagten.

Mit nunmehr zwei Fahrrädern, das Gepäck etwas verteilt, ging die Wanderung schon besser. Gegen Morgen des 19. April suchten wir in einem kleinen, dichten Tannenwald eine Stelle, an der wir uns ungestört ausruhen konnten. Keine Menschenseele war weit und breit zu sehen. Todmüde und fröstelnd machten wir drei es uns in einer Mulde bequem.

Plötzlich rollte unmittelbar neben uns ein Pferdefuhrwerk vorbei. Der Führer des Gespanns hatte uns nicht bemerkt. Der Wagen war mit Broten beladen. Heinz und Heiner rannten vorsichtig hinterher und schnappten sich drei Brote. Ein Stein fiel uns vom Herzen, denn wir hatten den Vorrat, den uns Mutter mitgegeben hatte, bereits aufgezehrt. Ein Stück Brot, das tat jetzt gut, der knurrende Magen war erst einmal beruhigt. Gleich darauf fiel mein Bruder in einen tiefen Schlaf.

Auch Heinz und ich waren müde, doch die körperliche Nähe und der Duft des Waldes steigerten das Verlangen, uns gerade jetzt zu lieben. Vergessen waren die widrigen Begleitumstände, vergessen war mein Bruder, der neben mir schlief. Wer wußte denn, ob wir auf unserem weiteren Marsch noch eine Möglichkeit finden würden?

Über uns Vogelgezwitscher und leises Rauschen der Bäume. Beinahe wie bei Adam und Eva im Paradies. Eine ungewöhnliche „Hochzeitsnacht".

Am Abend brachen wir auf, um unsere Wanderung fortzusetzen. Es war nun schon die zweite Nacht, in der wir unterwegs waren. Wir marschierten etwa 60 Kilometer, da wir, um nicht entdeckt zu werden, Umwege in Kauf nehmen mußten.

Erschöpft legten wir uns in der Morgendämmerung des 20. April in einem kleinen Wäldchen nieder. Wir wußten nicht, wo wir uns genau befanden, denn unsere nähere Umgebung konnten wir im Dämmerlicht nicht erkennen. Nur hinlegen und die Beine ausruhen. Mein Bruder und ich waren diese weiten Märsche nicht gewöhnt.

Es waren vielleicht zwei Stunden vergangen, als wir Flugzeuge über uns hörten. Bomben wurden ausgeklinkt, und in der Aufregung glaubten Heiner und ich, sie kämen direkt auf uns zu. Doch Heinz beruhigte uns, die Bomben würden

viele Meter vor uns einschlagen. Erschrocken mußten wir feststellen, daß wir uns zum Ausruhen direkt am Flugplatz Werneuchen hingelegt hatten. Die einschlagenden Bomben verursachten auf dem Gelände ein Inferno. Jetzt erst merkten
wir, daß auch andere Menschen in dem Wäldchen Zuflucht
gesucht hatten. Verwundete schrien. Mein Mann zog mich weg,
denn als Rote-Kreuz-Helferin hätte ich erste Hilfe leisten
müssen. Nach der ersten Angriffswelle versuchten wir, schnell
aus der Reichweite des Flugplatzes zu kommen, denn die zweite Welle würde mit Sicherheit bald folgen. Aus einiger Entfernung vernahmen wir dann den zweiten Angriff.

Trotz Müdigkeit liefen wir weiter. Unsere Route führte
uns nördlich um Berlin herum. Geradewegs durch die Stadt
zu laufen, wagten wir nicht. Ich spürte kaum noch meine
Beine. Auch mein Bruder machte einen erschöpften Eindruck. Nur Heinz merkte man die Strapazen kaum an, als
Soldat hatte er im Laufen Routine.

Als wir eine größere Straße benutzen mußten, stießen wir
auf einen Flüchtlingstreck. Alte, Kranke, Kinder, die ihre
wenigen Habseligkeiten auf Wagen aller Art verstaut, mit
reglosen Gesichtern in Richtung Westen bewegten. Wieviele
Tage sie wohl schon unterwegs waren?

Für uns war es erst der zweite Tag, und wir stöhnten bereits. An einer geeigneten Stelle verließen wir diese Straße
und fanden auch bald eine kleine Schonung, die uns Ruhe
versprach. Kaum, daß wir uns hingelegt hatten, schliefen
wir auch schon ein.

In der Nacht zum 21. April erreichten wir einen Wald, der
voller Militärfahrzeuge war, Panzer, LKW und anderem
Kriegsgeschirr. Merkwürdig nur, daß niemand uns anhielt
und nach unseren Papieren fragte. Die Soldaten waren alle
mit sich selbst beschäftigt. Die Rote Armee sei nur einen
Tagesmarsch hinter uns, hieß es. Wir waren so müde, daß
wir uns noch in Sichtweite der Truppe niederließen. Es

dauerte nicht lange und wir hörten Flugzeuge kommen. Mit Schrecken sahen wir, wie sich aus den Flugzeugen Phosphor über dem Militärlager ergoß, das kurze Zeit danach in Flammen stand. Ein grausiges Schauspiel!

Trotz der Dämmerung war alles hell erleuchtet. Auch Bomben fielen. Da mein Bruder und ich den Pfeifton der in unmittelbarer Nähe niedergehenden Bomben nicht kannten, riß Heinz uns beide gleichzeitig zu Boden. Im selben Moment krachte es entsetzlich. Glücklicherweise hatten wir wieder einmal einen Schutzengel bei uns.

Wir mußten unser Tempo beibehalten, um den Abstand von einem Tag zur Roten Armee nicht zu verringern. Am Abend des vierten Tages, am 23. April, gelangten wir in den kleinen Ort Vehlefanz. Hier war leider die Straße zu Ende. Auf einem Feldweg, der sich endlos hinzog, liefen wir durch die Nacht. In einer Scheune legten wir uns im Morgengrauen erschöpft hin, obwohl Heinz meinte, es sei besser weiterzugehen, denn wir hätten unser Ziel bald erreicht. Doch mein Bruder und ich waren einfach zu kaputt.

In der darauffolgenden Nacht setzten wir unseren Marsch nach Westen fort. Wir merkten kaum mehr, wie wir einen Fuß vor den anderen setzten. Mal zog der Schatten eines Baumes, mal der einer Scheune an uns vorbei.

Gegen Morgen des 24. April erreichten wir das Örtchen Friesack, wo mein Bruder und ich sogleich eine Rote-Kreuz-Station ansteuerten. Heinz hatte uns zwar gewarnt, man würde uns dort nach unseren Papieren fragen. Aber das war mir in dem Moment völlig egal. Meine Beine waren angeschwollen, ich wollte mich nur noch hinlegen. Wie mein Bruder sank auch ich in einen der bereitstehenden Liegestühle. Heinz kümmerte sich indessen um unser Gepäck und die Fahrräder. Erst jetzt dachte ich an meine Eltern, die in Buckow zurückgeblieben waren.

Die kurze Erholungspause half mir wieder auf die Beine. Wir mußten uns beeilen, da die Rote Armee nur wenige Kilometer entfernt war. Ich bat den Fahrer eines Wehrmachts-

PKW, mich als Rote-Kreuz-Schwester und einen Leichtverwundeten, meinen Mann, nach Lübeck mitzunehmen, da unser Lazarett dort seinen Aufenthalt habe. Weil der PKW keinen Sprit mehr hatte, wurde er kurz entschlossen an einen leeren Tankwagen angebunden. Mein Bruder und weitere Männer stiegen auf den Wagen und eine abenteuerliche Fahrt begann. Der Chauffeur des PKW, sicher ein Sonntagsfahrer, ließ das Auto von rechts nach links und umgekehrt hin und her schwanken. Ich war todmüde und schlief bald ein, während Heinz, der Autoschlosser war, die akrobatische Fahrweise ängstlich beobachtete.

Zwischendurch kamen mehrmals Tiefflieger, die unsere kleine Kolonne immer wieder angriffen. Jedesmal rannten wir alle in den Wald. Wer aber zu weit gelaufen war, konnte leicht zurückgelassen zu werden. Aus diesem Grund ließen sich einige, so auch Heinz, Heiner und ich, bei Angriffen nur noch in den Straßengraben fallen. Am 24. April, abends um 19 Uhr, erreichten wir drei unbeschadet Lübeck, wo wir von meiner Freundin Hella Wohlrab aufgenommen wurden.

Am 2. Mai, nachmittags um 17 Uhr, wurde Lübeck von den Engländern besetzt. Gleich um die Ecke, in der Arnimstraße, sahen wir vier britische Panzer stehen – und waren erleichtert. Später stahl ich in der britischen Verwaltung einen amtlichen Stempel, mit dem wir etwa 20 deutschen Soldaten, darunter meinem Ehemann, Entlassungspapiere ausstellten. Dieser Stempel war das beste Siegel, wie sich später auf Ämtern und bei der Eisenbahn erweisen sollte.

In diesen aufregenden Tagen schwand völlig unser Zeitgefühl, so daß wir den 8. Mai 1945, den Tag des Kriegsendes, gar nicht richtig wahrnahmen. Unsere Odyssee war allerdings noch lange nicht zu Ende.

Aus: Rosemarie Bender-Rasmuß, „Buckow, meine Liebe. Kindheits- und Jugendjahre 1924-1945", Sammlung der Zeitzeugen, Zeitgut Verlag 2010.

[Hamburg – Gifting, nahe Kronach, Oberfranken;
Oktober 1940–Oktober 1941]

Christa Schmidt

Erholsam und ereignisreich

Die nächtlichen Bombenangriffe auf Hamburg wurden häufiger und intensiver. Mein Mann Wilhelm Schmidt leitete damals die Mädchenschule in der Kampstraße im Carolinen-
viertel. Als die Klasse im Oktober 1940 nach Gifting in Oberfranken evakuiert werden sollte, überlegte ich nicht lange
und beschloß, mit unseren beiden Töchtern meinen Mann
zu begleiten. Waltraud war noch keine zweieinhalb Jahre,
Irmgard erst fünf Monate alt. Meine Schwiegereltern warn-
ten uns, es sei ein Wagnis, mit so kleinen Kindern zu reisen.
Aber es ging ja nicht in erster Linie um uns, sondern darum,
die Schulkinder, für die mein Mann Verantwortung trug, in
Sicherheit zu bringen.

Der Zug sollte um Mitternacht vom Hamburger Hauptbahnhof abfahren. Für uns alle, das hieß für 35 Schülerinnen der
Klasse, eine Kollegin, zwei Helferinnen und für unsere Familie, wurde ein Wagen reserviert. Als wir mit der Straßenbahn
zum Bahnhof fuhren, hielten wir an jeder Haltestelle Ausschau nach einem Luftschutzraum, in den wir notfalls hätten
flüchten können. Doch Gott sei Dank ging alles gut. Auf dem
Bahnhof war großes Gedränge. Die Schulkinder und ihre Angehörigen nahmen unter Tränen Abschied voneinander, ungewiß, ob sie sich gesund wiedersehen würden.

Nach zwölfstündiger Fahrt – Waltraud schlief auf der Bank,
Irmgard im Kinderwagen – erreichten wir ziemlich erschöpft

den Bahnhof Kronach. Dort standen für uns Pferdewagen bereit, mit denen wir in das 230 Einwohner zählende Dörfchen Gifting gefahren wurden. Hier brachte man uns in einer etwas heruntergekommenen Pension unter. Für die Wirtsleute, das Ehepaar Krauß, waren wir wohl die Rettung vor dem Ruin.

Nachdem wir die Zimmer bezogen und die Koffer ausgepackt hatten, ruhten wir uns erst einmal aus. Danach machten wir uns mit dem Haus und der näheren Umgebung vertraut. Gifting, in einem lieblichen, von Wald umgebenen Tal gelegen, wollten wir am nächsten Tag auskundschaften.

Die Zimmer der Kinder hatten fast alle Balkon. In jedem befanden sich Etagenbetten, ein Schrank und ein Waschbecken. Bäder gab es nicht. Jeweils sechs Mädchen wohnten zusammen, sie durften sich ihre „Familie" selbst zusammenstellen. Mein Mann, die Kinder und ich bewohnten das große Erkerzimmer, Dora Erichsen, die Kollegin, erhielt den mit wunderschön bemalten Bauernmöbeln ausgestatteten kleineren Raum nebenan. Er diente uns tagsüber als Aufenthaltsraum. Im Erdgeschoß befanden sich ein großer Unterrichts- und ein Speiseraum. Jeder von uns sorgte für Sauberkeit und Ordnung, die Kinder mit Unterstützung der Helferinnen.

Mein Mann und Dora Erichsen waren für den schulischen Bereich verantwortlich, die Helferinnen gestalteten mit den Kindern die Freizeit. Mir oblag die Körperpflege sowie die kleine Wäsche. Das hieß: Haare waschen und kämmen, Finger- und Fußnägel pflegen, Strümpfe waschen und stopfen – und das 35 mal in der Woche, meine eigenen Kinder nicht mitgerechnet.

Vormittags war Unterricht, nach dem Mittagessen ruhten die Kinder zwei Stunden und nachmittags tollten sie bei schönem Wetter draußen herum. Nach dem Abendbrot spielten oder bastelten wir, sangen, erzählten oder lasen vor. Das Wichtigste aber war die Beantwortung der Briefe von zu Hause. Briefe und Pakete, stets sehnlichst erwartet, wurden immer mit großem Jubel in Empfang genommen. Ihr Inhalt wurde möglichst gerecht verteilt. Manchmal gab es auch Tränen nach dem Lesen der Post, denn die Muttis hatten meist mehr Heimweh nach ihren Kindern als umgekehrt. Das Traurigsein dauerte nie lange, denn die Mädchen fühlten sich in der Gemeinschaft geborgen.

Um ein Erlebnis reicher wurden die Kinder, als der Winter einzog. Solche Schneemassen hatten sie nie zuvor gesehen, Schneeballschlachten und Schneemänner bauen begeisterten sie jeden Tag. Mit Schlitten sausten sie den Abhang hinunter, und ganz Mutige versuchten sich im Skilaufen. Mit roten Wangen, hungrig, aber glücklich kehrten sie abends zurück und sanken nach dem Abendessen müde in die Betten.

Auch wir Erwachsenen genossen den Winter. Am schönsten waren die Wanderungen durch die vor Frost klirrende, sternklare Nacht. Die Luft war so klar, daß wir uns über weite Strecken hinweg verständigen konnten.

Im Winter wurde unsere Post nicht ins Haus geliefert, sondern wir Erwachsenen mußten sie mit dem Schlitten aus der Stadt holen. Bei dem vielen Schnee war das ein mühsames Unterfangen, manchmal versanken wir bis zu den Hüften in der weißen Pracht.

Weihnachten 1940 rückte näher. Die Kinder malten und bastelten für ihre Lieben daheim, aber auch, um unseren Tannenbaum zu schmücken. Als der große Tag endlich da war, mimte Dora Erichsen den Weihnachtsmann. Nachdem unsere Tochter Waltraud, inzwischen zweieinhalb Jahre alt, ihn lange aufmerksam betrachtet hatte, rief sie plötzlich: „Mutti, der Weihnachtsmann hat Tante Dorotheas Schuhe an!" – Man muß doch an alles denken!

Von schwereren Krankheiten blieben die Kinder Gott sei Dank verschont, obwohl nachts an den Wänden der Schlafräume Reif glitzerte.

Mit Töchterchen Irmgard in Gifting. Der schnee- reiche Winter in Oberfran- ken bescherte den Kindern viele neue Eindrücke.

Unangenehme Situationen gab es natürlich auch. Unsere Lebensmittelzuteilungen, die besser waren als die für die ört- liche Bevölkerung, gingen direkt an unsere Wirtsleute, denn Frau Krauß war zusammen mit einer Köchin für unsere Be- köstigung zuständig. Eines Tages nun entdeckten wir auf dem Dachboden gehortete Lebensmittel aus den Zuteilungen für die Kinder. Nach energischem Einspruch meines Mannes beim zuständigen Kreisamt kam das nicht mehr vor, aber dafür verschlechterte sich das Verhältnis zu unseren Wirtsleuten merklich.

Auch der schönste Winter geht einmal zu Ende. Der Früh- ling kam, und alle freuten sich über die wärmenden Son-

nenstrahlen. Die Kinder halfen bei einem benachbarten
Bauern, lasen Steine von den Feldern und waren später
auch bei der Heuernte dabei. Als Belohnung gab es But-
termilch mit Butterstückchen darin. Leider war die Butter gesalzen, schmeckte aber trotzdem. Für die Großstadt-
kinder war das intensive Leben mit der Natur etwas ganz
Neues. Im Sommer pflückten sie Bickbeeren, und der einzige Bäcker im Ort buk uns Blaubeerkuchen. Das war vielleicht ein Fest!

An diesem Tag fiel das Abendbrot aus.

Wenn wir zum Mittagessen gingen, ließen wir unsere Tochter Irmgard gewöhnlich im Kinderwagen angeschnallt im
Zimmer der Kollegin zurück. Als wir eines Tages vom Essen
kamen, ließ sich die Tür zu diesem Raum nur einen kleinen
Spalt breit öffnen. Was war nur geschehen?

Irmgard, ein dreiviertel Jahr alt, auf dem Balkon.

Eine der Helferinnen hangelte sich vom Nachbarzimmer über den Balkon in den Aufenthaltsraum und sah, wie unsere Kleine mit den Zehenspitzen auf einem der Räder stand. Damit hatte sie wohl den Kinderwagen zur Tür gerollt. Aber wie war sie nur aus dem Wagen gekommen?

Für Waltraud stand im Schulzimmer, das die Kinder nach dem Unterricht als Aufenthaltsraum nutzten, unter dem Lehrertisch eine Spielkiste. Im allgemeinen war unser Töchterchen leise und störte nicht. Doch wenn Arbeiten geschrieben wurden, mußte Waltraud weichen. Sie kam dann zu mir nach oben, aber wegen der vielen Arbeit konnte ich mich leider kaum um die Kleine kümmern. Als Waltraud krank wurde, war die Oma in Schneverdingen in der Lüneburger Heide die Rettung. Im Sommer 1941 brachten wir unsere Tochter zu ihr.

Langsam wurde es Herbst, und der Abschied von Gifting nahte. Die Kinder hatten in dieser schönen, vom Krieg unberührten Landschaft ein erholsames und ereignisreiches Jahr erleben dürfen. Ein Jahr ohne nächtlichen Flugzeuglärm und ohne Bombenangriffe.

(Weitere ZEITGUT-Beiträge dieser Autorin sind am Buchende vermerkt.)

[Leipzig, Sachsen – Greifenhagen, Hinterpommern;
April – September 1941]

Sigrid Lichtenberger

Im blauen Kleid

Wir wissen nicht, wohin wir fahren. Wir sind Verpflichtete.
Wir sind Verschickte. Wir waren zu bestimmter Zeit zum Bahnhof befohlen worden und steigen in den Zug, der für uns be-
reitsteht. Wir müssen es mit uns geschehen lassen. Die Ar-
beitsdienstpflicht ist nun auch auf die Mädchen ausgeweitet
worden, wie es im Reichsarbeitsdienstgesetz vom 26. Juni
1935*) vorgesehen war. Aber ich bin 18 Jahre alt und will ja
gern weit fort. Dorthin, wo die Landschaft anders ist, wo ganz
andere Menschen wohnen.

Ruth, die mit mir im Abteil sitzt, wir haben die Fenster-
plätze besetzt, schweigt bedrückt. Das Klavier wird ihr fehlen. Sie will Musik studieren. Sie hätte gern gleich nach der
Schule damit angefangen. Aber wir müssen erst ein halbes
Jahr unseren Reichsarbeitsdienst ableisten, ehe wir zum
Studium zugelassen werden. Wir sitzen uns gegenüber, aber
wir sehen uns nicht an. Erst später werde ich Ruths dunkel-
glattes Haar wahrnehmen, das hinten straff zusammenge-

---

*) Für Frauen betrug die Dienstzeit im RAD ab Kriegsbeginn sechs Mo-
nate, die jedoch häufig durch Notdienstverpflichtung verlängert wurden. Ab Juli 1941 wurde die Dienstverpflichtung zum Kriegshilfsdienst
um weitere sechs auf zwölf Monate ausgedehnt, im April 1944 auf 18 Monate verlängert und ab November 1944 vollständig entfristet. Die zusätzlichen Kräfte kamen überwiegend als Flakhelferinnen zum Einsatz.

nommen ist, was ihr einen Ausdruck von Strenge gibt. Nein, Strenge empfinde ich nicht bei ihr. Sie ist unglücklich. Die Worte kommen leise aus ihrem Mund.

Ankunft

Nur die Umrisse der Bäume rechts und links der Landstraße sind gut sichtbar gegen den Himmel. Sonst würden wir den Weg nicht finden, vielleicht stolpern oder seitwärts in die Gräben stürzen. So stockschwarz ist die Nacht, durch die wir laufen, nachdem wir den Zug verlassen mußten. Wir laufen schon über eine halbe Stunde ins Ungewisse. Ziel ist ein Barackenlager, in dem zuvor männlicher Arbeitsdienst untergebracht war. Es war ein Prinzip, daß die Baracken abseits der Städte in der freien Landschaft aufgebaut wurden. Auch das begreife ich erst jetzt.

Gleich nach unserer Ankunft werden wir in Gruppen eingeteilt. Ruth in Kameradschaft sieben, ich in die eins. Betten werden zugeteilt, wir fallen sofort in tiefen Schlaf.

Es ist morgens fünf Uhr.

Aufwachen!

Heller Tag ist um uns. Wir sind zwölf Mädchen in einem Raum mit je sechs Doppelbetten. Von Bett zu Bett werden Fotos gereicht. Verlobte und Freunde. Und du?

Ich nicht. Ich bin schweigsam, sehe alles befremdet an, sperre die Ohren auf. Hanni neben mir hat noch elf Geschwister. Lisa ist verlobt. Ihr Ernst ist auf einem der Fotos zu sehen. Ebenso Ilse mit ihrem Männe. Sie spricht das tollste Sächsisch. Christa hat im Hotel gearbeitet.

„Und dein Vater ist doch am Brühl", sagt plötzlich eine neben mir. Sie heißt Herta und hat rote Haare. Sie hat dort im Büro gearbeitet.

Ilses Ruf ertönt: „Nu gommt aber, wir müsse Gafe trinke gehe!"

Nach dem Frühstück gehen wir zur Kleiderkammer. Jede Maid bekommt ein blaues Arbeitskleid und ein Kostüm mit

fünf Blusen. Wir probieren alles an, wir lachen über uns,
wir drehen uns um uns selbst. Ich finde mich fremd im blauen Kleid und in dem braunen Kostüm. Gut passen mir die
Schuhe: ein paar Stiefel, dazu Halb- und Turnschuhe. Hanni drücken sie am Zeh. Ilse heult fast, weil sie an ihren Männe denkt, wenn der sie in diesen Sachen sieht.

„Nun fangt nur nicht an, schon vom Urlaub zu reden, ehe
es hier überhaupt losgegangen ist!", ruft Hilde, sie ist unsere KÄ, unsere Kameradschaftsälteste.

Später erst entdecken wir die kleine Stadt Greifenhagen,
zu der wir mindestens eine Dreiviertelstunde laufen müssen. Daß sie am Ostufer der Oder liegt, erfahren wir auch
nicht gleich. Südlich von Stettin. Das besagt schon mehr. Wir
sind also in Hinterpommern. Erst beim Außendienst und bei
gemeinsamen Radausflügen an Sonntagen lernen wir die weite Landschaft kennen, die zum Teil etwas hügelig ist, vor
allem begeistern uns die vielen Seen.

Das Lied

Eine Schulfreundin, die in einem anderen RAD-Lager ist,
hat mir ein Gedicht geschickt.

> *Ich blick durch die Äste der Linde*
> *am Abend zum Himmel auf.*
> *Leis' biegt sich die Krone im Winde*
> *der Mond, der beginnt seinen Lauf.*

Als ich es Ruth zeige, sagt sie: Das ist ja ein Lied! Schon am
nächsten Tag hat sie eine Melodie dazu erfunden. Wir alle
singen das Lied, doch geht es nicht in den Liederschatz ein,
es fehlt, was die hier wollen, es mangelt an Worten wie Opfer und Vaterland. Stattdessen besingt es Sehnsucht und
Heimweh. Es ist romantisch. Und das, obwohl wir – wir? –
im Blitzfeldzug in Griechenland einmarschiert sind.

Wir sitzen am Radio im Gruppenraum und hören gemeinsam die Sondermeldung von der Kapitulation einer griechi-

*Weg in den Wiesen im Land am Strom. Zeichnung von Rudolf Krampe
(1887–1950). Während meines Reichsarbeitsdienstes in Greifenhagen in
Hinterpommern lernte ich 1941 die weite Oderlandschaft lieben.*

schen Armee und der Einnahme von Saloniki. Daß alles so
schnell geht, macht die Fragen schwindlig. Deshalb lese ich
lieber die Novelle, die mir Ruth in die Hand drückt. Ein junger Dichter, den sie persönlich kennt, hat sie geschrieben.
Doch der Inhalt ist vergessen, vorbei, als sei er nie gewesen.
Vielleicht handelte sie ja vom Verstehen und der Suche nach
Wahrheit, ein Thema, das ich in Briefen von damals immer
wieder finde, ein Thema, das hoffnungslos im Raum hängt,
auf nichts Konkretes bezogen. „Schickt mir doch bitte meine Gedichte", schreibe ich daraufhin nach Hause. Nur durch
diese kann ich hier glücklich sein. Lacht mich nicht aus.
Schließlich bin ich überall Ich. Bin ich Ich, wenn wir in Dreierreihen ins Dorf marschieren und dabei singen?

Die Dorfjugend staunt, sie ist östlich der Oder daran nicht
gewöhnt. Soldaten lachen über uns, im Gleichschritt mar-
schierend singen wir: Heute wollen wir marschieren ..."

Am nächsten Morgen müssen Erna und ich Verdunklun-
gen in den Baracken reparieren. Wir werden für diese Aufgabe eingesetzt, ohne Leim, ohne Hammer, ohne Nägel, ohne
Reißzwecken. Das macht uns träge. Wir singen „Kartoffeln
in der Schale gehört mein ganzes Herz" und andere Schlager und amüsieren uns über unsere Mißerfolge. Die Verdunklung ist für uns ein Spiel.

Innendienst

Ich plätte schon seit ein paar Wochen, einige Maiden haben
nämlich Scharlach, und deshalb dürfen wir nicht heraus aus
dem Lager. Ich denke nie, daß ich auch Scharlach bekommen
werde, aber ich schlucke alle Pillen, die uns die Führerinnen
zur Vermeidung der Krankheit in die Hand drücken.

Ostern dürfen wir länger schlafen, weil das Osterwasser-
holen in das Wasser fällt, das vom Himmel herabkommt. Und
hernach beim Frühstück bedienen uns die Führerinnen, indem sie Kakao eingießen. Sie haben den Tisch mit Moos und
Kätzchen geschmückt. Schließlich suchen wir Ostereier im
Wald, jeder findet ein gekochtes Ei und eines aus Marzipan
und Hustenbonbons. Das klingt recht gut und paßt wie die
Faust aufs Auge zu den Männerbaracken in ihrer nackten
Trostlosigkeit im grauen April und zur Gelobt-sei-was-hart-
macht-Ideologie.

Nachher steigen wir alle auf die Fahrräder zum Sonntags-
osterausflug. Meines ist furchtbar hoch und wackelig und
alle lachen. Dr. Ferkel, der Lagerarzt, fährt mit. Er ist rund
und schwer, so daß wir mit ihm nur bedächtig vorankom-
men, vor allem die Hügel hinauf. Wir erreichen dennoch den
See, der sofort romantische Gefühle weckt, dazu der dunkle
Wald und die leuchtenden Birken – es ist einfach schön hier.
Wir lachen, weil wir komisch aussehen, als wir im Sumpf

*Zum Innendienst
gehörte auch die
Wäscherei mit der
Plättstube, in der
ich einige Wochen
arbeiten mußte.*

umherwaten, der den See umgibt. Jetzt wird Krieg gespielt.
Kann man Krieg spielen?

Als Seele gibt es ein weißes Taschentuch um Arm oder Bein;
wem es entrissen wird, der ist tot. Doch noch ehe wir die Burg
der Feinde erobern können, werden wir entdeckt, und es gibt
eine wüste Rauferei. Drei „lange Latten" stürzen sich auf mich.
Nachdem meine Seele entführt ist, sitze ich mit Reni am Ufer,
und wir träumen uns auf die Insel. Ganz allein möchte jede
von uns dort in einer Hütte wohnen. Wir kennen noch nicht
das Alleinsein. Warum erscheint uns Verlassenheit so erstre-
benswert und sogar als Glück?

Appelle

Waschappell. Schrankappell. Schuhappell. Bekleidungsappell.
Ich hasse dieses Zeug. Morgen werden wir vereidigt, es ist
der 20. April, Führers Geburtstag. Ich frage mich, warum
wir ja sagen müssen und wozu. In einem Brief an meine Eltern äußere ich: Keine Angst, ich denke schon nicht mehr,
als ich kann und muß. – Wie recht habe ich. – Als ich darf,
hätte ich noch hinzusetzen können. Meine Eltern sorgen sich,
aber warum sollte ich nicht denken?

Solange ich mich im Philosophischen bewegte, hatte niemand was dagegen. Hätte ich nur mehr gedacht! Ich bin auf
den Spuren der Philosophie von Immanuel Kant und nicht
der Politik. Wer hatte mich darauf angesetzt und wer andere
Gedanken blockiert?

Vor fünf Tagen haben „wir" Belgrad genommen!

Ich frage nicht. Großartige Nachricht, schreibe ich nach Hause. Mir fehlt jede Phantasie für das, was das bedeutet. Niemand

*Jeden Morgen dasselbe Zeremoniell: Fahnenhissen im RAD-Lager, hier
im Lager Jebenhausen in Baden-Württemberg.*

setzt sie in Gang. Es gibt jetzt Lebensmittelmarken. Ich weiß nicht, was das alles zu bedeuten hat. Der Kopf denkt dumpf vor sich hin, und schon laufe ich in die Essensbaracke hinüber, es hat gegongt, und Hunger haben wir hier immerzu.

Am Abend gehen wir wieder den Weg ums Lager. Erna und ich haben ihn für uns entdeckt, es gibt keine andere Möglichkeit, zu zweit allein zu sein. Wir dürfen das Lager wegen der Scharlachfälle noch immer nicht verlassen. Also laufen wir innen am Gitterzaun entlang. Erna findet es quälend, fühlt sich als Gefangene. Natürlich würde auch ich lieber frei durch Wald und Feld streifen, aber der Blick geht an manchen Stellen auch hier ins Weite. Hinter dem Komposthaufen gibt eine Reihe Pappeln dem weitverlorenen Horizont eine Kennzeichnung, die sich mir einprägt, dazu die Gespräche. Aber Erna helfen sie nicht gegen ihre Trübsal.

„Zeitverschwendung. Ich könnte in dieser Zeit studieren, wenn nicht dies sein müßte. Diese nutzlosen Schulungen! Was nützt es mir zu wissen, daß ein Mastschwein eine Box von einem Meter Breite braucht?", spottet sie.

Immerhin weiß sie das noch, während ich dies in meinem Gedächtnis gar nicht registriert habe. Und dann muß man sich anhören, daß die Donau in die Oder mündet und der Rhein im Riesengebirge entspringt! Da darf man noch nicht mal lachen. Als Abiturientin wird man sowieso schon abschätzig angesehen, als hochmütig abgestempelt, nur weil man etwas gelernt hat. Wenigstens ist es heute warm, und ein bißchen Freiheit am Abend ist doch auch was wert.

„Trotzdem, laß uns in die Baracke gehen", drängt Erna, „sonst werde ich das Gitter vor meinen Augen nicht los."

Morgen wollen wir Taufe feiern. „Spatzenlust" soll unsere Kameradschaft heißen. Was das nun wieder soll.

Außendienst

Endlich ist der Scharlach unter den Maiden soweit abgeklungen, daß die Lagersperre teilweise aufgehoben werden kann.

Wir dürfen allerdings noch nicht in die Häuser der Siedler und auch nicht zu kleinen Kindern, sondern müssen auf dem Feld arbeiten und bleiben.

Jede Maid bekommt ihre Schnitten für den Mittag mit, so fahren wir nach dem Hissen der Fahne, nach einem Lied und dem Ruf „Gut Arbeit!" in einer kleinen Gruppe mit unserer Arbeitsdienstführerin, Fräulein Lüdke, los. An jedem Gehöft, das früher eine Maid hatte, halten wir an, und wir Mädchen werden angeboten. Manchmal werden wir freudig begrüßt, oft jedoch verschmäht. Barbara, Trude und ich bleiben bis zuletzt übrig. Aber um halb elf Uhr landen auch wir auf einem Acker, auf dem drei Frauen in Rillen, die ein Pflug gezogen hat, Kartoffeln auslegen, die wir Maiden mit einer Hacke mit Erde bedecken müssen. Und das bei strömendem Regen!

Später folgt sogar Hagel, denn es ist kalt geworden. Um halb zwei Uhr fahren wir mit unsern Rädern zurück. Eine abenteuerliche Fahrt. Auf dem sandigen Weg kippt Trude immerzu vom Rad, dann wieder verliert sie ihre Sandalen. Das Rad ist wohl zu hoch für ihre kurzen Beine. Aber jede Sandwüste hat ein Ende.

In den anschließenden zwei Wochen schleppen Barbara, Trude und ich, wir drei im blauen Kleid, Blecheimer am schrägen Acker entlang, heben Steine auf, die schwere Eimer noch schwerer machen. Aber gelobt sei, was hart macht, diese Parole spukt in unseren Köpfen, doch reden wir davon nicht, sondern singen lautstark:

Wir gründen den Idiotenclub und laden herzlich ein,
ein jeder ist hier gern gesehen, nur blöde muß er sein ...

Wir sammeln schon seit Stunden Stein um Stein vom Akker. Man hat uns diese Arbeit überlassen. Zwar müssen Mai-

---

Bild rechts: Morgens im Lager Jebenhausen bei Göppingen. Mit Fahrrädern geht es zur Arbeit auf den Bauernhöfen.

den keine Moore trockenlegen und keine Bauarbeit machen, aber die Eimer kann man ihnen zumuten.

„Zwanzig Pfennig ist der Reinverdienst. Junge, komm zum Arbeitsdienst", grölen wir in die Luft des pommerschen Himmels. Obwohl wir Mädchen sind.

Gestern hat man uns über die Geschichte Pommerns belehrt. Daß Pommern seit dem Versailler Vertrag in einer besonderen Notlage sei. Doch schon 1919 gibt es ein neues „Reichssiedlungsgesetz". Statt steriler Gutshöfe wolle man stabile Bauerndörfer schaffen. Das menschenleere Land Hinterpommern solle durch Zuführung bäuerlicher Menschen aufgefüllt werden. Das Gebiet soll zu neuem Aufblühen kommen. Die wirtschaftliche Rezension erleichterte es, große Güter zu erwerben, die für Siedler aufgeteilt wurden. Statt Arbeitslosigkeit solle es im neuen Reich den Bauern auf freier Scholle geben. Siedler waren entweder Bauernsöhne oder ehemalige Landarbeiter. Durch ländliche Kulturpflege wolle man sie an die heimische Scholle binden, um eine Landflucht zu vermeiden. Dazu dienen auch die Volkslieder, die wir singen. Vielleicht ging bei diesen Erklärungen der Blick auch bereits weiter gen Osten. Für uns Sachsen war das hier östlich genug.

„Du kommst zu Bauer Bartknecht", heißt es drei Wochen später für mich.

Eine Dreiviertelstunde geht es mit dem Fahrrad durch den Wald, danach eine Kirschbaumallee entlang, schließlich über ausgedehnte Felder. Auf dem Hof, der mitten im flachen Land unter einer Baumgruppe steht, ist alles in bester Ordnung, sogar der Misthaufen ist ausgebaut. Aber der Mann ist krank. Die Frau schafft es alleine nicht. Die beiden haben fünf Morgen Land, gerade genug für den Eigenbedarf. Sie haben vier Schafe, ein Schwein, Hühner und einen Hund.

Die Frau nimmt mich gleich am ersten Tag mit in einen nahegelegenen morastigen Wald. Dort ziehen wir uns alte lange Seidenstrümpfe über die Arme und pflücken Blätter von mannshohen Brennesseln, die uns wie ein zweiter Wald umgeben. Schweinefutter. Es ist schwitzig heiß, die Füße sind total naß, und die Mücken stechen auch durch die Strümpfe durch, natürlich brennen auch die Nesseln hier und da. Die Frau führt dabei allerlei lustige merkwürdige Reden. „Sie können hier lernen", belehrt sie mich, „was man alles aushalten kann."

Nach drei Wochen wird die Außendienststelle gewechselt. Diesmal lande ich beim Bauern Schütte.

„Da ist es dreckig", sagt mir Christa, die schon dort war, und pustet bedeutungsvoll Luft durch die Nase aus und ein.

Bauer Schütte ist genau das Gegenteil von Bartknechts. Das Essen knirscht von pommerschem Sand. Bunt durcheinander lagern auf dem Ofen Plätteisen, Lappen, Holz, Dekken, Scherben, Kleidungsstücke, unterm Tisch eine zerbrochene Thermosflasche, auch Scherben, um die herumgegangen wird. Den Besen muß man aus dem Stall holen, hatte mich Christa belehrt. Aber die Leute sind nett, frohlocke ich, besteige fröhlich mein klappriges Herrenrad und fahre los. Nur noch wenige Wochen, denke ich zufrieden.

Aus: Sigrid Lichtenberger, „Mein Ich im Gefüge der Zeit. – Jungsein in den Jahren 1923 bis 1945", Pendragon Verlag, Bielefeld 2005.
*Weitere **ZEITGUT**-Beiträge der Autorin sind am Buchende vermerkt.*

[Uttenreuth, Landkreis Erlangen-Höchstadt,
Bayern;
1942 / 1977]

Elsbeth Backofen

Verspätete Trauer

Dieser Sonntagmorgen im März 1942 ist ein heller Tag. Die Sonne scheint in unser Wohnzimmer im Pfarrhaus. Es ist ein gemütliches Zimmer mit Tisch, Kanapee, den Fotografien der Vorfahren in breiten Rahmen darüber, Mutters Weihnachtskaktus auf dem wackligen Tischchen, Klavier, Kuckucksuhr, Volksempfänger und großem Farbdruck „Jesus segnet die Kinder". Der Tisch ist bereits für das Frühstück gedeckt. Im grünen Kachelofen knacken dicke Holzscheite. Ich reibe mir vergnügt die Hände und lege sie vorsichtig auf die warmen Kacheln. Babett – sie hält seit vielen Jahren unseren großen Haushalt in Schwung, energisch und manchmal trotzig-düster – stellt den großen Teller mit den frischgebackenen Hefeteilchen auf den langen Tisch, der von einer Wand bis zur anderen reicht. Die Kuchenstücke wurden in der gebutterten Pfanne gebacken und sind außen braun und knusprig und innen zart, weich und weiß. Ich betrachte mit gierigen Augen die Köstlichkeit und frage Babett, ob ich vielleicht zwei Teilchen essen darf.

„Das wird nicht gehen", meint sie, „denn deine Mutter hat die Leute vom Eggenhof eingeladen".

Im Gutshof Eggenhof sind Langzeitpatienten einer psychiatrischen Klinik untergebracht, die noch leichte Arbeiten in der Küche und in der Landwirtschaft verrichten können. Sie sind oft bei uns eingeladen.

„Da kommt doch bestimmt auch das Fräulein Hilda mit?" frage ich. Als Kinder sind wir ihr oft nachgelaufen und haben sie gefragt: „Hilda, bist du der Kaiser von China?"

Dann hat sie sich zu uns umgedreht, über das ganze Gesicht gestrahlt und geantwortet: „Freilich bin ich der, und schaut, Kinder, das ist mein seidener Umhang". Dabei hat sie ihren Rock auseinander gebreitet.

Wir haben darüber gelacht.

Babett findet die Geschichte gar nicht amüsant. Über ihrer Nase bildet sich eine steile Falte, und ich stutze. Mir ist die Erinnerung auf einmal peinlich. Heute würde ich einer geistig verwirrten Frau nicht mehr nachlaufen, denke ich. Ich bin schließlich jetzt 15 Jahre alt, aber ich finde die Geschichte noch immer lustig. Ist das nicht ein bißchen beschämend?

Heute denke ich, daß eine grölende Mädchenmeute auf Verfolgungsjagd mindestens so komisch ist, wie ein geistig verwirrter Mensch. Damals habe ich das nicht so genau formuliert. Zurückgeblieben aber ist mir ein etwas fades Gefühl, für das ich keine Worte habe.

In diesem Moment schellt es. Aus einer der vielen Türen tritt meine Mutter. Die kleine rundliche Frau, die selbst am Sonntagmorgen eine Schürze trägt, öffnet die Haustür und begrüßt die schüchternen neugierigen Frauen herzlich. Die eine wackelt immer mit dem Kopf, bei der anderen läuft Speichel aus den Mundwinkeln, die Dritte läßt ihr Handtäschchen hin und her pendeln, und da ist auch der „Kaiser von China", die genau wie vor drei Jahren freundlich lächelt. Ich stehe am hinteren Ende des langen Flurs und beobachte die Szene interessiert. Da die sechs Frauen stumm bleiben, übernimmt meine Mutter die Unterhaltung. Sie zählt alles auf, was an diesem Sonntagmorgen erfreulich ist: der helle Frühlingshimmel, der warme Kachelofen, das Frühstück und der sich anschließende Gottesdienstbesuch.

Meine Mutter, die Gastgeberin, trägt Trauerkleidung, eine schwarze Schürze. Im Januar 1942 ist mein Bruder in Rußland ums Leben gekommen.

Im Wohnzimmer entsteht ein Gedränge. Ein Stuhl wird noch zwischen das Klavier und den Notenständer geschoben. Eine der Frauen kann sicher auf dem Hocker sitzen. Leider ist einer der Gäste an den Kaktus gestoßen. Dieser Kaktus ist der Stolz meiner Mutter. Sie erzählt allen Leuten, daß er fünfzig Blüten hat. Nun ist ein schöner Zweig mit mindestens fünf Blüten abgeknickt. Einen Moment lang wird es meiner Mutter schwer, die Fassung zu bewahren. Dann aber findet sie wieder zu ihrer Heiterkeit zurück.

Mein Vater betritt das Zimmer. Er ist wie immer höflich, korrekt und zurückhaltend. Mutter gießt den Malzkaffee in die Tassen und gibt jeder Frau ein Hefeteilchen. Ich sehe zu, wie sie das zarte Innere Stück für Stück abreißen und es samt der Butterkruste genußvoll in den Mund stopfen. Ich mache es genauso.

Dann erhebt sich mein Vater und sagt, er müsse sich jetzt noch auf den Gottesdienst vorbereiten. Er wünscht allen einen guten gesegneten Sonntag.

Als die Glocken zum Gottesdienst läuten, ist großer Aufbruch. Stühle scharren, Kaffeetassen klirren, sechs geistigbehinderte Frauen gehen zur Kirche.

Die Szene wiederholt sich an anderen Sonntagen.

Dann kommen die Frauen nicht mehr. Es gibt sie nicht mehr. Ich vermisse sie eigentlich nicht. Mir fällt auf, und es geht mir etwas auf die Nerven, daß Mutter oftmals tief seufzt und sagt, es seien schlimme Zeiten, und es sei ein Verbrechen. Ich mag keine seufzende Mutter und keine düsteren Zeitprognosen. Ich ziehe mich in mein Zimmer zurück und schaue aus dem Fenster. Hier überblicke ich die Straße. Vielleicht geht der Hans zufällig vorbei?

Seit ein paar Wochen gibt es ihn in meinem Leben. Er ist ein hübscher Junge mit braunem welligen Haar. In letzter Zeit macht er öfter Spaziergänge, die ihn am Pfarrhaus vorbeiführen.

*

35 Jahre später. Mein Mann ist Seelsorger und betreut drogenabhängige Leute, psychisch Kranke und geistig Behinderte, akut Kranke und Langzeitpatienten in einer psychiatrischen Einrichtung.

Eines Tages sagt er zu mir: „Geh mal zu Erika." – Erika arbeitet in der Abteilung für geistig Behinderte. – „Sie meint, du könntest ihren Leuten biblische oder andere Geschichten erzählen. Sie hätten bestimmt Spaß daran."

Ich überlege, über was ich reden könnte Eigentlich sollte ich jetzt zur Weihnachtszeit von Christi Geburt erzählen. Heil geschieht in einer unheilen Welt. Meine Zuhörer sind ganz vertieft, als ich die Geschichte erzähle. Sie schütteln den Kopf und finden es unglaublich, daß man Maria und Joseph kein Zimmer gibt, wo sie doch so dringend eines nötig haben für die Geburt.

Besonders aufmerksam ist Reinhard, ein hübscher, junger Mann mit brünettem Haar, gerade gezogenem Scheitel und Silberblick. Er hat einen Teddy im Arm. Mit seiner kräftigen, wohl tönende Stimme wäre die Rolle des Troubadour mit ihm gut besetzt, zumal er über das absolute Gehör verfügt, – wenn er nur nicht behindert wäre.

„Das ist ja gewaltig!", sagt Reinhard laut und schlägt sich auf die Schenkel, als er hört, daß das Kind im Stall geboren ist und nach aller Anstrengung und Aufregung fest in der Futterkrippe schläft. Noch aufregender wird es, als die ersten Gäste, die Hirten, in den Stall kommen. Reinhard hopst mit seinem Teddy im Arm durch den Aufenthaltsraum.

„Komm zurück, Reinhard", sage ich, „wir spielen jetzt die Geschichte. Du bist der Joseph."

Aber Reinhard, will nicht der Joseph, sondern Maria sein, die das Kind bekommt. Ich stutze einen Moment. Reinhard hat sich offensichtlich in den Kopf gesetzt, das Kind zur Welt zu bringen. Ich zerbreche mir den Kopf, wie das geschehen könnte. Aber Reinhard hat das Problem bereits gelöst. Er schiebt seinen Teddy in die Hose, zieht ihn nach kurzer Zeit wieder heraus und strahlt. Das Kind ist da!

Am Abend sage ich zu meinem Mann: „Stell dir vor, ich bin der Kaiser von China und du bringst das Jesuskind zur Welt."

Mein Mann möchte sich am Feierabend sicher andere Dinge vorstellen. Sein verwunderter Blick ruht auf mir. Er findet nicht die richtigen Worte, obwohl er eigentlich nicht auf den Mund gefallen ist.

„Nun sei doch nicht so verwundert. Schließlich bist du Pfarrer in der Psychiatrie, da sollte dich eigentlich nichts mehr wundern."

Er räumt ein, daß er sich das Wundern abgewöhnen sollte.

Wer ist eigentlich normal, und wer ist nicht normal? Was ist so toll daran, normal zu sein? Was ist an einem Menschen bedrohlich, der „nicht normal" ist? Bedrohen die „unnützen Esser" den „nützlichen Menschen"? Was berechtigt den „nützlichen Menschen" den „unnützen Menschen" umzubringen – einfach so?

Ich kann es heute gar nicht fassen, daß ich das Verschwinden der Eggenhofer so hinnehmen konnte?

Ich habe mir keine Phantasien über das Ende ihres Lebens erlaubt. Ich habe nicht getrauert. Jetzt muß ich es nachholen. Das ist schlimm. Ich nehme mir vor, den Leuten von Erikas Abteilung das nächste Mal die Joseph-Geschichten zu erzählen.

In der Hitlerjugend haben wir das Lied gesungen:

„Die Welt gehört den Führenden,
sie gehn der Sonne Lauf,
und wir sind die Marschierenden
und keiner hält uns auf."

*(Weitere **ZEITGUT**-Beiträge dieser Autorin sind im Autorenverzeichnis am Ende des Buches vermerkt.)*

[Berlin – Kassel-Bettenhausen, Hessen;
1933 –1945]

Gisela Maczey

Der Makel

Hitler hatte einen Parteigenossen, der die Nazibewegung
weltanschaulich verstärkte: Alfred Rosenberg*). Dieser
schrieb im „Mythos des 20. Jahrhunderts" und als Hauptschriftleiter der Zeitung „Völkischer Beobachter" allerlei
Pamphlete gegen Christentum, Judentum und alles, was in
der Nazi-Ideologie als unwert galt. Ein rassereines, germa-
nisches Imperium war das Ziel, jedes Mittel war dazu recht.
So stempelte rassische Überheblichkeit schuldlose Menschen,
die nicht in diese Schablone paßten, zu Verbrechern.

Die Familie Rosenberg, der ich angehöre, wurde damals
oft gefragt, ob sie mit jenem Alfred Rosenberg verwandt sei.
Dabei sahen wir dann manchmal fanatische Erwartung im
Gesicht des Fragenden, die bei unserem Nein erlosch. Andere Menschen waren jedoch beruhigt, wenn wir die Frage ver-
neinten. Es erforderte einigen Mut hinzuzufügen, daß wir
nicht „reinarisch" seien.

---

*) (1892-1946) Reichsleiter Rosenberg unternahm im Zweiten Weltkrieg
mit seinem Einsatzstab Beutezüge zum Diebstahls von Kulturgütern in
ganz Europa. Als Leiter des Reichsministeriums für die besetzten Ostgebiete verfolgte er im Rahmen seiner Ostpolitik das Projekt der Germani-
sierung der besetzten Ostgebiete bei gleichzeitiger systematischer Vernich-
tung der Juden. Rosenberg wurde im Nürnberger Hauptprozeß für schul-
dig befunden, zum Tode verurteilt und hingerichtet. Quelle: Wikipedia

*Meine Eltern Elisabeth Wiemann und Friedrich Rosenberg als Verlobte 1918.
Das Foto entstand während eines Fronturlaubs.*

Mein Vater Friedrich Rosenberg, ein ehemaliger Offizier und Teilnehmer des Ersten Weltkrieges, stammte zwar aus einer christlichen Ehe, seine Mutter war „rein arisch", die Vorfahren seines Vaters Ludwig Rosenberg aber waren Juden in Hamburg gewesen, von denen keiner mehr lebte, als Hitler an die Macht kam. Auch Ludwig Rosenberg war bereits 1920 gestorben. Als sich mein Vater im April 1918 mit meiner Mutter verlobte, erhielt er den Heiratskonsens, die für Offiziere im Kaiserreich erforderliche Erlaubnis zur Eheschließung, da sie aus sehr guter Familie stammte. Fünfzehn Jahre später hätte der Staat diese Heirat verboten!

Mein Vater wurde 1920 bei der zweiten Heeresverminderung nach dem Vertrag von Versailles entlassen. Er durfte sich aber Oberleutnant a.D. nennen und die Uniform weiterhin tragen. Da es Soldaten früher verboten war, sich mit Politik zu befassen, hatte sich mein Vater auch mit Adolf Hitler und dessen Ideen nicht intensiv beschäftigt. Nach dem „Tag von Potsdam" am 21. März 1933, an dem Hitler in der Garnisonskirche an den Särgen der Preußenkönige eine große Propagandaveranstaltung zelebrierte, in die er, schlau berechnend, auch den greisen Feldmarschall von Hindenburg einbezogen und dieser von vielen Deutschen Verehrte Hitler die Hand gereicht hatte, war mein Vater nicht grundsätzlich gegen Hitler eingestellt. Bald jedoch mußte er erkennen, daß er nun nicht mehr als vollwertiger Deutscher galt. Sein Posten als Oberingenieur und Abteilungsleiter bei der AEG wurde ihm genommen, die Reisen zu seinen Fachvorträgen im In- und Ausland verboten. Hatte er nicht für Deutsch-

Das Foto zeigt meine Familie mit Besuch im Juli 1928. Meine Schwester Barbara sitzt auf dem Schoß meines Vaters, ich sitze daneben.

land jahrelang sein Leben eingesetzt und war mit dem Eisernen Kreuz 2. und 1. Klasse ausgezeichnet worden?

Das alles galt nun nichts mehr.

Meine Schwester und ich, 1923 geboren, waren zwar weiterhin auf der Oberschule geduldet, aber ohne Geschwisterermäßigung des Schulgeldes und ohne Aussicht, später studieren zu dürfen. Eine kuriose Erinnerung habe ich aber an meine Schulzeit: Ein Lehrer, der wohl noch nicht erfahren hatte, daß ich als „Mischling 2. Grades" galt, stellte mich eines Tages als „einzige reinnordische Schülerin" der Klasse vor. Er lobte meine schmalen Schläfen, mein blondes Haar usw. Zu Hause haben wir natürlich darüber gelacht.

Aber im Ganzen waren wir doch oft sehr bedrückt. Über uns wohnte ein Mieter, der an alle nur denkbaren Menschen und Instanzen schrieb, um vor uns zu warnen, als seien wir übelste Verbrecher: Der Vater einer Freundin jedoch – selbst Mitglied der NSDAP – sagte diesem Wichtigtuer ganz deutlich: „Mit wem meine Tochter verkehrt, bestimme ich!"

In den BDM, den Bund deutscher Mädchen, wollte ich zunächst gar nicht eintreten. Ich fand das alles zu laut und verrückt, und ich langweilte mich auch allein niemals. Warum sollte ich in eine Gruppe gehen, in der befohlen wurde, was zu denken und zu tun sei?

Aber als deutlich wurde, daß ich für den BDM nicht deutsch genug sei, schmerzte mich das doch sehr.

Als der Krieg ausbrach – ja, „ausbrach", dachten wir damals, später erst wurde klar, wie intensiv und hinterhältig Hitler darauf hingearbeitet hatte –, meldeten meine Schwester und ich uns doch zur Mitarbeit beim BDM und wurden als Gäste angenommen. Es ging uns nun nicht um den Naziverein, sondern wir wollten nur helfen. Klang die Parole „Niemand soll hungern und frieren" nicht gut?

Bald hungerte und fror das ganze Volk! Wir sammelten also für die „Winterhilfe", halfen Bäuerinnen, deren Männer zum Wehrdienst eingezogen waren, und besuchten Verwundete im

Lazarett. Allerdings galten wir nicht als würdig, das sogenannte Fahrtentuch, ein zusammengerolltes schwarzes Tuch, das als dreieckiger Zipfel unter dem Kragen der weißen Bluse hervorschaute, zu tragen. Bei einer Feierstunde wurden wir deshalb aus dem Saal gewiesen. Unsere BDM-Führerin Lilo Krebs ging spontan mit uns hinaus!

Das war damals eine sehr mutige Tat! Später, als „Entnazifizierungen" an der Tagesordnung waren, haben wir das ihr und ihrer Familie, die stets freundlich zu uns gewesen war, gedankt und ihre Haltung uns gegenüber bezeugt.

Einem ganz treuen, guten Freund meiner Eltern konnten wir leider nicht ähnlich danken: Er starb kurz nach dem Kriegsende in einem russischen Straflager, weil er ein alter PG (Parteigenosse) gewesen war, der mit Rücksicht auf seine große Familie nicht gewagt hatte, aus der Partei auszutreten, als er die schlimmen Machenschaften der NSDAP erkannt hatte. Aber er hatte sehr mutig viel Gutes getan, nicht nur an uns. Leider waren das die Ausnahmen. Ein Lehrer, der sich mit seinem spät erworbenen Parteiabzeichen sehr wichtig tat, bezeichnete mich eines Tages ohne irgendeinen ersichtlichen Grund als „übles Element der Klasse". Das tat sehr weh.

Aber wie sehr tröstete mich der Weidenbaum vor unserem Fenster! Seine Schönheit im Wind erfüllte mich mit tiefer Freude. Seitdem weiß ich um den hohen Wert jeglicher Naturschönheit, und ich bin dem Schöpfer immer wieder dankbar.

Ebenso erlebte ich schwere Ungerechtigkeit bei einer schlichten Prüfung zur Zahnärztlichen Helferin. 1944 war ich plötzlich aus dem Luftwaffenlazarett, wo ich zwei Jahre zur vollen Zufriedenheit aller Kieferchirurgen und Zahnärzte gearbeitet hatte, entlassen worden. Sie hatten mich sogar für ihre späteren Praxen haben wollen. Wie alle anderen Prüflinge fragte ich nach dem Ergebnis der schriftlichen Prüfung und bekam die Antwort: „Sie haben eine Eins, aber die können wir Ihnen natürlich nicht geben!" Und auch das Zeugnis mit dem Prädikat „gut" wagte dieser Mann nicht, mir auszuhändigen. Ich sollte mich erst beim Rasseamt melden! Während der Eisenbahnfahrt von Frankfurt/Oder, wo der Prüfungskurs wegen der vielen Fliegerangriffe auf Berlin stattgefunden hatte, stellte ich diesem Menschen vor Augen, daß es doch größere Gefahren gäbe, als mir das Zeugnis auszuhändigen, schließlich könne ihn oder mich jederzeit eine Bombe treffen. Und so gab er mir endlich nach unserer Ankunft in Berlin auf dem Bahnhof ganz hastig, ängstlich darauf bedacht, daß es niemand sah, mein Zeugnis in die Hand.

Meine Mutter wurde mehrmals zur Gestapo bestellt, wo man ihr dringend nahelegte, sich von ihrem Ehemann scheiden zu lassen. Ohne sie eines Blickes zu würdigen – oder war da doch Scham, ihrem Blick zu begegnen? – gab man ihr zu verstehen, dann sei sie aus allen Schwierigkeiten heraus. Mutter sagte darauf immer dasselbe: „Ich habe Treue versprochen, und die halte ich auch!"

Wie erleichtert waren wir jedesmal, wenn sie, entgegen allen Befürchtungen, wieder nach Hause kam!

Wie sehr sorgte Mutter sich in jenen Jahren um unsere Zukunft! Als sie zu ihrem Vater, unserem „reinarischen" Großvater, einmal sagte: „Wer wird denn wagen, unsere Töchter zu heiraten?", meinte der alte Herr ganz zuversichtlich: „Bis die beiden so weit sind, wird dieser ganze Spuk vorbei sein!"

Ich staunte sehr, wie Großvater Wiemann die Lage einschätzte und inneren Abstand bewahrte. Wir waren dazu nicht fähig, weil wir rundum in Schule, Pflichtarbeitsdienst usw. vom Zeitgeist eingekreist waren. Und doch hat sich 1944 ein charakterlich sehr gefestigter Mann, der es abgelehnt hatte, in Hitlers Krieg Offizier zu werden und einfacher Unteroffizier geblieben war, mit mir verlobt!

Da mein Vater nicht „würdig" war, für das Vaterland als Soldat zu kämpfen, setzte er sich intensiv beim Luftschutz ein und löschte nach Brandbomben-Fliegerangriffen so manchen Dachstuhl. Einmal hatte er nach einem Löscheinsatz keine Zeit mehr zum Waschen und kam mit rußgeschwärztem Gesicht ins Schiller-Theater zur Vorstellung mit dem unvergessenen Heinrich George als Götz von Berlichingen.

Schließlich bekam Vater eine Einberufung zur Organisation Todt, bekanntlich eine Pionier- und Bautruppe. Deshalb glaubte er, nun als Ingenieur eingesetzt zu werden. Wir begleiteten ihn zur Sammelstelle in Berlin-Eichkamp. Dort mußten wir dann feststellen, daß alle anderen Einberufenen ebenfalls „Mischlinge" waren. An diesem klaren Oktobertag gab es plötzlich ganz überraschend aus einer einzigen, kleinen Wolke einen Blitz und einen Donner. Mutter flüsterte mir zu: „Siehst du, es ist noch etwas darüber!"

Vater kam zusammen mit russischen Gefangenen in ein übles Zwangsarbeitslager in Kassel-Bettenhausen, das in einem alten, eiskalten Fabrikgebäude untergebracht war. Unter SS-Bewachung mußten schwerste Arbeiten verrichtet werden bis zur totalen Erschöpfung. Eine im Rinnstein gefundene Mohrrübe bedeutete einmal für den Ausgehungerten ein großes Glück.

Tante Charlotte, die Schwester meines Vaters, hatte im Ersten Weltkrieg freiwillig als DRK-Schwester in einem Seuchenlazarett gearbeitet. Nun lebte sie mit ihrem Ehemann und einer Tochter in Kassel. Sie hatte einmal ihren Bruder im Lager leiden sehen und von einem SS-Mann gehört: „Die werden auch noch alle umgelegt!" Als sie selbst dann von der Gestapo vorgeladen wurde, entzog sie sich ihrer Inhaftierung durch Freitod.

Am 30. März 1945 waren die SS-Männer plötzlich spurlos verschwunden, und Amerikaner holten die armen Menschen aus dem Lager. Vater, der die Beine gar nicht mehr heben konnte, gelangte zu seinem verwitweten Schwager und seiner Nichte. Zu dritt lebten sie in der folgenden Hungerzeit zusammen von schlechten Kartoffeln und ähnlich Minderwertigem, bis Vater endlich am 22. Juni 1945 die Rückreise

Vaters Paßbild für die Monatskarte der BVG. So elend sah er noch fast ein Jahr nach der Heimkehr aus dem Zwangsarbeitslager in Kassel-Betten-hausen aus.

nach Berlin auf offenen Güterwagen antreten konnte. Nach Zwischenaufenthalten in Erfurt und Halle kam er, von dem wir nichts mehr gehört hatten, überraschend zu Hause an. Er war zwar noch ganz elend, doch endlich wieder ein freier deutscher Mann!

Der Makel, die schlimme Diskriminierung, war nun endlich überstanden. Er hatte uns allerdings auch Gutes beschert: Wir vier Rosenbergs waren eine besonders innig verbundene Familie, und das blieben wir auch zeitlebens.

Und vielleicht war das Leiden ein Bewahrtbleiben vor Schuld. Vater, der arglose Idealist, wäre sonst womöglich ein Verführter und Mitmacher geworden – wie so mancher andere Deutsche, der eines Tages erkennen mußte, einem Verbrecher gefolgt und in tiefe Schuld verstrickt worden zu sein.

[Groß-Gerau, Bezirk Darmstadt, Hessen – Mainz – Ulm –
Frankfurt/Main – Gießen – Hamburg – Berlin –
Breslau, Niederschlesien – Köln –München;
1939 – 1945]

Rosa Koch

Eisenbahnerin zu Kriegszeiten

Meine Heimatstadt ist Frankfurt am Main, hier wurde ich
1913 geboren. Als Schneiderin verdiente ich 25 Pfennig pro
Stunde. Wir arbeiteten damals 48 Stunden pro Woche. Ne-
benher war ich auch als Hausschneiderin tätig. Gleich zu
Beginn des Krieges wurde ich in die Konservenfabrik Groß-
Gerau dienstverpflichtet. Ich mußte meine Wohnung in
Frankfurt aufgeben und meine Sachen bei Verwandten un-
terstellen. Von nun an hauste ich in der Fabrik in einem
Zimmer mit zehn Betten. Jede Arbeiterin bekam einen
Spind für Privatsachen.

Die Schicht begann morgens um 7 Uhr. An einer langen
Siebmaschine mußte ich Erbsen auslesen, Möhren schälen
oder Obst in Gläser füllen. Eine Aufsicht paßte auf, daß niemand von dem Obst aß. Im Winter wurde Marmelade gekocht – und dabei passierte es: Ein Fahrer stieß den Wagen
mit der kochend heißen Marmelade um, und sie lief mir übers
Bein. Ich lag drei Wochen im Krankenhaus.

Da ich die Arbeit in der Fabrik nicht mehr verrichten
konnte, wurde ich 1940 zur Reichsbahn nach Mainz ver-
setzt. In jenen Kriegsjahren übernahmen all die vielfälti-
gen Aufgaben immer mehr Frauen, denn die Männer waren Soldaten geworden. Wir Frauen leisteten gewissenhaft
eine Arbeit, für die wir noch wenige Jahre zuvor angeblich
nicht geeignet waren. Da sollten wir nichts anderes als

Frauen im Kriegshilfsdienst werden eingekleidet. Ihre Uniformen ähneln denen der Männer stark. In den bisherigen Männerberufen bei den Post- und Verkehrsbetrieben und bei der Wehrmacht waren sie zunächst ein ungewohntes Bild.

Ehefrau und Mutter sein, wären unserer Natur nach nur dafür geschaffen und für „Männerarbeit" nicht geeignet. Jetzt wurden wir dringend gebraucht und waren nicht schlechter als die Männer.

Bei der Ausbildung zur Zugbegleiterin (Schaffnerin) wurden wir als Frauen nicht geschont. Wir kamen aus verschiedenen Städten. Außer den für diesen Beruf üblichen Kenntnissen mußten wir lernen, wie ein Zug zusammengesetzt wird, wie die Bremsen funktionieren, wie er beheizt wird. Vor allem mußten wir uns um die Schlußlichter kümmern – bei Tag leuchteten die großen roten Blechschilder, bei Nacht schwere Lampen. Wir waren dafür verantwortlich, daß sie brannten, sobald es dunkelte.

Vier Wochen dauerte die Ausbildung. Alle Teilnehmerinnen bestanden sie und waren darüber sehr glücklich. Wir fuhren nach Wiesbaden zur Einkleidung und bekamen eine dunkelblaue Uniform mit Käppi, was ich sehr kleidsam fand. Frauen in Berufsuniformen fielen natürlich besonders ins Auge, und so gab es auch bald einen Schlager:

> *„Liebe, kleine Schaffnerin,*
> *sag, wo fährt dein Wagen hin? ...“*

Zum Zug gehörten immer zwei Schaffnerinnen und ein Zugführer. Als Zugbegleiterin hatte ich manchmal Freude, aber auch Ärger und Verdruß, vor allem aber viel Abwechslung. Man kam in fremde Städte, Dörfer, sah Landschaften, die an einem vorbeiflogen, und die Arbeit hielt einen in Schwung. Natürlich hatten wir immer unsere Lochzange dabei, um die Fahrkarten entwerten zu können. Damals waren das kleine, längliche Pappkärtchen, auf denen alle notwendigen Auskünfte wie Abfahrts- und Ankunftsbahnhof, Datum und anderes

Zum Abschied noch ein Foto als frischgebackene Schaffnerinnen der Deutschen Reichsbahn vor der Wiesbadener Bahnhofstür. Das Fotografieren auf dem Bahnhofsgelände selbst war auch für uns verboten.

aufgedruckt waren. Wir waren berechtigt, Fahrscheine für die Strecken in ganz Deutschland auszustellen und hatten immer unser Kilometerheft dabei, natürlich auch einen Fahrplan, um jedem Reisenden exakte Auskünfte erteilen zu können. In Fronturlauber-Zügen taten wir ebenso Dienst wie in den zivilen. Zuerst fuhren wir in Bummelzügen mit Halt in jedem Dorf oder in kleinen Städten. Damals gab es noch in vielen kleinen Orten Bahnhöfe. An jeder Station mußten wir den Ortsnamen laut ausrufen und vor der Abfahrt darauf achten, daß alle Türen geschlossen waren.

Wir Frauen hatten es anfangs sehr schwer, uns gegenüber den Männern zu behaupten. Sie sahen in uns eine Konkurrenz. Wir mußten die Vorschriften genau einhalten und wurden von den Beamten im Innendienst sehr oft kontrolliert. Stellten wir Fahrkarten im Zug aus, kam einer von ihnen und überprüfte das Geld. Am Zielbahnhof waren wir verpflichtet, sofort abzurechnen, auch mitten in der Nacht. Hatte man sich verrechnet, mußte man draufzahlen. Im Rechnen war ich sehr gut, da hatte ich nie Probleme.

Wenn der Lohn ausgezahlt wurde, stand der Chef dabei und bat um eine freiwillige Spende für die NSDAP, für das Winterhilfswerk oder anderes. Ich habe nichts gegeben, denn ich hatte immer ein Ziel, auf das ich hin sparte. Ein Volksempfänger kostete 35 Mark, den konnte sich eigentlich jeder leisten. Es gab 14 Tage Urlaub und billige KdF-Reisen. Der Chef hat nichts gesagt. Dann kamen sie mit Spendenabzeichen, die man an der Jacke tragen mußte. Diese wurden häufig gewechselt, und so wußte jeder, ob man gespendet hatte oder nicht.

Mal Pech, mal kleine Freuden

In den Zug nach Mannheim stieg auf einer Station eine Frau mit einem Kinderwagen ein. Die Wagen durften nur im Gepäckwagen befördert werden, und der Reisende benötigte dafür eine Gepäckfahrkarte. Die Frau hatte diese Karte gelöst, aber sie bat mich, sie die eine Station mit dem Kinderwagen

*Als Schaffnerin (Zug-
begleiterin) bekam ich
eine Uniform.
Mit Käppi sah das sehr
kleidsam aus.*

im Personenwagen mitfahren zu lassen, sie müsse doch schon
bei der nächsten umsteigen. Ich war ihr mit dem Kind und dem
Koffer behilflich. Kaum betrat ich das Zugabteil, stand schon
der Kontrolleur da: „Sie haben gegen die Vorschriften versto-
ßen!" Er schrieb meinen Namen und die Dienststelle auf, und
ich mußte für meine Gutmütigkeit 20 Mark Strafe zahlen.

   Hilfsbereitschaft und Freundlichkeit brachten mir nicht nur
Ärger mit Vorgesetzten. Mitunter wurde ich von den Reisenden auch belohnt. Das tat mir als Neuling besonders gut.

   Im Zug nach München saßen viele Soldaten, die auf Heimaturlaub oder an die Front fuhren. Einer fragte nach dem
Anschluß von einem Bimmelbähnchen. Ich war sehr stolz
darauf, daß ich ihm Auskunft geben konnte. Ich hatte einen

Dienstplan, der sich alle 14 Tage wiederholte. So machte ich mir bei einer Haltestelle immer Notizen über die Abfahrtzeiten der Nebenstrecken. So konnte ich meinem Reisenden auch den Abfahrtsbahnsteig nennen. Er freute sich und versprach: „Wenn alles stimmt, bekommen Sie von mir ein Geschenk."

Ich lachte nur, er wußte ja meinen Namen nicht. Aber in Mainz auf meiner Dienststelle angekommen, lag ein Päckchen mit Süßigkeiten bereit! Der Fahrgast hatte einfach darauf geschrieben: „An die Schaffnerin vom Zug nach München", dazu Datum und Stunde.

Auch einem Pfarrer mit Familie, der aus der Bethel-Anstalt Bielefeld kam und in Urlaub fuhr, konnte ich mit exakten Auskünften behilflich sein. Er bedankte sich sehr höflich. Als ich 14 Tage später im selben Zug auf der Rückfahrt meinen Dienst tat, erkannte er mich erfreut wieder. Weil seine Reise so reibungslos verlaufen war, belohnte er mich mit fünf Mark. Da hatte ich wieder etwas für mein Sparschwein.

Ich handelte nie nur nach Vorschrift. Als wir eines Tages im Schnellzug von München nach Mainz Dienst taten, fuhren darin viele Fronturlauber aus Afrika mit, die alle ein Telegramm nach Hause aufgeben wollten. Auch die Annahme von Telegrammen gehörte zu unseren Aufgaben. In Ulm gab ich sie während des Haltes am Bahnsteig dem Telegrafen im Büro ab. Aber der Beamte brauchte so lange mit der Abrechnung, daß ich schon ganz nervös wurde. Als er endlich fertig war und ich zum Bahnsteig kam, sah ich nur noch die Schlußlichter meines Zuges.

Ich saß nun in Ulm ganz allein, nur mit meiner Fahrplantasche in der Hand. Ich brauchte nur an meinen Chef zu denken, da fing ich auch schon ganz fürchterlich an zu heulen. Dann ging ich zum Aufsichtsbeamten auf dem Bahnsteig; der reichte mir erstmal ein Handtuch zum Trocknen der Tränen und beruhigte mich ein wenig. Er telefonierte mit dem nächsten Bahnhof, und der Zug bekam einen Ersatz für mich. Aber was würde mit mir geschehen?

Der Bahnbeamte stellte mir eine Fahrkarte aus. Dann schenkte er mir eine Essenskarte für die Kantine. Ich sollte mich erst einmal stärken, denn der nächste Zug würde erst in vier Stunden fahren. Was sollte ich dann so lange machen?

„Da gehen Sie in Ulm spazieren, in Ulm und um Ulm herum, schauen sich mal unser schönes Münster an und steigen auf den Turm hinauf und schauen sich die Stadt von oben an."

Auf diese Weise kam ich auf das Ulmer Münster, das übrigens sehr schön ist. Aber mein Chef ging am anderen Tag nicht so freundlich mit mir um wie der nette Beamte von Ulm.

Dann begann die Zeit, als auch in Mainz die Luftangriffe immer mehr zunahmen. Ich wohnte dort erst ein halbes Jahr in einer neuen Parterrewohnung mit eigenen Möbeln. Nun mußte ich miterleben, daß die feindlichen Flugzeuge sogar am hellen Tag, meistens zwischen zehn und elf Uhr, kamen. Ich war gerade daheim und überlebte im Keller, aber meine ganze Habe verbrannte. Nichts konnte ich retten. Es war ein schauriges Bild. Ich bat darum, mich nach Frankfurt zu versetzen und das klappte auch. Nun war ich wieder zu Hause. Meinem neuer Chef setzte mich auch hier im Fahrdienst ein. Ich war ganz stolz, weil ich erneut in der Großstadt an einem so großen Bahnhof tätig sein durfte.

Fahrten unter Beschuß

Die erste Fahrt ging nach Gießen. Wir hatten in unserem letzten Wagen eine ungewöhnliche Fracht, einige Kriegsgefangene, darunter zwei feindliche Piloten, die abgeschossen worden waren. Wir fuhren kurz vor Gießen aus einem Tunnel heraus und befanden uns noch hinter einer Böschung, als sich plötzlich Tiefflieger näherten. Wenige Meter über der Erde flogen sie auf uns zu. Die Kriegsgefangenen standen am Fenster und beobachteten den Angriff. Vielleicht haben sie ihnen ein Zeichen gegeben, denn die feindlichen Flugzeuge drehten ab, ohne ihre Bomben abzuwerfen. Aber in Gießen hatten sie sehr großen Schaden angerichtet. Es gab Tote und viele Ausgebombte.

Jetzt kam ich im Fahrdienst in noch größere Städte, so auch nach Berlin, Hamburg und München. War der Zug im Bahnhof angekommen, begann für uns eine Arbeit, von der unsere Fahrgäste nichts merkten. Wir mußten durch den ganzen Zug laufen und nachsehen, ob kein Reisender etwas liegengelassen hatte. War das der Fall, mußten wir nicht nur das Fundstück zum Fundbüro bringen, das meist schwer zu finden war, es gab auch einige Schreibereien. Bei unseren abschließenden Kontrollgängen mußten wir alle großen Fenster der sehr langen Reisezüge schließen. Das war eine sehr schwere Arbeit. Im Sommer war das kaum vermeidbar, aber das geschah auch im Winter, denn die Züge waren sehr gut geheizt. Viele Reisende öffneten die Fenster. Wir halfen uns mit einem Trick. Wir stellten ab Augsburg die Heizung einfach ab, und unsere Fenster blieben bis München schön geschlossen.

Nach München bin ich gern gefahren. Im Starnberger Bahnhof gab es immer Rohrnudeln (eine bayerische Spezialität, nicht unähnlich den schwäbischen Dampfnudeln), die mir so gut schmeckten. An der Frauenkirche mit ihren zwei Türmen bewunderte ich das schöne Glockenspiel und seine Figuren, die sich zu jeder vollen Stunde im Kreise drehten. Auch im Hofbräuhaus war ich einmal. Sehr gern ging ich im Schloßpark spazieren. Von dort konnte man den Königlichen Platz und die Feldherrnhalle sehen, vor der immer ein SA-Mann Wache hielt. Jeder, der vorbeiging, mußte ihm mit hochgerissenem Arm den Hitlergruß entbieten.

Eines Tages mußten wir einen Sonderzug nach Breslau überführen. Er bestand aus im Krieg innen und außen zerstörten Waggons, die dort repariert werden sollten. Wir

waren zu dritt, hinzu kam ein russischer Kriegsgefange-
ner, der kaum ein Wort Deutsch verstand. Weil die Heizung
zerstört war, machten wir im Packwagen in einem Blech-
korb ein offenes Feuer. Am Ende des Zuges saß in einem
Bremserhäuschen der Kriegsgefangene, der aufpassen sollte, daß die letzten Wagen noch mitkamen.

Unterwegs hatten wir mitten in der Nacht Vollalarm. Wir
schlossen die Türen des Packwagens fest zu, so daß kein
Lichtschein hinausfiel. Es war sehr unheimlich. Über uns
vernahmen wir das Brummen der Flugzeuge, ganz in der
Nähe das Bellen der Flak und in der Ferne hörten wir Bomben fallen. Wir blieben auf offener Strecke stehen, um uns
nicht zu verraten.

Als es endlich ruhiger wurde, fuhren wir weiter und hielten an einer kleinen Station an, um unseren Zug auf weitere
Schäden zu untersuchen. Da entdeckten wir, daß wir vier
Wagen verloren hatten, darunter den mit dem jungen Russen. Das war eine Aufregung! Gleich wurde die Lok zurück-
geschickt, um nachzusehen. Zum Glück war es nicht ganz so
weit. Unser Russe saß noch brav in seinem Bremserhäuschen. So sind wir die ganze Nacht hindurch gefahren, bis wir
am Vormittag in der Breslauer Waggonfabrik ankamen. Wir
haben uns ein bißchen frischgemacht, sind in der Kantine
essen gegangen, und dann mit einem intakten Zug wieder
nach Hause gefahren, diesmal bequem als Reisende.

Mehr Glück als Verstand

Es kam oft vor, daß wir uns bei der Arbeit in Nachtzügen
zum Schluß kaum noch auf den Beinen halten konnten. Ich
erinnere mich gut an eine Fahrt, als meine Kollegen und
ich für den letzten Zug von Mainz nach Koblenz eingeteilt
waren. Es fuhren nur sehr wenig Reisende mit. Natürlich
mußten wir trotzdem bei jeder Station den Ortsnamen ausrufen, brachten es aber dennoch fertig, bis zum nächsten
Halt halb einzuschlafen. Endlich am Ziel und in unserer

Unterkunft angekommen, fielen wir gleich ins Bett, denn wir mußten schon früh wieder mit dem Fünf-Uhr-Zug zurückfahren.

Es war Vorschrift, beim Ausrufen der Stationen mit unseren Karbidlampen, die wir immer um den Hals trugen, dem Lokführer zu signalisieren, daß alles in Ordnung war. Danach drehten wir die Lampen beinahe ganz aus. Das war uns so in Fleisch und Blut übergegangen, daß wir auch noch im Schlaf die Stationen ausriefen und nach unseren Lampen tasteten. Später erzählte uns der Hausmeister, fast alle, die Dienst in diesem Zug hätten, würden nachts so phantasieren.

Einmal arbeiteten die Kollegen und ich im Schnellzug nach Köln. Als wir spätabends in den Bahnhof einfuhren, gab es Vollalarm. Mehrere Flugzeugwellen waren bereits am Himmel über der Stadt zu sehen. Während wir in den Abstellbahnhof einfuhren, hörten wir die Bomben fallen und sahen es brennen. Aber bei uns war es ruhig. Da unsere Unterkunft schon bei früheren Bombenanschlägen vernichtet worden war, hatten wir die Anweisung, im Zug zu übernachten. Doch jetzt sagte unser Zugführer: „Kommt, gehen wir lieber in den Luftschutzkeller der Rangierer!" Und weil wir auch sehr froren, setzte er hinzu: „Da ist es warm."

Also machten wir uns dorthin auf. Wir betraten den Keller, doch dort war niemand zu sehen. Das war etwas unheimlich. Aber wir waren viel zu müde und schliefen sofort ein. Um vier Uhr mußten wir für den Dienst im ersten Zug wieder frisch sein. Als wir in aller Frühe auf den Bahngleisen standen, war es bereits etwas hell, so daß wir auf einem großen Schild deutlich lesen konnten:

„Luftschutzkeller betreten verboten, Benzinlager!"

Noch nachträglich fuhr uns der Schreck in alle Glieder - wir hatten mitten im Bombenhagel zwischen Benzinfässern genächtigt! Da hatten wir tatsächlich weitaus mehr Glück als Verstand gehabt!

Als wir das nächste Mal nach Köln fuhren, konnten wir dort nirgends mehr übernachten. So blieben wir diesmal direkt im Bahnhofsgebäude, das bereits sehr zerstört war. Aber wir wußten uns zu helfen: An der Gepäckabfertigung nahmen wir uns Stühle, je drei hintereinander, und legten uns zum Schlafen darauf. Da das Dach undicht war, tropfte der Regen uns ins Gesicht, aber auch diesmal war die Müdigkeit zu groß und wir nicht mehr imstande, uns einen anderen Platz zu suchen. Als wir morgens zu unserem Zug mußten, waren wir pitschnaß. Doch das war nicht lebensgefährlich und bescherte uns höchstens einen Schnupfen.

Aufsichtsbeamtin am Frankfurter Bahnhof

Mit der Zeit wurden immer mehr männliche Eisenbahner eingezogen und durch Frauen ersetzt. Mein Chef unterbreitete mir den Vorschlag, Aufsichtsbeamtin zu werden. Das konnte ich schlecht abschlagen. Und so wurde ich nach Bad Homburg im Taunus geschickt. Am Ausbildungsort war in einem großen Saal eine Eisenbahn im Kleinformat präzise aufgebaut, auch mit allen Signalen. Eine Woche hatten wir Zeit zu lernen, wie man einen Zug abfertigt, danach wurde ich eine Stunde lang ganz allein geprüft. Da habe ich ganz schön geschwitzt, als ich den Namen des höchsten Chefs der Deutschen Reichsbahn nicht nennen konnte.

Der Frankfurter Bahnhof hat 24 Gleise, und auf jedem Bahnsteig stand ein Häuschen, klein und unscheinbar, aber sehr wichtig. Dem Reisenden gegenüber ist es voller Geheimnisse, manche Reisende sind überzeugt, hier die besten Auskünfte über Zugverbindungen zu bekommen. Aber leider hat der Mann – oder die Frau – mit der roten Mütze keine Zeit. Er muß an die Sicherheit der Züge denken. Er ist verantwortlich für vier Gleise, auf denen ständig Züge ankommen und abfahren. Es ist seine Pflicht, bei der Ankunft die Anschlußzüge durchzugeben. Wenn der Zug leer ist, wird er mit der Rangierlok herausgezogen. Auf den Trittbrettern stehen Män-

„Auf Gleis 8 bitte einsteigen und die Türen schließen!" Die Schaffnerin bzw. die Aufsichtsbeamtin pfeift, hebt die Kelle und die Lok gibt Signal.

ner und pfeifen oder winken mit Laternen. Der Aufsichtsbeamte muß aufpassen, daß nicht irrtümlich Reisende in den Zug gestiegen und daß alle Türen geschlossen sind und niemand zu dicht an der Bahnsteigkante steht.

Noch mehr Verantwortung hat er bei der Abfahrt eines Zuges. Der wird leer in den Bahnhof gefahren und im Winter gleich an die Fernheizung angeschlossen. Wenn dann die Lok kommt, übernimmt diese die weitere Heizung, so daß die Reisenden es schön warm haben.

Dann kommt der Mann mit dem langen Hammer und klopft an die Räder, um am Klang zu hören, ob die Bremsen in Ordnung sind. Ist das der Fall, sieht man oben am Glasfenster drei weiße Lichter, die die Überprüfung und Funktionstüchtigkeit der Bremsen anzeigen. Anschließend geht der Zugführer, den man an einer breiten roten Schärpe über der Schulter erkennt, den Zug ab und schreibt die Nummern auf, die auf jedem Wagen stehen. Über alles schreibt er in dreifacher Ausfertigung einen Fahrtenbericht.

Ist der Zug abfahrbereit, steht der Aufsichtsbeamte vor seinem Zug, prüft, ob der Schaffner alle Türen geschlossen hat und ob kein Reisender in letzter Minute noch angehetzt kommt. Erst dann gibt er das Abfahrtssignal und beobachtet den Zug bei der Abfahrt. Er kontrolliert, ob die Schlußlichter des Zuges brennen und kann am Klang des fahrenden Zuges erkennen, ob die Bremsen in Ordnung sind.

Jeden Morgen um zehn Uhr, wenn der Schnellzug aus Berlin durchfahren war, kam unser Chef zur Kontrolle vorbei. Wir mußten strammstehen, Hände an der Hosennaht wie beim Militär, und genau schildern, ob der Zug pünktlich war, auf welchen Anschlußzug noch gewartet wurde und dergleichen mehr. Wer alle aktuellen Informationen nicht korrekt herunterleiern konnte, bekam einen Verweis. So streng wurde damals mit uns umgesprungen, ohne Pardon.

Die Angriffe auf Frankfurt wurden immer häufiger, die Flugzeuge flogen bei Tag über dem Bahnhof, wurden aber meistens von der Flak, die in Ginnheim saß, noch vertrieben. Die Lokführer hatten Angst, bei Vollalarm aus dem Bahnhof zu fahren. Das offene Feuer der Lok wirkte wie ein Signal an die Tiefflieger, deshalb zögerten sie oft. Ich hatte mir darum angewöhnt, dem Lokführer zu sagen: „Die Ausfahrt steht, Sie können fahren, wenn sie wollen."

Damit stellte ich ihm die Entscheidung frei.

Einmal stand ein vollbesetzter Fronturlauberzug auf meinem Gleis als es gerade wieder Vollalarm gab. Die Flugzeuge waren nicht weit entfernt, ich gab freie Fahrt. Als der letzte Wagen an mir vorbeifuhr, merkte ich, daß mit der Bremse etwas nicht stimmte. Ich rief die Betriebsüberwachung an, aber die Angestellten wollten mich nicht ernst nehmen. Als ich drohte, den Vorfall im Fahrtenbericht zu vermerken, bekamen sie doch ein schlechtes Gewissen und ließen den Zug anhalten. Dieser hatte unterwegs bereits die Bremsklötze verloren. Nun entschuldigten sich alle bei mir, und wir haben die Verspätung irgendwie vertuscht.

Zeugin der Stunde Null

Am 27. März 1945 erlebten wir in Frankfurt den Einmarsch der Amerikaner. Die Bombenangriffe waren noch heftiger geworden. Die Stadt war bald nur noch ein Trümmerfeld, aber der Bahnbetrieb lief irgendwie weiter. Alle Frankfurter wurden aufgefordert, die Stadt zu verlassen. Die Stadt war zur Festung erklärt worden, sie sollte militärisch gehalten werden. Wer konnte, zog mit Handwagen, Fahrrädern und selbstgezimmerten Wägelchen mit seiner aus den Trümmern geretteten Habe in den Taunus oder aufs Land.

In einem langgezogenen Gebäude auf einem der Bahnsteige war die Bahnverwaltung mit Personalstelle und Chefbüros untergebracht. In dieser Dienststelle hatte man vorgesorgt: Ein Sonderzug wurde schnell zusammengestellt und alles wichtige Material eingepackt. Ein ganzer Zug wurde gefüllt mit Uniformen, Schreibmaterial, Büroeinrichtungen und Akten. Er fuhr in der Nacht noch ab. Aber an die Eisenbahner hatte niemand gedacht. Wie das gesamte weibliche Personal wohnte ich in der Nähe des Frankfurter Hauptbahnhofes im „Goldenen Stern". Der Wirt sagte zu uns: „Die Eisenbahn zahlt nicht mehr; also will ich ab dem ersten (April) keinen mehr hier sehen!"

Kein Zug fuhr mehr. Wir Bediensteten standen da und wuß-

Der Frankfurter Hauptbahnhof, 1888 eröffnet, ist ein Kopfbahnhof mit 24 Gleisen. Aufgrund seiner zentralen Lage ist er einer der wichtigsten und größten Bahnhöfe in Deutschland. Im Zweiten Weltkrieg wurde der Bahnhof nur wenig beschädigt, die Verglasung der Bahnsteighallen aber zerstört. Um die Fahrgäste vor Regen zu schützen, wurden die ehemaligen Glasflächen zum Teil mit Holz geschlossen, ein Provisorium, das nahezu 60 Jahre erhalten blieb.

ten nicht Bescheid, denn die Herrschaften vom Chefbüro waren ja alle in Richtung Vogelsberg verschwunden. Vor dem Bahnhof befand sich ein Tiefbunker. Da hinein strömte nun die Bevölkerung aus der Umgebung, auch ich. Fünf Tage und Nächte saßen wir dort, ohne uns waschen zu können.

Die Amerikaner seien schon in Sachsenhausen, munkelte man. Aber in Ginnheim, einem Vorort von Frankfurt, war noch eine Flak in Stellung, die die Umgebung noch mehr kaputtschoß, als sie es schon war. Der Hauptbahnhof wurde jetzt am meisten geschädigt, die Verglasung der Bahnsteighallen zerstört. Wer noch ein Dach über dem Kopf hatte, rannte in den Feuerpausen schnell nach Hause und kochte eine Suppe und nahm sie mit in den Bunker. Wenn wir dorthin zurück liefen, schwirrten Geschosse über unsere Köpfe. Getroffen wurde zum Glück keiner. Es war nur eine Vorwarnung; die Amis wagten es noch nicht, den Bahnhof zu besetzen.

Doch dann sahen wir sie, die ersten farbigen Soldaten!

In der heutigen Münchener Straße standen sie hinter Mauern versteckt. Sie beobachteten uns in der Nacht. Um vier Uhr kamen sie in den Bunker, um alle Leute zu kontrollieren. Die meisten von uns wurden im Schlaf überrascht. Ich war in dem Raum, der für das Rote Kreuz reserviert war. Zwei weiße Amerikaner kontrollierten den Arzt und untersuchten seine Taschen. Ich sah, daß einer etwas daraus in seine Tasche steckte, und sagte laut zu ihm: „No, no, nix, Sie kommen zur Militärpolizei!"

Er verstand mein Kauderwelsch, bekam ein ganz blasses Gesicht und gab die Sachen zurück. Alle Männer, die Uniform trugen, auch der Arzt, wurden festgenommen und in ein Gefangenenlager in der Nähe gebracht. Wir durften tagsüber noch nicht aus dem Bunker gehen, weil die Flak von Ginnheim immer noch meinte, sie könnte den Krieg gewinnen. Dann hörte der Geschoßlärm plötzlich auf. Wir waren alle froh, wieder ruhig schlafen zu können. Der Krieg war vorbei.

Inzwischen hatten die Amerikaner den Bahnhof besetzt. Sie durchsuchten alle Räume, auch die Gepäckabfertigung, und warfen aus Übermut alles, was sie dort fanden, auf den Bahnsteig. Die Frankfurter stürzten sich darauf, sie konnten ja alles gebrauchen. Mir ging es nicht anders als meinen Mitbürgern. Ich war dreimal ausgebombt und besaß fast nichts mehr außer einigen wenigen Dingen, die in einen Kopfkissenbezug paßten, darunter einmal Wechselwäsche und einen schönen roten Mantel, die ich dem Bunkerwärter in Verwahrung gegeben hatte, weil ich ja Uniform trug. Doch wo sollte ich nun hin?

Ich hatte großes Glück, ein Frau, die ich gut kannte, bot mir an: „Bei uns im Haus ist eine Wohnung frei, da kannst Du fürs erste unterkommen. Die Bewohnerin ist beim letzten Fliegerangriff ums Leben gekommen. Angehörige hat sie nicht."

In der Wohnung waren alle Schränke aufgerissen, Schubladen lagen auf dem Fußboden, das Hitler-Bild an der Wand, war zerschossen. Ich holte mir in der Taunusstraße zwei Eimer Wasser und schuf erstmal Ordnung. Dann ging ich zum Bunker, um meine Sachen zu holen. Als ich den Mantel anziehen wollte, hatte er riesige Löcher. Im Ärmel fand ich ein ganzes Mäusenest! Da habe ich sehr geheult! Und noch mehr, als ich meine schmutzige Kleidung betrachtete: Ich hatte mir im Bunker Kleiderläuse eingefangen! Da sie auch bei der Wäsche nicht verschwinden, warf ich die Sachen schweren Herzens fort. Mir blieb nichts anderes übrig, als zum Bahnhof zu gehen und zu schauen, ob ich für mich noch etwas zum Anziehen fände.

Auf dem Bahnhof ging es hoch her: Alle Türen wurden geöffnet, Schränke aufgemacht. Am Gepäckschalter waren alle Postpakete aufgebrochen. Es war wie im Schlaraffenland, alles konnte man sich nehmen, auch Lebensmittel. Es war ja ohnehin nicht daran zu denken, den Besitzern ihre Sachen zurückgeben zu können, wo nun einmal alles rettungslos verstreut umherlag. Ein amerikanischer Soldat schaute nur zu.

So begannen für mich die ersten Nachkriegstage – im Gepäck fremder Menschen nach Brauchbarem suchend, wo ich doch vor wenigen Tagen als Bahnbeamtin noch eingeschritten wäre, hätte ich ähnliches bei anderen beobachtet.

[Hamburg – Schneverdingen, Lüneburger Heide,
Niedersachsen;
1941–1944]

Christa Schmidt

Sonnenfinsternis

Im Oktober 1941 waren wir aus der Kinderlandverschickung
nach Gifting in Oberfanken, wohin ich meinen Mann, der
Schuldirektor war, mit unseren beiden Töchtern begleitet
hatte, nach Hamburg heimgekehrt. Bald darauf wurde mein
Mann zur Wehrmacht eingezogen, und ich siedelte aus Angst
vor den Fliegerangriffen mit den Kindern zu meinen Schwiegereltern nach Schneverdingen in der Lüneburger Heide über.
Unsere Hamburger Wohnung behielten wir, denn nach dem
Krieg wollten wir dorthin zurückkehren.

In dem kleinen Haus meiner Schwiegereltern lebten nun
fünf Erwachsene und zwei Kinder: die Großeltern, meine
Schwägerin, deren Mann ebenfalls Soldat war, und ich mit
den Mädchen. Eine Großfamilie also. Zwischen uns herrschte ein gutes Mit- und Füreinander. Die Kinder konnten im
Garten spielen und fanden in der Nachbarschaft auch bald
Spielgefährten.

Anfang 1943 sollte es in dem Häuschen der Großeltern
bald noch enger werden, denn meine Schwägerin erwartete
ihr erstes Kind. Was blieb mir anderes übrig, als für mich
und die Kinder eine andere Bleibe zu suchen?

Als Hamburger Flüchtlinge bekamen wir in der Nähe des
Bahnhofs in einem Häuschen mit Pappdach bei einer miß-
günstigen Wirtin zwei Räume zugewiesen, in denen es sich
recht und schlecht hausen ließ. Die hellhörigen, feuchten

Wände glitzerten bei Kälte. Die Möbel waren Spenden, zum Teil alte Stücke von der Urgroßmutter. Mein Schwiegervater, der eine Schmiede betrieb, opferte Eisenbezugsscheine, damit wir Metallbettstellen erwerben konnten. Eine Tante, die mit einem Schlachtermeister verheiratet war, organisierte die Matratzen.

Je länger der Krieg dauerte, desto schlechter wurde die Versorgung der Zivilbevölkerung mit lebensnotwendigen Dingen. Als meine Tochter Waltraud an der Lunge erkrankte, meinte der Arzt, sie solle Butter essen. In meiner Not bat ich die Eltern meiner Schwägerin Erna, die einen Bauernhof besaßen, um ein Stückchen Butter. Nicht ein Gramm gaben sie mir. „Wi hebbt Kartüffelutkriegerstied, da möt wi Botterkoken backen." – Wir haben Kartoffelauskriegerszeit, da müssen wir Butterkuchen (für die Erntehelfer) backen.

Die Menge Butter, die sich der Vater meiner Schwägerin auf eine einzige Scheibe Brot schmierte, mußte bei uns für eine ganze Woche reichen.

Aber man traf auch auf hilfsbereite Menschen. Ein ehemaliger Schulfreund meines Mannes, der Bäcker war, steckte uns ab und zu ein Brot zu. Und die Schlachtermeistersgattin tauschte Schnuckenfelle gegen wunderbaren Wollstoff für unsere Mädchen ein. Aus Schnuckenwolle, die von Zäunen abgesammelt und gesponnen wurde, strickte meine Schwägerin Erna für die Kinder lange Strümpfe mit schönen Mustern, die allerdings entsetzlich kratzten.

Ende Juli 1943, mein Mann war gerade auf Fronturlaub bei uns, holte er eines Morgens die Kinder aus ihren Betten, um ihnen eine vermeintliche Sonnenfinsternis zu zeigen.

„Schöne Sonnenfinsternis", klärte uns später meine Schwiegermutter auf, „Hamburg ist bombardiert worden!"

Es handelte sich um die schweren Luftangriffe auf Hamburg Ende Juli/Anfang August 1943, die mehrere Nächte andauerten und 40 000 Menschen das Leben gekostet haben. Der Himmel über der 60 Kilometer entfernten Stadt, zunächst glutrot, verdüsterte sich zusehends infolge von Rauch und Ruß. Und bald trafen auf dem Bahnhof von Schneverdingen die ersten Flüchtlinge ein, rußgeschwärzt, teils auch verwundet.

Nach einigen Tagen fuhren mein Mann, Opa und ich in der vagen Hoffnung nach Hamburg, daß unsere Wohnung unversehrt geblieben war. Bei unserer Ankunft bot sich uns ein grauenvolles Bild: in den Straßen Schutt und Asche, heruntergerissene Oberleitungen, Tote. An den Resten der Hauswände standen Namen und Adressen, wohin die Überlebenden geflüchtet waren.

Mühsam und bangen Herzens kämpften wir uns bis zur Ohlendorffstraße, in der sich unsere Wohnung befand, durch. Gott sei Dank, das Haus Nummer 22 stand noch. Meinten wir. Beim Näherkommen mußten wir feststellen, daß es ein Trugbild war. Was noch stand, war lediglich die Vorderwand. Wie eine Kulisse im Theater. Ein grausiges Szenarium. Auf der Straße vor dem Haus entdeckten wir das Schultertuch einer älteren Nachbarin, auf der Kellertreppe und im Keller menschliche Überreste. Die Weckgläser in unserem Keller, der zugleich Luftschutzkeller gewesen war, waren aneinandergeschmolzen. Der Koks glühte noch. Wie uns eine Nachbarin, die mit dem Leben davongekommen war, später berichtete, hätten sich die im Keller versammelten Hausbewohner über mein Eingewecktes und die Weinflaschen hergemacht und darüber fast den Verstand verloren.

Hinten im Garten lagen die vier Stockwerke, je zu einer etwa zwanzig Zentimeter dicken Masse zusammengedrückt. Dazwischen erkannten wir Hausrat und Geschirr, darunter Teile meines handbemalten Eßservices. Ich wollte sie unbedingt bergen. Doch als ich sie berührte, zerfielen sie zu Staub. Aschestaub. Ebenso die Briefmarkensammlung meines Mannes, die geordnet in Blechschachteln lag. An der einst benachbarten Samenhandlung standen Säcke mit Erbsen, Bohnen und anderem Saatgut. Alles zerbröselte bei der kleinsten Berührung. Wir hatten alles verloren, aber wir lebten noch. Außer den vorher evakuierten Müttern und Kindern waren fast alle anderen Bewohner unseres Hauses in dem Inferno umgekommen.

Das Leben in dem Pappdachhaus in Schneverdingen wurde mit der Zeit unerträglich, ich mußte mich nach einer ande-

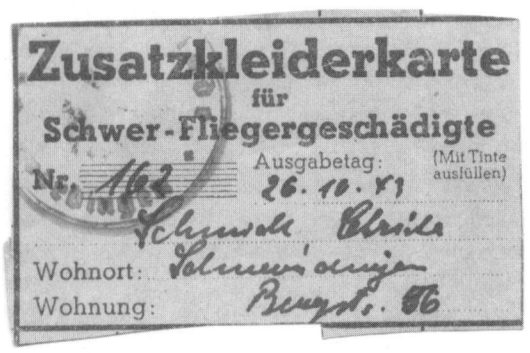

Wir Ausgebombten bekamen solche Zusatzkleiderkarten.

ren Wohnung umsehen. 1944 kamen wir bei Lene und August Broocks in der Bergstraße 56, in der Nähe meiner Schwiegereltern, unter. Das Haus war einst das Elternhaus der Mutter meiner Schwiegermutter gewesen und irgendwann in andere Hände gelangt. Broocks nahmen uns freundlich auf. Neben Tochter Anni – der Sohn war gefallen – und Oma Nieder wohnte bereits ein Flüchtlingsehepaar aus Pommern bei ihnen. Das Verhältnis untereinander war gut. Die Freundschaft mit Tochter Anni dauert bis heute an. Am 28. August 1944 wurde in dem Haus unser Sohn Wolfgang geboren. Und 1945 war es Anlaufstelle für meine aus Schlesien und Ostpreußen geflüchteten Verwandten.

*(Weitere **ZEITGUT**-Beiträge dieser Autorin sind im Autorenverzeichnis am Ende des Buches vermerkt.)*

Ingeborg Werneken

Die Verwaltung des Mangels

Als der Krieg begann, zerstoben alle meine Träume. Immer war es mein Wunsch gewesen, Lehrerin zu werden. Ich hatte meine Prüfungen bestanden und das Abitur in der Tasche. Nun war es an der Zeit, eine Universität zu besuchen. Aber ich wohnte in einer kleinen Stadt und mein Vater war der Meinung, daß ich die Kriegsjahre nicht in der Fremde verbringen sollte. Die ein, zwei Jahre meinte er, könne ich wohl noch warten. Daß dieser Krieg aber sechs Jahre dauern sollte, ich bei Beendigung verheiratet sein würde, daß Familie, Kinder und die Schwierigkeiten der Aufbaujahre mir niemals mehr die Möglichkeit eines Studiums geben konnten, hatten weder er noch ich 1939 vorausgesehen.

Mir lag auch bereits eine amtliche Bescheinigung vor, wo ich mich „zum Dienst am Vaterland" melden mußte. Ich hatte das Glück bei einer Behörde tätig zu sein und nicht, wie viele andere Frauen, in einer Munitionsfabrik. So kam ich zum Landratsamt, in die für den Kreis Frankenberg zuständige Verwaltung.

Anfangs merkten wir wenig vom Krieg, außer daß auf einmal fast alle Jungen meines Schuljahrganges verschwunden waren. Fliegeralarm gab es selten und wenn, dann galt er nicht unserer kleinen Stadt. In großer Formation flogen die Flugzeuge über uns hinweg, um ihre todbringende Fracht in einer Großstadt abzuwerfen.

Die Bezugsscheine für Lebensmittel, die Punkte für Bekleidung, für Tabakwaren, für Benzin, die wir in meiner Dienststelle ausgaben, wurden alle noch eingelöst. Es gab noch keinen Mangel. Unsere Wochenarbeitszeit betrug 60 Stunden.
Da ich aber noch mehr tun, mich ganz einsetzen wollte, ließ
ich mich beim Roten Kreuz als Helferin ausbilden. Das bedeutete Nacht- und Sonntagsdienst im Hilfskrankenhaus.
Während der Erntezeit kam die Erntehilfe beim Bauern dazu.
Auch unsere Dienststelle forderte zweimal wöchentlich bei
der nächtlichen Feuerwache unseren Einsatz.

Noch passierte nichts.

Aber die Luftangriffe auf deutsche Städte nahmen zu,
und die ausgebombten Menschen wurden in kleinen, noch
friedlichen Orten untergebracht. Eines Nachts aber kamen
Züge voller Betroffener, die alles verloren und nur das nackte
Leben gerettet hatten, auch in unseren Ort. Sie waren in
einer schrecklichen Nacht so überraschend mit Bomben und
Phosphor überschüttet worden, daß viele nicht einmal Zeit
gefunden hatten, sich anzuziehen. Nun benötigten sie Kleidung und ein Dach über dem Kopf. Sie brauchten Möbel,
Geschirr, ja, sie brauchten alles, denn sie besaßen nichts
mehr.

Ich hatte inzwischen die Aufgabe bekommen, diese Menschen mit dem Nötigsten zu versorgen und ihnen Bezugsscheine dafür auszustellen. Es gab Kontingente, doch sie
deckten nicht im Geringsten den Bedarf. Wurden mir beispielsweise 10 Betten, 20 Kochtöpfe usw. zugeteilt, so gab
es 100 Anwärter dafür. Tag und Nacht grübelte ich darüber nach, *wem* ich Bezugsscheine geben sollte und wen ich
leer ausgehen lassen mußte. Ich war noch so jung. Da ging
die Entscheidung manchmal über meine Kräfte. Aber ich
entschloß mich, Familien mit Kindern zu bevorzugen. Die
andern fühlten sich benachteiligt, und sie taten mir leid.
Täglich kamen sie voller Hoffnung und gingen verzweifelt,
ärgerlich, wütend.

Gleich nach Beendigung der Schule wurde ich 1939 zum Kriegsdienst ein-
berufen. Bis zum Kriegsende arbeitete ich als Sekretärin im Landratsamt
Frankenberg/Eder in der Anlaufstelle für Flüchtlinge und Ausgebombte.

Die Jahre vergingen. Es gab immer mehr Hilfsbedürftige
und immer weniger zu verteilen. Wenn ich morgens zum
Dienst kam, stand vor meinem Zimmer bereits alles voller
Menschen, und so sehr ich auch bat, einzeln einzutreten, sie

Gegen diese **RTE**-Marke erhält der Bezugsberechtigte

1 Stück Eimer
Warennummer 430/010

Großhändler und Hersteller dürfen nur denjenigen beliefern, dessen Firmenstempel die Marke trägt

◄ Zwecks Entwertung hier abtrennen

RTE Gegen diesen Verbraucherabschnitt erhält der Bezugsberechtigte

1 Stück Eimer
Warennummer 430/010

Nur gültig mit dem Firmenstempel des Lieferers

Gegen diese **RTE**-Marke erhält der Bezugsberechtigte

1 Stück Eßteller
Warennummer 430/160

Großhändler und Hersteller dürfen nur denjenigen beliefern, dessen Firmenstempel die Marke trägt

◄ Zwecks Entwertung hier abtrennen

RTE Gegen diesen Verbraucherabschnitt erhält der Bezugsberechtigte

1 Stück Eßteller
Warennummer 430/160

Nur gültig mit dem Firmenstempel des Lieferers

Gegen diese **RTE**-Marke erhält der Bezugsberechtigte

1 Stück Kochtopf für Elektroherd
Warennummer 430/260

Großhändler und Hersteller dürfen nur denjenigen beliefern, dessen Firmenstempel die Marke trägt

◄ Zwecks Entwertung hier abtrennen

RTE Gegen diesen Verbraucherabschnitt erhält der Bezugsberechtigte

1 Stück Kochtopf für Elektroherd
Warennummer 430/260

Nur gültig mit dem Firmenstempel des Lieferers

Gegen diese **RTE**-Marke erhält der Bezugsberechtigte

1 Stück Essenträger
Warennummer 430/040

Großhändler und Hersteller dürfen nur denjenigen beliefern, dessen Firmenstempel die Marke trägt

◄ Zwecks Entwertung hier abtrennen

RTE Gegen diesen Verbraucherabschnitt erhält der Bezugsberechtigte

1 Stück Essenträger
Warennummer 430/040

Nur gültig mit dem Firmenstempel des Lieferers

drängten doch alle zugleich ins Zimmer in der Sorge, zu spät zu kommen. Aber es nützt nichts, ich konnte nicht allen helfen. Die Hilfesuchenden wurden immer verbitterter und eines Tages fiel das böse Wort: „Wenn wir nach dem Krieg die Nazis aufhängen, dann gehören Sie auch dazu."

Dann fielen die Bomben auch auf unsere kleine Stadt. Während der nächtlichen Feuerwachen klingelte immer öfters das Telefon: „Fliegeralarm!" – Und ich betätigte den Schalter der Sirene, die die Menschen aus dem Schlaf schreckte und Angst und Grauen über sie brachte.

An einem schönen Tag im Mai ging der Krieg zu Ende, und ich zog mit dem Mann, den ich geheiratet hatte, in die britische Besatzungszone. Nirgends gab es eine Hilfe für mich Fremde. Not, Hunger und Wohnungssuche waren noch für Jahre die Begleiter meiner jungen Familie.

(Weitere **ZEITGUT-***Beiträge dieser Autorin sind im Autorenverzeichnis am Ende des Buches vermerkt.)*

Abbildungen links: Die Bezugsscheine für das Allernötigste reichten für die vielen Bombengeschädigten und Flüchtlinge bei weitem nicht aus. Wie sollte ich das gerecht entscheiden?

Hildegard Schmidt-Reins

Kriegsjahre in Hamburg

Wir schrieben das Jahr 1943. Drei Semester hatte ich in Hamburg an der Kunstschule am Lerchenfeld studiert. Da diese Schule nicht kriegswichtig und somit vorauszusehen war, daß man sie schließen würde, wechselte ich mit heftigem Bedauern am l. April als Technische Hilfszeichnerin zu einer Telefonfabrik (ATF – Allgemeine Telefonfabrik Hamburg) an der Fuhlentwiete. Dort arbeiteten im Zeichenbüro neben einer Chefin zwei fröhliche junge Mädchen, Lieselotte und Anita, mit denen ich mich gut verstand.

Im Sommer 1943 fingen die Engländer an, Hamburg verstärkt zu bombardieren. In der Nacht zum 26. Juli ging der Tanz um halb eins los: rund zweieinhalb Stunden lang ununterbrochen Detonationen, Flakgeknatter, Motorengebrumm. Nachmittags dann das Gleiche noch einmal, mindestens ebenso lange. Ganze Stadtteile brannten. Zum Glück gehörte der Vorort Fuhlsbüttel, wo mein Elternhaus stand, nicht dazu. Auch in der folgenden Nacht wurden wir aus den Betten geholt, aber unsere Gegend blieb verschont.

Als ich am nächsten Vormittag auf Arbeit war, ertönte wieder Sirenengeheul. Die ganze ATF-Mannschaft trabte in den Keller, mit Ausnahme von Bruno und Ernst, die sich das Schauspiel jedesmal vom obersten Stock aus ansahen. Wenn sie herunterkamen, bedeutete das immer höchste Alarmstufe. Diesmal war es nach zwanzig Minuten so weit, jetzt ging

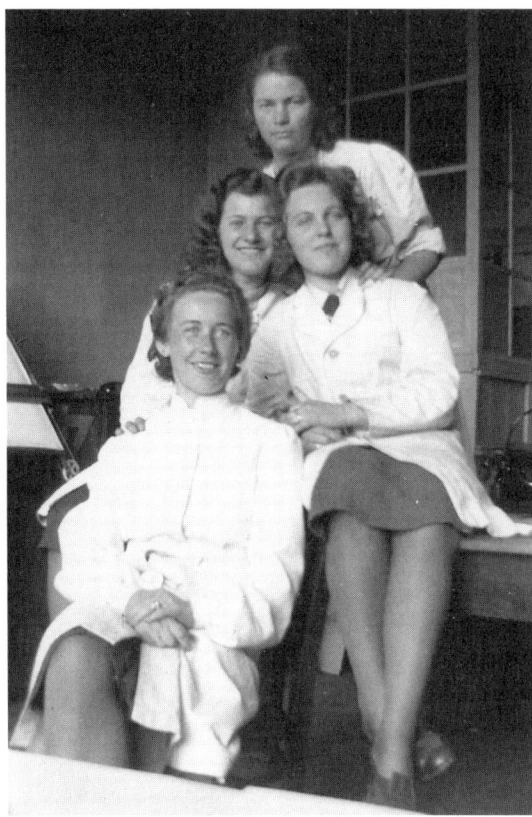

Das Foto zeigt meine Kolleginnen Lieselotte, Anita. und mich, ganz hinten, 1943 im Zeichensaal der Hamburger Telefonfabrik ATF.

der Schlamassel richtig los, es rumste mehr denn je. Es ist ein widerliches Gefühl, wenn der Keller schwankt wie ein Schiff auf hoher See. Ich hatte höllische Angst und hätte mir am liebsten die Ohren zugehalten. Als ob das etwas geändert hätte!

Es galt, dazusitzen und abzuwarten, ob es einen erwischte oder man noch einmal davonkam. Die Entwarnung nach zwei Stunden erreichte uns unversehrt. Aber zum Arbeiten kamen wir kaum, es gab noch dreimal Alarm.

Abends wieder Sirenengeheul. In der Folgezeit hockten wir bald mehr im Keller als oben. Nachts der nächste Angriff, an Schlaf war nicht zu denken. Diesmal mußte es verdammt nahe sein. Wir hörten die Bomben pfeifen, der Boden unter uns wankte, Putz bröckelte von der Decke. Irgendwann dann endlich Entwarnung. Wir rannten nach oben.

Die Nacht war taghell erleuchtet, drüben am Heschredder brannte ein Haus lichterloh. Hoch schlugen die prasselnden Flammen in den Himmel, Funkenregen sprühte, eine Sinfonie in Rot und Gold.

„Wie wundervoll!" dachte ich laut.

„Um Gottes Willen", sagte meine Mutter erschrocken, „laß das niemand hören! Die lynchen dich!"

Sie hatte natürlich recht. Trotzdem war es ein überwältigender Anblick, wie da, losgelassen, „die freie Tochter der Natur einhertrat auf der eigenen Spur". In dieser Stunde begriff ich den Satz „Müßig sieht er seine Werke und bewundernd untergeh'n". Natürlich war es albern, jetzt an Schiller zu denken, es gab Dringenderes zu tun.

Aus allen Häusern strömten die Menschen zusammen, ich hörte, daß niemand zu Schaden gekommen war. Technische Nothilfe und Feuerwehr waren angerückt. Die Männer standen um den Hydranten und stritten sich hitzig, ob man den Strahl von oben oder von unten heranführen müsse, um dem Feuer am besten beizukommen. Wir erfuhren nicht, welches die bessere Methode gewesen wäre, denn es gab kein Wasser!

Zum Glück war die Nacht windstill, und das brennende Haus stand ziemlich isoliert in einem großen Garten.

Am Eibenweg brannte ein Dachstuhl. Jemand wußte, daß in den Schrebergärten an der Alsterkrugchaussee eine Pumpe existierte. Sofort liefen die Frauen nach Eimern. Wir bildeten eine Kette, so an die dreihundert Meter lang. Zwei Männer saßen rittlings auf dem Dachstuhl und gossen das Wasser in die zischenden Flammen. Ab und zu stürzte Gebälk zusammen, dann schoß eine Funkenfontäne in den Himmel wie bei einem Feuerwerk. Nur viel schöner, gewaltiger. Es mußte verdammt heiß sein da oben. Hoffentlich hielt das Dach!

Wieder Schiller: *„Durch der Hände lange Kette um die Wette fliegt der Eimer ..."*

Unsere Eimerkette war nicht schnell genug, die Zwischenräume waren endlos. Trotzdem wurde das Feuer unter Kontrolle gebracht, allmählich fiel es in sich zusammen. Morgens um drei Uhr war auch der letzte Funke gelöscht. Der Besitzer hatte keinen Finger gerührt, nur dagestanden und seinen Verlust bejammert.

Wir gingen die wenigen Schritte nach Hause. Es dämmerte bereits, aber der rote Himmel rührte nicht von der Sonne her. Die Stadt brannte. An Schlaf dachte keiner, wir waren alle hellwach. Verrußt wie die Schornsteinfeger saßen wir bei unseren Nachbarn auf der Terrasse und tranken belebenden Bohnenkaffee. „Fliegerkaffee", eine kleine Packung, die sie von einem Piloten bekommen hatten und freundschaftlich mit uns teilten. Das tat mächtig gut!

Zum ersten Mal erntete meine Mutter statt Spott unseren Dank für die Wasservorräte, die sie seit Monaten bereitgestellt und unermüdlich erneuert hatte. Es war erstaunlich, wie rasch frisches Wasser verdarb. Jetzt machte sich ihre Vorsorge bezahlt. Es war eine wahre Wonne, sich Schweiß und Schmutz vom Körper waschen zu können. Ich fühlte mich wie neugeboren.

Gemeinsam hörten wir uns an, was der Rundfunk zu berichten hatte. Diesmal mußte es besonders schlimm sein, Bahnen fuhren nicht mehr. Mein Vater und ich beschlossen spontan, zu Fuß in die Stadt zu gehen. Gucken, wie es dort aussah, ob der Arbeitsplatz noch existierte, ob Freunde und Kollegen überlebt hatten. Meiner Mutter gefiel das gar nicht, es konnte ja jederzeit wieder losgehen. Aber wir waren taub für ihre Beschwörungen.

Unterwegs begegnete uns ein endloser Treck, Menschen,

die in aller Eile die Stadt verließen, ein bißchen hastig zusammengeraffte Habe auf Handwagen, Schubkarren, Fahrrädern oder in Rucksäcken, Kinder an der Hand, auf dem Arm – ein trostloser Anblick. Wer weiß, welchem Inferno sie entronnen waren!

Ganze Straßenzüge brannten. Auf den Bürgersteigen saßen die obdachlos gewordenen zwischen Möbeln, Koffern, Bündeln. Übernächtigt, mit grauen Gesichtern, resigniert. Sie hätten ihre Häuser retten können, wenn es Wasser gegeben hätte. So mußten sie tatenlos zusehen, wie sich das Feuer weiterfraß, langsam, gemächlich, als wüßte es, daß es sich Zeit lassen konnte für sein Zerstörungswerk. Auch ohne Feuer wäre es ein heißer Tag geworden. So hatten wir schon jetzt eine Affenhitze. Dabei war der Himmel von grauen Qualmwolken verhangen, die kein Sonnenstrahl durchdrang. Manchmal versperrten Trümmer die Straßen, und wir mußten einen Umweg machen oder über umgestürzte Bäume klettern. Am Dammtorbahnhof trennten wir uns.

Die ATF stand noch, aber die Umgebung hatte schwer gelitten. Überall brennende Häuser, geborstene, eingestürzte Wände, Scherben und Steine auf dem Weg. Über Schutt und Mörtel klomm ich die Stufen zum Zeichenbüro hinauf. Mir blieb nur noch, die Scherben zusammenzufegen. Es gab keine einzige heile Scheibe mehr, und so zog es wie Hechtsuppe. Ein paar Männer aus der Werkstatt nagelten Pertinax-Scheiben vor die Fenster. Davon gab es genug, weil sie für Relais, Schaltpulte und dergleichen gebraucht wurden. Licht kam nicht viel durch, Strom funktionierte auch nicht. Staubwolken hüllten mich ein. Man hätte sprengen müssen, aber auch hier gab es keinen Tropfen Wasser. Den Gang zur Toilette mußte man sich am besten verkneifen. Immerhin, allmählich konnte man wieder treten. Vorsichtshalber schleppten wir in den Keller, was noch an Akten und Zeichenmaterial oben war. Treppauf, treppab. Von draußen drang beißender Qualm herein.

Mittendrin Alarm. Wir waren gerade unten, da kam Jürgen, einer unserer Monteure, in Trainingsanzug und Turnschuhen, verrußt, völlig verstört. Die Kollegen verfrachteten ihn auf einen Stuhl. Er hätte einen Schnaps gebraucht, doch den konnten wir ihm leider nicht bieten, ihn gab es nur noch zu Weihnachten. Immerhin hatten alle reichlich Zigaretten, die jetzt in Hamburg gratis verteilt wurden. Sie zündeten eine an, schoben sie Jürgen zwischen die Lippen. Das schien ihm gut zu tun. Abgehackt, bruchstückweise hörten wir seine Geschichte.

Jürgen hatte die Nacht bei Max in Rothenburgsort verbracht. Die beiden waren unzertrennlich. Ihre Familien hatten sie aus der Gefahrenzone nach Bayern geschickt. Als die Sirenen heulten, waren sie in einen Hochbunker gegangen. Das war ein stabiler Bau aus Eisenbeton, der selbst schweren Sprengbomben standhielt. Jetzt hatte seine Sicherheit sich allerdings als Irrtum erwiesen, denn die Tommies hatten nicht Sprengbomben, sondern Phosphor und Brandbomben geworfen. Die Bunkerwände hatten in Flammen gestanden, im Innern war die Hitze immer unerträglicher geworden, der Sauerstoff so knapp, daß man kaum noch atmen konnte. Durch den Ventilator war nur noch Rauch hereingedrungen, man hatte ihn abschalten und schließlich die Tür öffnen müssen. Draußen waren die Hilfesuchenden in ein Flammenmeer gekommen, der Asphalt hatte sich in glühende Lava verwandelt. Menschen waren gleich brennenden Fackeln schreiend durch die Straßen gerannt und im Feuersturm zusammengebrochen. In der allgemeinen Panik waren die Freunde getrennt worden, Jürgen wußte nicht, ob auch Max es noch geschafft hatte, dieser Hölle zu entrinnen. Jürgen hatte den rettenden Kanal erreicht. Bis zum Hals im Wasser stehend, durch die Brücke vor dem Funkenregen geschützt, hatte er mit vielen anderen stundenlang gewartet, bis die schlimmste Flammenhölle vorüber war.

„Ich muß weg", stöhnte er heiser, „ich fahre nach Bayern."

Hamburg nach dem verheerenden Feuersturm vom 23. Juli bis 5. August 1943, aufgenommen von der Telefonfabrik ATF aus.

„In Ordnung", erwiderte die Chefin, „Sie können ab sofort drei Wochen Urlaub haben."

Es wäre sinnlos gewesen, den Mann halten zu wollen, er war mit seinen Nerven völlig am Ende.

Als die Entwarnung kam, machte er sich auf den Weg zu seiner Wohnung in Eppendorf. Falls sie noch stand, wollte er sich umziehen und einige Sachen zusammensuchen, vor allem brauchte er Schuhe. Ich begleitete ihn. Für die Firma hatte ich an diesem Tag genug getan, und Jürgen sah mir nicht danach aus, als sei er noch imstande, einen Koffer zu packen. Die Richtung stimmte ja auch.

Unterwegs überall das gleiche Bild: schwelendes Feuer, Qualm, Trümmer, Menschen zwischen dem Wenigen, was sie von ihrem Hab und Gut gerettet hatten. Ich hoffte inbrünstig, daß Jürgens Wohnung noch heil war – anders hätte er es bestimmt nicht mehr verkraften können. Als wir in seine Straße einbogen, sahen wir eine Gulaschkanone, die

Essen ausgab. Ich schöpfte Mut, hier hatten Bomben und Feuersturm nicht ganz so schlimm gewütet. Das Haus war gottlob unversehrt geblieben, auch Jürgens Wohnung war noch heil, aber in ihr sah es aus wie in einem Lagerschuppen. Die Möbel waren zusammengeschoben, die Teppiche aufgerollt. Jürgen nahm eine Milchkanne und ging Essen holen. Ich fand einen Koffer, nach langem Suchen auch Unterwäsche, Socken und Schlipse. In der Küche löffelten wir dann Milchsuppe, die ganz passabel schmeckte. Ich merkte erst jetzt, wie hungrig ich war.

Abwaschen konnte man nicht, auch hier gab es kein Wasser. Ich suchte weiter, fand nach und nach alles außer Hemden. Als ich Jürgen über die Schulter fragte, wo die seien, bekam ich keine Antwort. Ich rief noch einmal lauter. Vielleicht war er in der Küche und hatte mich nicht gehört. Wieder nichts. Ich drehte mich um und fuhr erschrocken zusammen. Jürgen stand direkt hinter mir, riß mich in die Arme. Wir rangen heftig miteinander, endlich boxte ich mich frei. Schwer atmend standen wir uns gegenüber.

„Menschenskind, Jürgen", sagte ich. „Wenn du deinen Koffer gepackt haben willst, dann laß den Quatsch. Wo sind deine Hemden?"

Er konnte sich nicht erinnern, also suchte ich weiter. Ich mußte Möbel verschieben, um an Schubfächer zu gelangen – alles Mögliche, nur keine Hemden. Ich konnte ihm nicht böse sein, ihm gingen einfach die Nerven durch.

Wenig später versuchte er es noch einmal. Diesmal stolperten wir über einen zusammengerollten Teppich, rauften uns am Boden. Er war natürlich stärker als ich, aber ich konnte mich doch losreißen und kam wieder auf die Füße.

„Tut mir leid, Jürgen", sagte ich, „dann mußt du deinen Mist alleine machen."

Es tat mir wirklich leid, ihn sich selbst zu überlassen. Hoffentlich schaffte er es, sich nach Bayern aufzumachen, und wenn es ohne Hemden war.

Ich war froh, als ich wieder auf der Straße war. Mir zitterten die Knie. Das war zum Schluß doch ganz schön knapp gewesen. Immerhin hatte ich in der letzten Nacht nicht geschlafen, heute schon etliche Kilometer zurückgelegt und bis auf die Suppe nichts gegessen. So ging ich jetzt die Alsterkrugchaussee entlang nach Hause, das war der kürzeste Weg, aber auch noch eine ganze Ecke.

Schachmatt kam ich wieder zu Hause an. Mein Vater war noch nicht zurück. Ich erzählte, was ich erlebt hatte. Meine Mutter berichtete dann, daß die Frau von Hinrich, einem meiner Cousins, mit ihren beiden Kindern dagewesen war, alle drei rußgeschwärzt und stockheiser. „Wasser!" hatten sie gekrächzt. Ähnlich wie Jürgen hatten sie stundenlang in einem Bunker ausharren müssen bei Sprechverbot, Gluthitze und zunehmendem Sauerstoffmangel. Jetzt waren sie zu Fuß auf dem Weg von Barmbek nach Poppenbüttel.

„Siehst du", sagte meine Mutter, „wie gut, daß ich reichlich Wasservorräte hatte! Du glaubst nicht, wie ihnen das gut getan hat Und ihr habt euch immer darüber lustig gemacht." Seufzend setzte sie hinzu: „Ja, ja, der Gerechte muß viel leiden." Sie hatte ja so recht.

Plötzlich wurde mir speiübel. Ich legte mich hin, die Wände kamen von allen Seiten auf mich zu, drohten über mir zusammenzustürzen.

„Rauchvergiftung", sagte meine Mutter. Sie gab mir Milch, danach wurde es etwas besser.

Endlich kam dann mein Vater. Sein Büro stand noch, aber heute wurde nicht gearbeitet. Deshalb hatte er nach Freunden geforscht und nach der Wohnung von Onkel Emil gesehen. Dort hatte er nur noch einen rauchenden Trümmerhaufen vorgefunden. Der Onkel machte mit Frau und Söhnen gerade Ferien in unserem Heidehaus. So war ihnen nichts geschehen, und zumindest die mitgenommenen Sachen hatten sie gerettet.

Meine Mutter bekam einen Nervenzusammenbruch. „Ich will hier raus!" schluchzte sie. „Ich will nicht wie eine Ratte in ihrem Loch im Keller verschüttet werden! Ich will nicht verbrennen! Ich habe es satt, satt! Ich will weg!"

„Gut", sagte mein Vater schließlich, „fahren wir in die Heide."

Jetzt begann ich zu heulen. Ich wollte dableiben! Bei uns war doch noch nicht viel los, kein Grund durchzudrehen!

War nicht an der Ecke bei Schmidts eine Brandbombe bis ins Erdgeschoß durchgeschlagen und im Sessel gelandet?

Der fünfzehnjährige Sohn hatte den Sessel samt Bombe aus dem Fenster befördert. Wäre niemand dagewesen, hätte das Haus nicht mehr gestanden. Meine Mutter und ich bettelten um die Wette, mein Vater blieb ruhig und bestimmt bei seinem Entschluß. Ich war überzeugt, daß er auch viel lieber geblieben wäre.

In der Nacht folgte dann erneut ein Angriff, nicht allzu nahe. Während wir morgens das Nötigste zusammenpackten, heulten schon wieder die Sirenen. Sofort nach der Entwarnung gingen wir mit Sack und Pack in die Stadt. Es war völlig ungewiß, wann wieder eine Bahn fahren konnte. Ecke Olendörp begegnete uns die alte Frau Genz. „Wir werden von Wahnsinnigen regiert!" schrie sie in einem fort.

Hoffentlich ging das gut.

Der Tag war glühend heiß, die Häuser schwelten noch immer. Graue Rauchschwaden verhängten den Himmel, verschleierten die Sonne. Endlich erreichten wir die Moorweide. Der große Platz war nicht wiederzuerkennen. So etwa mußte ein Heerlager im Dreißigjährigen Krieg ausgesehen haben. Auf dem Gras lagen überall Menschen, dazwischen türmten sich Lebensmittel zu Gebirgen. Man drückte uns Kommißbrote, Zigaretten, eine Wurst und geräucherte Schollen in die Hand. Schon lange hatten wir nicht mehr so gut gegessen!

Leise sagte mein Vater: „Wenn sie alle deutschen Großstädte gleichzeitig so angegriffen hätten, wäre der Krieg entschieden."

Hin und wieder fuhr ein Lastwagen ab, der Zielort wurde jeweils ausgerufen. Wir warteten über drei Stunden, dann hieß es endlich „Einsteigen!" und das Rennen begann. Zusammengepfercht wie das liebe Vieh standen wir endlich auf der Ladefläche. Als der LKW anruckte, drohten alle durcheinanderzupurzeln, klammerten sich aneinander. Nach einer Stunde waren wir wieder auf der Moorweide, nirgends gab es ein Durchkommen. „Alle wieder aussteigen!" hieß es.

Der Fahrer ließ gerade die Klappe herunter, in diesem Moment kam ein Kollege gelaufen. „Moment mal", rief er. „Ich höre gerade, daß am Meßberg die Straße noch frei ist!"

Klappe dicht, wir rollten wieder, kamen tatsächlich aus der Stadt. Zu beiden Seiten der Straße zerstörte oder beschädigte Häuser. Manchmal war nur die Frontwand weggerissen und gab Einblicke in Wohnungen frei: eine Rosentapete, eine Badewanne, die am Rohr in der Luft hing, an einer schräg weggesackten Decke noch die Hängelampe. Makabre Bilder.

Der Fahrtwind blies uns um die Ohren, wir wurden durchgeschüttelt und waren heilfroh, als wir endlich in Winsen wieder festen Boden unter den Füßen hatten. Hier stand schon ein Wagen vom Roten Kreuz. Milch wurde ausgeteilt, die gut tat.

Die Kleinbahn fuhr noch, allerdings erst nach anderthalb Stunden. Wir warteten irgendwo am Wiesenrand. Um 18 Uhr waren wir dann endlich in Garlstorf. Von hier aus mußten wir mit Koffern und Taschen noch sechs Kilometer laufen.

Je näher wir unserem Häuschen kamen, um so langsamer wurde unser Schritt. Wir brachten schlimme Nachrichten. Tante Paula weinte, Onkel Emil nahm es sehr gefaßt auf.

„Wer weiß, was uns passiert wäre, wenn wir im Keller gesessen hätten", sagte er. „So ist uns das wenigstens erspart geblieben, und wir haben ein paar Sachen gerettet."

Weil das Haus für uns alle nicht genug Platz bot, schoben wir im kleinen Pavillon die Bänke zu einem provisorischen Lager zusammen.

Mitten in der Nacht weckte uns ein Gewitter, Blitze erleuchteten den Himmel taghell, Donner krachte. Und dann, durch Donnergrollen und Sturmbrausen, hörten wir das nur allzu vertraute Geräusch: Flugzeugmotoren. Im nächsten Augenblick pfiffen Bomben durch die Luft, explodierten in gar nicht so großer Ferne. Zugleich begann es zu regnen, als habe der Himmel alle Schleusen geöffnet. Dann hörten wir nur noch das Toben der Natur und bekamen doch noch etwas Schlaf.

Tags darauf suchten wir den Wald ab und fanden ein halbes Dutzend Brandbomben auf unserem Grundstück. Gelobt sei der Regen, er hatte unseren Wald gerettet.

Mein Elternhaus im Hamburger Vorort Fuhlsbüttel war heilgeblieben.

Am 7. August waren wir zurück in Fuhlsbüttel. Unsere Nachbarin war froh, daß wir wieder da waren: „Stellen Sie sich vor, der Blockleiter war hier und wollte Ihr Haus beschlagnahmen! Ich habe versucht, ihm klarzumachen, daß Sie doch nur vorübergehend in Ihrem Wochenendhaus sind. Da meinte der verrückte Kerl: Na eben, wenn Reins noch ein zweites Haus haben, brauchen sie dieses ja nicht. Es muß Platz geschaffen werden für die vielen Ausgebombten."

Der Blockmeister wohnte mit Frau und Tochter in einem großen Haus, sollte er doch mit gutem Beispiel vorangehen. Aber die hatten es sicher nicht nötig zusammenzurücken. Er gehörte zu denen, die zackig „Heil Hitler!" grüßten.

Wir nahmen Onkel Emil mit Familie auf.

Ich trat wieder meinen Dienst bei der ATF an. Viele fehlten noch. Wer wollte wissen, ob sie überlebt hatten?

Im Zeichenbüro saß ich allein. Was mochte aus Lieselotte und Anita, was aus der Leiterin geworden sein?

Den Portier mußte ich auch ersetzen.

Am 14. August schaute abends meine Schulfreundin Pony herein. Sie klagte, daß sie trotz der Hitze Tag und Nacht die Fenster geschlossen halten müßten. Durch die Alsterdorfer Straße rollten in endloser Folge Lastwagen mit verkohlten, verwesenden menschlichen Überresten der Bombennächte, die einen pestartigen Gestank verbreiteten. Irgendwo in der Stadt schaufelten Greifbagger die nicht mehr zu identifizierenden Leichen in Massengräber. Das Gespenst der Seuchengefahr ging um.

Zwei Tage später, als ich mich mit einer Zeichnung abmühte, hörte ich plötzlich: „Hallo, Hilde!"

Ich fuhr hoch wie elektrisiert. Da stand Max, von einem Ohr zum anderen grinsend. „Mensch, Max!" rief ich überwältigt. „Wir hatten dich aufgegeben!"

Er berichtete, daß er in einem Keller vor der Flammenhölle Zuflucht gesucht hatte, nachdem er von Jürgen getrennt worden war, und daß er dort verschüttet wurde. Mit bloßen Händen hatte er sich unter fünf Häusern hindurch ins Freie gegraben. „Na ja", sagte er. „Erstmal mußte ich über den Schreck wegkommen, und dann folgten endlose Laufereien, um wieder ein Dach über dem Kopf und die nötigsten Klamotten zu kriegen."

Er freute sich riesig, daß auch Jürgen die Katastrophe heil überstanden hatte.

Am 24. August versammelte sich die ganze ATF-Belegschaft in der großen Montagehalle: Kriegsverdienstkreuze wurden verteilt. Unsere Putzfrau bekam auch eins – war das nun zum Lachen oder Weinen?

Natürlich war es eine Hundearbeit gewesen, wieder Grund in den verschmutzten Laden zu bekommen. Ein paar hundert Mark oder drei Wochen Sonderurlaub, am besten beides, hätte ich prima und reichlich verdient gefunden. Aber ein Orden?

Bruno und Ernst gehörten auch zu den Auserwählten. Sie hatten Nachtwache gehabt, als es die ATF erwischte, und hatten ein halbes Dutzend Brandbomben gelöscht. Sonst wäre das Haus nur noch ein Schutthaufen. Sobald sich ein Feuer ausbreitete, wäre es zu spät gewesen, denn es gab kein Wasser.

„Die Chefin kommt", meldete jemand. Alle verstummten. Mitten in die Stille fragte Bruno trocken: „Na, Ernst, hast du auch deine Heldenbrust gewaschen?"

Schwer getroffene Häuser wurden jetzt gekennzeichnet. Eine kaputte Scheibe bedeutete „geschädigt", ein Kreuz „total zerstört", in schwarzer Farbe „betretbar" in roter „nicht zugänglich wegen Einsturzgefahr". Die Zeitung versorgte uns neuerdings mit altbekannten Ratschlägen, zum Beispiel über gute Tischmanieren, schonende Behandlung der Wäsche strecke die Seifenkarte und Pellkartoffeln bedeuten weniger Verlust als Schälkartoffeln. Außerdem warnte

„Kohlenklau" vor unnützem Verbrauch von Strom, Gas und Heizmaterial.

Ich bekam eine sechzehnjährige Hilfskraft, die entrüstet die Nase rümpfte, wenn sie zum Besen greifen sollte. Dabei waren schon wieder einige der erneuerten Scheiben zerteppert, und es war unglaublich, wieviel Staub durch die provisorisch vernagelten Fenster drang. Die Chefin hatte ausfindig gemacht, daß sich meine Kollegin Lieselotte in Kiel aufhielt und ließ sie durch die Polizei zurück nach Hamburg bringen. Das tat mir für sie leid, aber ich war trotzdem froh darüber. Schließlich mußten wir alle Kriegshilfsdienst leisten.

Anfang 1944 wurde ein Personalchef im Zeichenbüro einquartiert. Die Firma brauchte ihn nicht, es handelte sich um eine Hilfsaktion der Chefin, nachdem die Nazis ihn kaltgestellt hatten. Eines Tages kamen zwei Kriegsgefangene zu ihm, Franzosen, die im Montagebau arbeiteten und im Keller kampierten. Jetzt konnte ich meine paar Brocken Französisch aus der Versenkung zutage fördern und mich als Dolmetscherin betätigen. Ich verstand, daß sie Löffel brauchten, und daß Emile, der ältere, keinen Mantel hatte und ständig fror. Deutschland war so kalt! Ob vielleicht eine Möglichkeit bestünde ...?

Ich übersetzte, und der Personalchef versprach, sich der Sache anzunehmen. Blechlöffel waren kein Problem, die konnten sie gleich haben. Schon zehn Tage später strahlte Emile: Die Chefin hatte ihm einen Mantel beschafft.

Danach kamen die Franzosen jetzt immer zu mir, wenn sie ein Anliegen hatten. Bei Alarm beschlagnahmten sie mich jedesmal im Keller, sie waren froh, mit jemandem sprechen zu können. Die Verständigung klappte ganz gut. Als ich sie bedauerte, daß sie in diesem ungemütlichen Raum einquartiert waren, wehrten sie ab. Es sei zehnmal besser als im Lager, auch das Essen, das ihnen die Putzfrau auf einer Kochplatte zusammenbruzzelte. Die beiden waren nette Kerle und für mich bei den Aufenthalten im Keller eine willkommene Ablenkung.

Inzwischen wurde die allgemeine Lage immer trostloser, die Witze immer bitterer, etwa: Kennst du den Unterschied zwischen Adolf Hitler und der Sonne? Nein?

Die Sonne geht im Osten AUF.

Und: Zarah Leander ist jetzt beim Führer angestellt. Sie muß ihm täglich ihren neuen Schlager vorsingen. Diesen neuen Schlager kannte jeder. Er begann: „Ich weiß, es wird einmal ein Wunder gescheh'n ..."

In seiner Neujahrsansprache behauptete Adolf Hitler unverdrossen: „1945 wird ein Jahr der geschichtlichen Wende!" Damit sollte er recht bekommen, nur anders, als er es meinte. Im Frühjahr kam die Nachricht von seinem Tod. Ich hatte schon gedacht, der Kerl sei überhaupt nicht umzubringen. Was mochte sein Tod für Konsequenzen haben?

Wenn er doch das Ende dieses Krieges bedeuten würde!

Unser Gauleiter Kaufmann übergab Hamburg am 3. Mai 1945 kampflos. Wem die soldatische Ehre geböte weiterzukämpfen, der habe hierzu außerhalb der Stadt genug Gelegenheit. Damit waren die Kampfhandlungen beendet und das Kriegsende nicht mehr fern.

*(Weitere **ZEITGUT**-Beiträge dieser Autorin sind im Autorenverzeichnis am Ende des Buches vermerkt.)*

[Bad Pyrmont, Niedersachsen – Lüdge, Westfalen; 1943]

Ursula Sonnemann

„Sie hatten doch auch eine Mutter"

Eine sternenklare Nacht im Herbst 1943. Wie immer heulte die Sirene. Erst gab es Voralarm, dann Vollalarm, und die Menschen suchten die Luftschutzkeller auf.

Die Informationen des Rundfunks lauteten: Starke Bomberverbände fliegen die Hauptstadt Berlin an. Sie flogen oft. Bei Tage zogen sie wie kleine silberne Fische in großer Höhe durch unseren Luftraum. Bei nächtlichen Großangriffen zeigte sich der dunkle Himmel in Richtung Hannover oder Kassel in einem gespenstischen Rot.

Bei solchen Angriffen wurde oft eine Bomberfestung durch Flugabwehr oder Jäger von ihrem Verband abgetrennt. Von diesen Flugzeugen ging eine gewisse Gefahr aus, denn sie versuchten, sich ihrer Bombenlast zu entledigen, indem sie sie aufs flache Land warfen.

Mein Heimatort Bad Pyrmont war zur Lazarettstadt erklärt worden, und so fühlten wir uns vor Angriffen in gewisser Weise sicher. Als ich in dieser Nacht hinaus vor die Luftschutztür trat, hörte ich in weiter Entfernung Bomben einschlagen. Ich sah plötzlich einen Feuerball am Himmel, vernahm lautes Motorengeräusch, dann einen dumpfen Knall. Ich wußte, es war ein Flugzeug abgestürzt.

Am nächsten Morgen erfuhren wir, daß der Absturzort etwa sieben Kilometer von unserer Stadt entfernt in der Nähe von Lügde lag. Meine Freundin Ilse und ich beschlossen, den

Ort aufzusuchen. Ich fuhr mit dem Fahrrad, Ilse besaß keines und ging deshalb zu Fuß. Als ich nach einer Straßenbiegung das Wrack entdeckte, war ich schockiert: Gigantisch ragte ein Flügel in die Luft, der Rumpf zeigte Brandspuren, der andere Flügel lag zertrümmert im Gelände, Bäume waren geknickt, Baumwipfel abrasiert.

An diesem Ort der totalen Zerstörung begegneten wir fünf Frauen. Sie hatten bereits sieben weiße Bettücher über die toten Flieger gedeckt, die zwischen Farnen und im Unterholz des Waldes lagen, und waren nun gerade damit beschäftigt, auf jedes Tuch einen wunderschönen bunten Herbstblumenstrauß aus Dahlien und Astern zu legen.

Ich war fassungslos!

Aufgrund meiner nationalsozialistischen Erziehung konnte ich ihr Tun einfach nicht verstehen. Es waren doch unsere Feinde, die da lagen!

Ich ging auf die Frauen zu und fragte: „Warum machen Sie das?"

Sie antworteten schlicht: „Sie hatten doch auch eine Mutter."

„Aber es sind unsere Feinde."

„Im Tode sind alle gleich."

Diese Antwort beeindruckte mich zutiefst. Ich gab ihnen recht und begann, mich zu schämen. Als die Frauen gemeinsam das Vaterunser sprachen, betete ich mit.

Es war ein großes und ergreifendes Erlebnis für mich, daß fünf namenlose deutsche Frauen stellvertretend für sieben englische Mütter den gefallenen Söhnen ein Gebet sprachen und mir jungem Mädchen ein Beispiel der Menschlichkeit gaben, so ganz selbstverständlich, und das mitten im Dritten Reich.

*(Weitere **ZEITGUT**-Beiträge dieser Autorin sind im Autorenverzeichnis am Ende des Buches vermerkt.)*

[Leeheim, heute zu Riedstadt, Hessen;
24. Juni 1942]

Irmgard Hansen

„Die Ukrainer kommen!"

Am 24. Juni hatte ich meinen 18. Geburtstag, und im Lager
war es Sitte, das Geburtstagskind mit einem Lied zu wek-
ken. Noch halb schlafend hörte ich ein Getrappel im Raum
und dann erklang auch schon das schöne, alte Volkslied:

> „Wenn kühl der Morgen atmet,
> gehn wir schon auf grüner Au
> mit rotbeglänzter Sens'
> und mäh'n die Wies' im blanken Tau.
> Wir Mäher, tandaradei,
> wir mähen Blumen und Heu ..."

„Herzlichen Glückwunsch, viel Glück, mach's gut im neu-
en Jahr ..." Umarmung, Wangenküßchen. Ich fand mich um-
ringt von lachenden Mädchen, die wie ich in Leeheim in Hessen ihren Reichsarbeitsdienst versahen, und fühlte den festen Händedruck der Führerin vom Dienst. Sommerwetter
draußen, blauer Himmel mit Haufenwolken bei strahlender
Sonne.

Der weitere Verlauf des Tages wie gewohnt: Frühsport, Fahnenappell, Frühstück, dazwischen Waschen und Ankleiden.

Mein Platz im Speisesaal war mit Feldblumen geschmückt
und eine Karte lehnte an der Kaffeetasse: die Fotografie der
Skulptur „Gäa" von Bildhauer Scheuerle. Als ich die Karte
umdrehte, las ich den Spruch:

„Vor allen Dingen die größte Selbstachtung. Nichts Gemeines tun, Leib und Seele reinhalten. Sich stets beherrschen; selbstlos, heiter und mutig sein. Sich sagen, daß gerade, aufrechte Haltung auch die Äußerung einer aufrechten, geraden Seele ist. "

Dieser Spruch stammte aus dem Buch „Volk ohne Raum" von Hans Grimm*) und stand im Kapitel „Der Zug des Hauptmanns von Erkert". Wir hatten dieses Kapitel in der Schule gelesen, und dieser Satz stand in den Tagebuchaufzeichnungen des Hauptmanns. Damals wollte ich mir diesen Satz zum Wahlspruch nehmen, und nun stand er auf der Geburtstagskarte der Lagerführerin!

Dieser Spruch ging eigentlich noch weiter, und mein Wahlspruch war er in seiner Ganzheit: „Bleibe nie im Schmutz. Auch der Beste kann gelegentlich hineingeraten, aber darin zu bleiben, braucht niemand".

Mittlerweile war die Lagerführerin im Speisesaal erschienen, und ich eilte ihr mit Tränen in den Augen entgegen: „Danke für den Spruch", und ich reichte ihr die Hand.

„Gefällt er Ihnen?" fragte sie lächelnd.

„O ja, ich kenne ihn. Er stammt aus ‚Der Zug des Hauptmanns von Erkert' im Buch ‚Volk ohne Raum'."

Die Führerin sah mich erstaunt an. Welch Glückskind war ich doch, solch eine einfühlsame und liebe Führerin bekommen zu haben!

Ich war als Arbeitsmaid dem Bauernhof von Müllers zugeteilt. Sie wußten nicht, daß ich meinen 18. Geburtstag hatte, und dabei sollte es auch bleiben.

Heute gab es bereits am Vormittag eine Fahrt ins Heu. Herr Müller war mit dem Heuraffer schon auf der Wiese,

---

*) deutscher Schriftsteller und Publizist (1875-1959). Der Titel seines Romans „Volk ohne Raum", 1926 erschienen, wurde das Motto der nationalsozialistischen Expansionspolitik.

Das Foto zeigt mich, die Arbeitsmaid Irmgard Dunkel, im Sommer 1942 vor einer Baracke im RAD-Lager Leeheim in Hessen.

und ich fuhr mit Gretel, um Heu einzufahren. Das war wirklich eine Geburtstagsfreude, denn die Heuernte liebte ich wegen des köstlichen Heuduftes von allen Erntearbeiten am meisten! Dazu kam jetzt noch die Fahrt durch die idyllischen Auen des Altrheines. Die Sonne schien sehr warm, aber in den Auen wehte ein leichter Wind.

Nach dem Aufladen des Heus lenkte Gretel die Fuhre heimwärts, während der Vater mit dem Heuraffer hinterherkam. Sie überließ mir zu meiner Freude streckenweise die Zügel, und das Pferdchen verhielt sich brav!

Auf dem Hof angekommen, luden wir ab und wollten am Nachmittag das restliche Heu einfahren. Doch die Bäuerin hatte eine Nachricht erhalten: „Heute abend kommen die Ukrainer, un mer hawwe noch nix für se fertig im Zimmer!"

„Die Ukrainer?" fragte ich.

„Ja", sagte Gretel wichtig, „Mer kriesche en ukrainisch Ehepaar zum Arbeite uf de Hof."

„Irmgard, se müsse heut nachmittag hierbleiben un das Speicherzimmer für dere Leut richte", beschied Frau Müller.

Nach dem Mittagessen stieg ich mit Frau Müller zum Speicher hinauf, wo ich einen Raum vorfand, den man wohl jahrelang nicht bewohnt hatte. Überall Staub und Spinnweben, ja ganze Spinnennester! Das Zimmer war mit Möbeln und allerlei Gegenständen vollgestopft, ein richtiger Abstellraum!

„Mache se's irgendwie bewohnbar", meinte die Hausfrau. Das gab ja allerhand Arbeit! Aber auch eine Freude, den Menschen, die von so weit herkamen und sicher erschöpft von der Reise waren, eine hübsche Unterkunft einzurichten.

Als erstes brachte ich alles Bewegliche auf den Speicherraum, schleppte Matratzen und Bettzeug in den Garten und klopfte alles aus. Die Sonne würde den muffigen Geruch schon entfernen. Dann Gardinen abnehmen, waschen, trocknen, später nach Säuberung des Zimmers, Spinnweben abfegen, Möbel abstauben, Spiegel putzen, Waschgeschirr säubern und mit Wasser füllen – fließendes Wasser gab es nicht –, Fenster putzen und Boden aufwischen.

Den Nachmittagskaffee trank ich im Vorbeigehen in der Küche. Die Zeit drängte, denn um 18 Uhr mußte ich im Lager sein und deshalb etwa 15 Minuten vorher hier aufbrechen.

Die Bäuerin saß in der kühlen Stube und strickte. Sie kümmerte sich nicht um meine Arbeit, stand nur auf, um mir Bettwäsche und Handtücher auszuhändigen.

Bald war mir klar, daß ich das Lager nicht pünktlich würde erreichen können, und so lief ich zum Nachbarhof hinüber, um der dort werkelnden Arbeitsmaid Bärbel meine wahrscheinliche Verspätung mitzuteilen. Sie solle Frau Kitz, der Führerin, den Grund melden, Ukrainer würden erwartet, das Zimmer muß von mir für sie hergerichtet werden.

Nun Endspurt: Betten hereinholen, Wäsche überziehen, Gardinen bügeln und aufhängen (Scheibengardinen und kleine bunte Übergardinen). Aber da lagen ja noch die Bettvorleger! Schnell wieder in den Garten, um diese auszuklopfen. Fertig! Ich betrachtete mein Werk: Ein schmuckes, sauberes Zimmer! Etwas fehlte!

Ein Blumenstrauß! Ein Blumenstrauß würde die Ukrainer erfreuen und ein Schälchen Beeren dazu! Beides holte ich aus dem Garten. Ins Fenster rauschte die große Linde des Hofes herein, hier würde ich sogar gerne einziehen!

Wie spät? 18.30 Uhr! Nun aber schnell!

Flüchtig winkte ich Frau Müller in der Küche ein „Auf Wiedersehen!" zu, begegnete am Tor Vater Müller und Gretel mit dem vollbeladenen Heuwagen und rannte dem Lager zu. Man nahm dort gerade das Abendessen ein, als ich mich verschwitzt, mit schmutzigem Kleid, die schmutzige Schürze unter dem Arm, aber strahlenden Gesichtes bei der Führerin zurückmeldete.

„Wo kommen Sie so spät her? Wie sehen Sie aus?" fragte Frau Kitz mit eisig-blauem Blick. „Wie können Sie in diesem Aufzug über die Straße gehen?"

„Aber ... hat Bärbel mich nicht entschuldigt? Ich hab' das Zimmer für die Ukrainer ..."

„Ich will gar nicht wissen, was Sie getan haben. Für mich zählt nur, daß Sie unpünktlich und in verwahrlostem Zustand hier bei Tisch erschienen sind! Verschwinden Sie, säubern Sie sich, vielleicht gibt's in der Küche noch was für Sie! Um 20 Uhr ist Singen, seien Sie da wenigstens pünktlich!"

Kleine Freuden im Lageralltag. Eine Maid im Reichsarbeitsdienstlager „Waldeck" in Jebenhausen, heute zu Göppingen gehörig.

Streng und kalt blickte dabei die geliebte Führerin. Was hatte ich nur verbrochen?

Andere Maiden waren doch auch hin und wieder zu spät gekommen, und das hatte sie hingenommen ohne Rüge.

„Ich will gar nicht wissen, was Sie getan haben ..."

Warum wollte sie es nicht wissen? Weil ich mir nicht für Deutsche, sondern für Ukrainer die Zeit genommen hatte?

Die Tatsache, für eine gute Tat bestraft, so kalt und ablehnend behandelt zu werden, schmerzte mich sehr, und dazu noch von einer von mir verehrten Person. Ein Gefühl, ungerecht behandelt worden zu sein, überschwemmte mich, und ich brach in Tränen aus, als ich zur Schlafbaracke ging. Nun kam auch die Müdigkeit nach der großen körperlichen Anstrengung dazu und ein Schluchzen schüttelte mich.

Niemand, niemand war da, dem ich mich anvertrauen konnte, der mich hätte trösten können. Alle Kameradinnen hatten still und folgsam am Tisch gesessen. War es ein Verbrechen, den Ukrainern das Zimmer zu richten?

Mein Schmerz schlug fast in Wut um, und in dieser trostlos-wütenden Stimmung betrat ich den Schlafsaal.

Aber was sah ich hier?

Auf meinem Hocker stand ein Rosenstrauß! Rosarote Bauernrosen!

Davor machte sich eine große mit Pudding gefüllte Schüssel breit. An diesen mit Erdbeeren verzierten Pudding war eine Karte angelehnt. Darauf ein Blumenstrauß und mit ungelenk geschriebenen Buchstaben:

„Ein Geburtstagsgruß von Familie Friedrich."

Mit meiner Fassung war es nun vollends vorbei, ich schluchzte und weinte stärker, holte einen Löffel aus dem Spind, probierte den Pudding vom Rande aus. Als ich bemerkte, daß sich auch im Inneren Erdbeeren befanden, die Lieblingsvariation eines Vanillepuddings für mich, da aß ich langsam diese Köstlichkeit auf. Die Tränen versiegten und auch das Schluchzen wurde durch das Schlucken gebremst. Nun ging

es mir wieder gut. Das Essen aus der Küche brauchte ich gar
nicht. Der Pudding sättigte und tröstete mich gleichermaßen!
Da bemerkte ich auch ein Päckchen mit dem Absender
meiner Eltern. Schnell geöffnet, präsentierte es ein großes
Marzipanbrot und noch ein kleines sowie einen Marmorku-
chen und ein Buch. Mutti schrieb, daß daheim ein Kleider-
stoff für ein Kostüm auf mich warte. Vielleicht käme dazu
auch Angorawolle, die irgend jemand aus Frankreich mit-
bringen würde, die aber noch nicht eingetroffen sei. Die ganze Familie wünschte Glück. Mutti fragte nach meinem Urlaub und gab den Termin an, wann meine Familie Ferien im
Sauerland verbringen wollte. Doch natürlich möchten sie alle
gerne zu Hause sein, wenn ich käme! Die Eltern freuten sich
über meinen Entschluß, Ärztin zu werden, und mein Vater
schrieb unter Muttis Brief einige Zeilen dazu.

Im Brief stand noch, daß Bomben in Hilden gefallen seien
und in einer Spinnerei ein großes Feuer ausgebrochen wäre
und viele Fabrikhallen zerstört habe. Weil der Angriff, der vorwiegend aber Düsseldorf gegolten habe, nachts stattfand, sei-
en bei dem Fabrikbrand keine Menschen zu Schaden gekommen.

Ach ja, der Krieg! Beinahe hätte ich ihn hier auf dem ruhigen Lande, wo es bisher noch keinen Fliegeralarm gegeben
hatte, vergessen! Wir kamen ja nur durch den täglichen Wehr-
machtsbericht und die Schilderungen von daheim oder in
Feldpostbriefen mit dem Krieg in Berührung.

Aber nun lief ich erst einmal zum Säubern in den Wasch-
raum, zog die Feierabendkleidung an. Sodann schnitt ich
elf Stückchen Kuchen und elf Scheiben Marzipan ab und
verteilte beides auf die elf Betten. Da hörte ich auch schon
das Getrappel auf dem Plattenweg und herein stürmten
meine Schlafgenossinnen, begrüßten mit Jubel Kuchen und
Marzipan, umarmten mich und riefen: „Du hast doch net
etwa geweint? Mach dir doch da nix draus! Die Kitz kann
schön schimpfe und du hast dir die viele Arbeit gemacht!"

Ernestine kam leise herbei, strich mir über den Kopf: „Mußt net weinen ..."

Und da kamen schon wieder die Tränen. Obgleich ich das Gesicht schon mit Wasser gekühlt hatte, zeigte es mir im Spiegel gerötete und geschwollene Augen, denn ich konnte nie weinen, ohne daß es noch lange sichtbar war. Wie machten dies nur die anderen Mädchen, denen man nie ansah, wenn sie kurz vorher geweint hatten?

Da rief plötzlich jemand von draußen: „Irmgard, Telefon im Büro!"

Das waren sicher die Eltern, und so eilte ich schnell zum Büro in der Führerinnenbaracke. Da stand auch schon Frau Kitz, zeigte auf das Telefon: „Ihre Eltern", und setzte sich mit einem Buch in die Ecke des Zimmers.

Mein Vater sprach zuerst, wünschte Glück, fragte, ob ich den Tag gut verbracht habe, ob ich das Päckchen erhalten hätte. Auch meine Mutti fragte noch einmal danach. Da ich auf alles nur lakonisch mit „Ja" antwortete, meinte Mutti: „Nun erzähl doch mal richtig!"

„Ich weiß nichts, auch nicht, wann ich Urlaub bekomme."

„Na, wir müssen Schluß machen, vielleicht besuct Vati dich bald", sagte Mutti und hing ein.

Um vieles freundlicher geleitete mich Frau Kitz zur Tür, meinte, ich hätte sicher ein Päckchen von daheim erhalten.

„Ja", sagte ich nur, wandte mich ab, weil es mir schon wieder heiß in die Augen stieg, und die Führerin sollte mich doch nicht weinen sehen!

Die Maiden waren bereits zum Singen mit Fräulein Weber im Saal versammelt, und da konnte ich alle meine Kümmernisse loswerden! Wie sagte doch der Dichter Eichendorff?

> *„Viele Boten geh'n und gingen*
> *zwischen Erd- und Himmelslust,*
> *solchen Gruß kann keiner bringen,*
> *als ein Lied aus frischer Brust!"*

Beim Fahneeinholen wurde heute das Lied „Gute Nacht, Kameraden" von Hans Baumann gesungen:

„Gute Nacht Kameraden,
bewahrt euch diesen Tag!
Die Sterne rücken aus den Tannen
empor ins blaue Zelt
und funkeln auf die Welt,
die Dunkelheit zu bannen.

Gute Nacht, Kameraden,
bewahrt euch ein festes Herz
und Fröhlichkeit in euren Augen,
denn fröhlich kommt der Tag
daher wie Glockenschlag
und für ihn sollt ihr taugen."

Ein festes Herz wollte ich mir bewahren, wenn auch die Welt es zu erschüttern versuchte.

Beim Gute-Nacht-Sagen drückte Frau Kitz fest meine Hand und sah mich freundlich an. Wir sprachen nie über diese Ukrainer-Angelegenheit.

An jenem Abend aber malte ich mir beim Einschlafen aus, wie gut und geborgen diese Menschen jetzt in ihren frischen Betten lagen, und wie der Duft der Lindenblüten durchs Fenster hereinströmte und sie im fremden Land begrüßte!

*(Weitere **ZEITGUT**-Beiträge dieser Autorin sind am Buchende vermerkt.)*

[Weimar/Ilm – Erfurt, Thüringen –
Blankenburg, Harz;
1940 – 1943]

Gerdi Schamp

Das Blumenmädchen

In den Jahren 1940 bis 1943 war ich Lehrmädchen beim Blumenhaus Hennig in Weimar, das gleich neben der Friedhofs-
mauer gelegen war. Auch hier machten sich die kärglichen
Kriegszeiten bemerkbar. Häufig habe ich Grün und Draht
von alten Kränzen holen müssen, weil es kein Material gab,
um neue zu binden. Und wie oft mußte ich die schweren Krän-
ze in letzter Minute vor der Trauerfeier keuchend den steilen Weg zum Krematorium hinaufschleppen!

Ein Blumenstrauß gefährdet den Führer

Eines Tages waren alle in heller Aufregung. Das Gerücht
ging wie ein Lauffeuer von Mund zu Mund: Adolf Hitler ist
in Weimar und kommt an unserem Geschäft vorbei! An diesem Tag hatte ich gerade einen herrlichen Blumenstrauß aus
unserem Garten mitgebracht, weil es oft nur wenige Blumen gab. Ich dachte gleich: Den bekommt der Führer!

Dann warteten wir gespannt auf sein Erscheinen.

Und wirklich, es kam eine Autokolonne: Zuerst SS-Fahr-
zeuge und dann der bekannte offene Wagen Hitlers. Doch
alles ging so schnell, daß mir nichts anderes übrigblieb, als
ihm meinen Strauß ins Auto zu werfen. Das hätte ich lieber
nicht tun sollen, denn kurze Zeit später erschien die Polizei!
Sie beschuldigte mich der Personengefährdung. Auch der
Chef wurde mit in diese Sache hineingezogen. Peinlich, pein-

lich! Mein Herz schlug wild. Nur knapp entkam ich einer Strafe. Es blieb bei einer Verwarnung. Später, als der Krieg fortschritt und immer mehr Verwundete in unser Sophien-Krankenhaus eingeliefert wurden, gab sich meine Hitler-Verehrung.

„Jonny, vergiß doch deinen Schmerz!"

Das Krankenhaus war nicht weit von unserem Geschäftes entfernt. Wenn ich Blumen hinbrachte, kam ich an der Veranda vorbei, auf der bei schönem Wetter die Verwundeten lagen. Ich weiß nicht mehr, ob es auf Veranlassung der Leitenden Schwester geschah, jedenfalls kam ich mit einem Verwundeten ins Gespräch und sah in ein verhärmtes, bleiches Gesicht. Der Soldat hatte beide Beine verloren und sprach so leise, daß, ich ihn kaum verstehen konnte. Er war Ostpreuße, ein Bauernsohn, der tatkräftig im Leben gestanden hatte und mit seiner Heimat sehr verbunden war. Was sollte nun aus ihm werden? Was für einen Sinn hatte das Leben noch für ihn?

Er hatte keine Nachricht von seiner Familie und wirkte so schwach und hilflos, daß ich versprach, ihn wieder zu besuchen. Ich fühlte mich elend vor so viel Leid.

Am darauf folgenden Sonntag holte ich ihn ab und fuhr mit ihm zu einem Mädchenpensionat. Dort führten die Schülerinnen sehr schöne Theaterstücke auf, die sie für verwundete Soldaten einstudiert hatten. Viel sprechen konnte ich mit meinem Schützling nicht, denn ich hatte Mühe, den Rollstuhl bergauf zu schieben. Das Pensionat hatte einen wunderschönen Garten mit einer großen Wiese, die von Bäumen eingefaßt war. Eine herrliche Kulisse für ein Theaterstück.

Gespannt schauten die Gäste den schönen jungen Mädchen zu, die sich so anmutig in ihren Kostümen bewegten. Ich konnte nicht sehen, was in meinem Schützling vorging, denn ich stand hinter dem Rollstuhl. Und so blieb auch ihm verborgen, was sich auf meinem Kopf abspielte. Ein Vögelchen war in meinem Haar gelandet. Ich spürte die kleinen

zarten Krallen und hielt ganz still. Sicher war es ein junges
Tier, das seine Flügelchen erst ausprobierte und erschrok-
ken über die vielen Menschen in meinen Locken eine Pause
machte. Es ruhte sich aus, bis es genug Kraft hatte, wieder
davonzufliegen. Dieses kleine Erlebnis habe ich als unglaublich bewegend empfunden. So sind Freud und Leid oft dicht
beieinander.

Meinen ostpreußischen Soldaten sollte ich nicht wiedersehen. Ein Kamerad, der uns nach der Vorstellung traf, nahm
ihn mit zurück ins Lazarett. Als ich einige Tage später nach
ihm fragte, war er nicht mehr da. Sein leidvolles, verhärmtes Gesicht steht mir noch immer vor Augen..

Im Herbst ernteten wir viel Obst von den Bäumen der Gärtnerei. Elfriede, unsere Blumenbinderin, Hertha, die aus dem
Reichsarbeitsdienst entlassen worden war und wieder im Geschäft arbeitete, und ich, der Lehrling, packten unsere Taschen voll und brachten die Früchte in jenes Lazarett, das in
einer Berufsschule untergebracht war. Wir drei verstanden
uns gut, und so waren wir auf diesen Gedanken gekommen,
den immer zahlreicher ankommenden Verwundeten eine Freude zu bereiten. Die Männer freuten sich sehr, denn frisches
Obst war immer willkommen. Zum Dank sangen sie uns das
Lied vom Jonny. Selten, hat mich ein Lied so ergriffen:

> *„Jonny, warum weint dein Herz,*
> *aber Jonny, vergiß doch deinen Schmerz!"*

Die letzten zwei Zeilen sangen sie immer zweistimmig. Es
klang wunderschön und brachte ihre ganze Schwermut und
Sehnsucht zum Ausdruck. Es ist eines meiner liebsten Lieder geworden. Wenn ich es höre, sehe ich die Männer im Lazarett wieder vor mir.

Gern denke ich auch an die Zeichenkurse des Malers En-
gelbert Schoner an der Kunsthochschule, die er für Soldaten, junge Menschen und alle, die Interesse am Zeichnen und

Von 1940 bis 1943 war ich Lehrmädchen im Blumenhaus Hennig in Weimar. Das Foto schenkte mir eine Schülerin der Kunsthochschule.

an Kultur überhaupt hatten, hielt. Er war vom Kriegsdienst zurückgestellt worden. Der Weg dorthin war sehr weit. Ich frage mich oft, wie ich es geschafft habe, nach einem arbeitsreichen Tag noch zwei Stunden zu sitzen und – oft mit knurrendem Magen – zu zeichnen. Aber es war eine schöne Gemeinschaft, die leider endete, als die Bombenangriffe auf Weimar immer häufiger wurden.

Mit dem Herbst kam auch die frühe Verdunklung. Kein Lichtschimmer war in finsteren Nächten zu sehen, Fenster und Türen waren verhangen, keine Laternen wiesen den Weg. Unheimlich war es, über die Schaukelbrücke zu gehen, die über die Ilm führte. An einem düsteren, aber schwülen Abend kam ich spät von der Arbeit und ging durch den Park nach Hause. Man sah keine Hand vor Augen, und nur wenige Konturen zeichneten sich am Nachthimmel ab. Vorsichtig tastete ich mich vorwärts, um nicht vom Weg abzukommen. Ich hörte auf jedes Geräusch und versuchte, so leise wie möglich zu sein. Plötzlich vernahm ich eine schöne Männerstimme, blieb gebannt stehen und horchte in die Nacht:

> *„Mamatschi, schenk mir ein Pferdchen,*
> *ein Pferdchen wär' mein Paradies."*

Das Lied kannte ich nicht! Es wurde aber mit soviel Innigkeit gesungen, daß es mich tief berührte. Sicher sang es ein junger Soldat, der weit weg von zu Hause, an seine Mutter und seine Kindheit dachte. Vielleicht war auch er schon mit 17 oder 18 Jahren eingezogen worden, wie meine Schulkameraden Wolfgang und Roland, hoffnungsvolle junge Menschen, die wir in der Schule angehimmelt hatten. Gefallen! Mein Herz krampfte sich zusammen, wenn ich ihren gebeugten Eltern begegnete. Auch das Lied von Mamatschi kann ich nicht vergessen.

Ein trauriger Weihnachtsabend

Die Zeit verging. Wir arbeiteten schon für den Totensonntag, nächtelang. Warum hat mein Vater das zugelassen? Wahrscheinlich für das bißchen Essen, das ich in der Gärtnerei bekam. Jede Nacht fuhr ich mit dem Fahrrad nach Hause, ging bei Schnee und Eis aber auch oft zu Fuß. Vater saß im Sessel und wartete auf mich. Meistens war er über einem Buch eingeschlafen.

In einer Nacht gab es wieder Alarm. Ich rannte den weiten Weg aus der Stadt nach Hause. Hinter mir erleuchteten „Christbäume", diese gefürchtete Leuchtmunition der alliierten Flugzeuge, den Himmel. Erfurt wurde bombardiert. Ich hörte die Einschläge. Das war ein endlos scheinender Weg mit tausend Ängsten!

In der Advents- und Weihnachtszeit war im Geschäft allerhand zu tun. Viele Bestellungen kamen von der Front für die Lieben zu Hause. Oft war es schwierig, Blumen zu beschaffen, aber der Chef, ein treuer Nazi, hatte gute Beziehungen zu Großhändlern und Zulieferbetrieben. Am Heiligen Abend mußte ich so viele Aufträge ausliefern, daß ich noch in dunkler Nacht zu Kunden ins Nachbardorf unterwegs war.

Enrico, unserem Friedhofsgärtner, ging es nicht besser. Gerade als er müde nach Hause gehen wollte, kam der Chef mit einem neuen Auftrag. So wütend hatte ich Enrico noch nie gesehen. Er fluchte ganz entsetzlich auf Italienisch. Ich versteckte mich rasch hinter einer hohen Palme, weil ich lachen mußte. Er hätte mir sicher eine geklebt, wenn er es gemerkt hätte. Er war sonst ein lieber Kollege, der zu uns gekommen war, nachdem er als Deutsch-Italiener aus dem Dienst bei den Alpenjägern entlassen worden war. Der Chef hatte seinen Einfluß geltend gemacht. Enrico hatte eine gute Stimme und sang oft mit uns, wenn wir im Keller arbeiteten. Drei Mädchen und ein Mann, das klang wirklich schön, und es half uns, die Abende bei aller Müdigkeit leichter zu überstehen. Enrico war ein ansehnlicher Mann mit kleinem Bärtchen und schier himmelblauen Augen. Wie oft hat er mich zusammen mit dem Obergärtner geneckt, wenn ich am Gewächshaus vorbeiging: „Gerdi, ich kann ein schöner Lied!"

Natürlich wollte ich es hören! Was sang er?

„Tirol, Tirol!" So ging es viele Male und sie hatten ihren Spaß, wenn ich wieder darauf hereingefallen war.

Jetzt aber war er wütend, und mir war auch zum Heulen

*Dieses Foto zeigt links unsere Blumenbinderin Elfriede, unseren
deutsch-italienischen Gärtner Enrico und mich, das Lehrmädchen.*

zumute. Mutter und Schwester warteten auf mich, aber für
mich gab es keinen Weihnachtsabend. Ich saß im Geschäft
und weinte vor Erschöpfung. Mein Vater versah auch an diesem Abend seinen Dienst bei der Flak, obwohl er so unbehol-
fen war, nachtblind und schwerhörig. Aber er war wenigstens
in der Nähe. So oft es ging, besuchte ich ihn, denn wir lieb-

ten ihn sehr und nahmen manches auf uns, um ihn zu sehen. Kurz vor Kriegsende wurde er mit 59 Jahren noch zum Volkssturm eingezogen.

Narzissen statt Nizzaveilchen

Bei einem Treffen von Hitler und Mussolini in Weimar waren wir beauftragt worden, das Nationaltheater, das noch wunderschön mit roten Sesseln und dem herrlichen Kronleuchter ausgestattet war, zum Empfang zu dekorieren. Mit Feuereifer stellten wir Blumenschalen mit blauen Iris und anderen Blumen im Eingangsbereich und in den Nischen auf und steckten Blüten. Bei der Parade knallten die Stiefel der schmucken Italiener in schnellem Rhythmus auf das Pflaster. Natürlich waren alle jungen Mädchen begeistert. Die Italiener waren in der Jugendherberge auf dem Hypothekenhügel untergebracht, in der sonst die Hitlerjugend ihr Quartier hatte.

Ein andermal hatten wir den Auftrag, für einen Staatsbesuch einen Strauß mit 400 lila Tulpen zu binden. Das war eine Arbeit! Wir bekamen alle Krämpfe in den Armen und waren froh, als wir damit fertig waren.

Anfangs kamen die aus starken Halmen flach geflochtenen Blumenkörbe noch aus Italien. Ich packte sie gern aus! War das ein Duft! Alle Blumen mußten angeschnitten und ins Wasser gestellt werden, damit sie sich von der langen Reise erholten. Was kam da alles zum Vorschein: Nizzaveilchen, Maiblumen, Mimosen, rosa Nelken, Freesien und anderes mehr. Es war eine Pracht! Nizzaveilchen dufteten nicht, sahen aber sehr schön aus und waren größer als unsere Veilchen.

Als der Krieg weiter fortschritt, gab es fast nur noch Narzissen, die wir aus Mangel an anderen Blüten verkauften. „Gelb ist die Farbe der modernen Liebe!" sagten wir den Kunden. Die jungen Soldaten mußten uns ja glauben. Etwas anderes gab es nun einmal nicht! Sie werden es ihren Bräuten weitergegeben haben.

Chef und Chefin

Ich hatte viel gelernt. Die drei Jahre waren kurz, aber auch lang gewesen. Meine Gesellenprüfung mußte ich in Erfurt ablegen. Leider fiel sie nicht so aus, wie ich es erhofft hatte. Es waren zu wenig Blumen für mein Gebinde vorhanden, da rutschte das ganze Zeugnis auf Drei. Ich hatte mir soviel Mühe gegeben, hatte extra eine Staffelei gebaut, um ein Füllhorn daran zu befestigen, aus dem ein Blütenflor, von Draht gehalten, zierlich herausfloß. Von Mutter bekam ich noch einen Tüllschleier für Brautsträuße, den sie zwischen Seidenpapier aufbewahrt hatte Allein das Füllhorn zu finden, war ein großes Glück. Es nach unten hängend anzubringen ein Problem. Was gibt es heute nicht alles für ideale Hilfsmittel(! Aber damals?

Jedenfalls war ich froh, meine Lehre hinter mich gebracht zu haben. Damit war ich auch den Schikanen der Chefin entronnen, deren Dackelbeine den schweren Körper kaum tragen konnten. Wenn sie kam, sahen wir vom Gewächshaus aus zuerst ihre krummen Beine, dann ihren blauen Kittel, ihre spitze Nase und ihr aufgebauschtes blondiertes Haar. Ich hatte nicht soviel auszustehen, aber wie sie mit den anderen Mädchen umging, tat mir weh. Unglaublich, wie gemein Menschen sein können! Nach Kriegsende haben Chef und Chefin das auch zu spüren bekommen.

Der Vielgepriesene mit der Tellermütze

Während der Lehrzeit lernte ich meinen späteren Mann Wilhelm kennen. Meine Tante Lina und Onkel Gottlieb wohnten in Blankenburg im Harz und luden mich ein, dort Urlaub zu machen. Ich hatte ihnen aus der Gärtnerei ein großes Paket grüne Bohnen mitgebracht. Abends, als wir gerade eifrig dabei waren, die Bohnen zu putzen, erschien ein junger Soldat bei meinen Verwandten. Tante und Onkel hatten mir schon von ihm erzählt und waren voll des Lobes gewesen. Ich war zunächst enttäuscht. Ja, was für einen Mann hatte ich mir denn eigentlich vorgestellt?

Der junge Mann stammte aus ihrer früheren Heimatstadt Dannenberg an der Elbe. Als kleines Mädchen hatte ich sie mit meinem Vater dort besucht. Dann mußten Onkel und Tante umziehen, weil Luci, ihre Tochter, schwer lungenkrank wurde. Die Luft im Harz war für sie besser als die in dem sumpfigen Dannenberger Gebiet. Jetzt freuten sich Tante und Onkel, von dem Soldaten etwas aus der Heimat zu hören. Ich saß still dabei und spürte, mit welch großer Ernsthaftigkeit der junge Mann erzählte. Er war so ganz anders als unsere albernen Jungen auf dem Berggarten. Wilhelm war verwundet und deshalb in der Genesenkompanie am Ort. Wenn sie von dort ausmarschierten, hörte ich die Soldaten immer singen: „Heidemarie, wenn wir am Rhein marschieren, Heidemarie, wenn wir den Wein probieren!"

Das war er nun, der Vielgepriesene, mit einer Tellermütze der Kaiser-Wilhelm-Uniform, die ich nicht ausstehen konnte, auf dem Kopf. Diese trugen unsere Soldaten aus der Kaiser-Wilhelm-Kaserne in Weimar auch. Zwei von ihnen hatten in der Gärtnerei meiner Eltern eine Zinkwanne voll Stiefmütterchen gestohlen. Ein Glück, daß Vater die Diebe erwischt hatte!

Doch langsam konnte ich Onkel und Tante verstehen. Ich fing an, den jungen Mann zu mögen.

Seine Verwandten, Mutter, Schwester und Cousine kamen zu Besuch, um ihn noch einmal zu sehen, denn bald würde er wieder kriegstauglich sein.. Wir erlebten zwei wunderschöne Tage voller Freude, Sonne und Unschuld. Wir pflückten unterwegs Kirschen und trieben allerlei Unfug und Schabernack. Onkel Gottlieb führte uns an einen herrlichen See, an dem eine junge Geigerin im weißen Kleid hinreißend spielte. Wir saßen im Gras und sahen den Schwalben zu, die über uns kreisten. Ein harmonischer Tag, den wir sehr genossen.

Am nächsten Tag brachte ich Wilhelms Mutter, Schwe-

ster und Cousine zum Zug und fuhr mit ihnen bis Thale. Von
dort hatten sie Verbindung nach Norddeutschland. Als ich
abends wieder zurück nach Blankenburg kam, stand Wilhelm
unerwartet am Bahnhof und holte mich ab. So hatten wir
noch Zeit, spazieren zu gehen und zu erzählen. Wir saßen im
Thie, einem Park im Zentrum des Harzstädtchens mit
Springbrunnen und Blumenbeeten, und fanden es schön,
beim Plätschern des Wassers auf der Bank auszuruhen. Wir
redeten uns noch mit „Sie" an. Nach diesen wunderschönen
Tagen sprach er aus, was er schon länger wußte: „Morgen
muß ich an die Front!"

Mutter und Schwester hatte er den Abschied nicht schwer
machen wollen. Mir fuhr der Schreck in alle Glieder!

Jeder Abschied in diesen Kriegszeiten war überschattet
von den Gedanken: Werden wir uns wiedersehen? Bleibt er
am Leben? Was wird geschehen?

Auch Onkel und Tante waren sehr betroffen, als sich Wilhelm am frühen Abend von ihnen verabschiedete. Er mußte
in die Kaserne zurück und sein Marschgepäck packen.

Als wir Drei ein bißchen ruhiger geworden waren, verkün-
dete Tante Lina: „Wir bringen ihn zur Bahn!"

Am anderen Morgen trieb mich die Unruhe von einem Zimmer ins andere. Ich überlegte nach einer fast schlaflosen
Nacht: Was kannst du ihm mitgeben als Talisman?

Als ich vor dem Spiegel mein Haar kämmte, war mir blitzar-
tig klar: Die Haarlocke wollte ich abschneiden, die sich so vor-
witzig über dem Ohr kringelte. Gedacht, getan – schnipp
schnapp! – ich war erleichtert. Zu Hause hatte ich mir in einem
Kunstgewerbegeschäft ein kleines Holzfigürchen gekauft, weil
es mir so gut gefiel, ein Blumenmädchen mit zwei Blumenkörb-
chen, winzig klein. Das legte ich dazu in einen Briefumschlag,
den ich zusammenrollte und mit einem Bändchen versah.

Tante Lina arbeitete und putzte, ich stand wie auf Kohlen, mochte aber auch nichts sagen. Ich wollte keine Gefühle

offenbaren, die anderen verborgen bleiben sollten. Der Uhrzeiger rückte weiter, über die angegebene Zeit hinaus. Mir sank das Herz immer tiefer, bis meine Tante endlich erschreckt ausrief: „Mein Gott, schon so spät! Komm rasch, wir müssen zum Bahnhof!"

Dann rannten wir auch schon los, so schnell es ging. Als wir auf dem Bahnhof ankamen, fuhr der Zug gerade ab!

Ich lief noch hinterher und hielt Ausschau nach einem herausschauenden winkenden Soldaten, aber es war niemand zu sehen! Ich hätte weinen mögen. Wie enttäuscht Wilhelm wohl gewesen sein mochte!

Auch Tante Lina war niedergeschlagen. Wir gingen den Weg zurück – und wer kam uns da entgegen?

Wilhelm mit gepacktem Tornister, in Felduniform und dem schmalen Krätzchen (Mütze) auf dem Kopf. Seine Augen leuchteten vor Freude und meine wohl ebenso. Uns fiel ein Stein vom Herzen, weil wir ihn doch noch angetroffen hatten. Etwas später fuhr noch ein zweiter Zug. Tante Lina blieb zurück und ließ uns allein. Das Laufen hatte sie zu sehr angestrengt. Auf dem Bahnsteig steckte ich Wilhelm mein Päckchen in die Brusttasche und sagte, er möge es später aufmachen. Eine Rolle Drops, damals eine kleine Kostbarkeit, die mir Mutter für die Reise mitgegeben hatte, sollte ihm den Abschied versüßen.

Als Wilhelm sein Gepäck anheben wollte, streiften sich unsere Hände nur ganz flüchtig, und doch ging es mir wie ein Stromschlag durch den Körper. Ich war erschrocken und konnte das nicht begreifen, behielt es aber für mich. Wilhelm stieg ein, öffnete das Fenster und reichte mir die Hand zum Abschied. Der Abpfiff schrillte gellend in meinen Ohren. Der Zug fuhr an und entfernte sich immer schneller. Wir winkten, bis wir uns aus dem Blickfeld verloren – für sehr lange Zeit oder für immer?

Zwei Tage später kam eine schöne Karte mit einem lieben Gedicht. Das kleine Blumenkind mit meiner Haarlocke hat-

Ein lieber Gruß an das Blumenmädchen. Das war die erste Karte, die mir Wilhelm von der Front schickte.

te sein Quartier in der Patronentasche bezogen und blieb dort bis zum Kriegsende. Es hat ihn beschützt. Als Wilhelm aus amerikanischer Kriegsgefangenschaft heimkam, legte er es in meine Hände! Zwar sah es mitgenommen aus, hatte seine Körbchen verloren, aber es war wiedergekommen.

*(Weitere **ZEITGUT**-Beiträge der Autorin sind Buchende vermerkt.)*

[Neustettin*), Westpommern;
1942/43]

Liselotte Rüffer

Der Rosenstrauß

Mein Mann Hans war Kriegsgerichtsverteidiger. Da die Verhandlungen in der Kaserne stattfanden, hielt er sich anschließend häufig im Offizierskasino auf. Dort lernte er einen jungen
Hauptmann kennen, der nach einem Armdurchschuß Patient
im Neustettiner Krankenhaus war, das jetzt zum größten Teil
als Lazarett fungierte. Eines Tages sagte mir Hans, daß er den
Hauptmann für den Abend zu uns nach Hause eingeladen habe.
Der kam, aber nicht allein, sondern brachte einen Assistenz-
arzt mit, der, wie er sagte, einen dienstfreien Abend hatte, mit
dem er so gar nichts anzufangen wußte. Er bat uns, dafür Verständnis zu haben, daß er ihn einfach mitgebracht habe.

Ich war völlig überrascht, als der junge Arzt mir einen rie-
sengroßen Rosenstrauß überreichte, und ich fragte ihn, wie
er zu so später Stunde dazu gekommen sei. Darauf antwortete er freimütig, daß der Chefarzt heute zu seinem Geburtstag
unendlich viele Blumen – andere Geschenke konnte man ja in
den Kriegszeiten nicht kaufen – bekommen habe, die nun alle
in einfache Gläser oder Kannen gesteckt, zum Teil geradezu
gequetscht, auf den Gängen herumstanden. Und dieser schöne Rosenstrauß stand gerade griffbereit, und so kam er ihm
gerade recht als Gastgeschenk; bei der Blumenfülle würde er
bestimmt nicht vermißt werden.

---

*) heute Szczecinek, Polen

Zu der Zeit war ich mit der Frau eines Kollegen von Hans befreundet, sie erwartete gerade ihr zweites Kind. Vor ein paar Tagen war sie mit den Worten „Haben Sie schon mal etwas von einem Zehn-Monats-Kind gehört?" zu mir gekommen und hat dann erzählt, daß sie im vergangenen Sommer wenige Wochen nach dem Urlaub ihres Mannes – der war in Norwegen stationiert – einen sehr netten Soldaten kennengelernt habe und ... Sie bat mich, sofort nach der Geburt zu ihr ins Krankenhaus zu kommen, um das Kind anzusehen, das hoffentlich ihr oder einem ihrer Geschwister ähnlich sähe.

Und so erhielt ich am sehr frühen Morgen nach dem oben erwähnten Abend der Anruf einer Krankenschwester, daß Frau Wolf noch im Kreißsaal sei, sie aber gebeten habe, mich sofort anzurufen und um meinen Besuch zu bitten. Ich zog mich schnellstens an, und da ich nicht mit leeren Händen kommen wollte, nahm ich den Rosenstrauß und eine dazu passende Vase mit. Die 'Besichtigung' des Babys fiel für Frau Wolf sehr beruhigend aus: Der kleine Sohn sah tatsächlich genauso aus wie ihr Bruder.

Nachdem ich ihr nun gratuliert hatte, nahm ich den Rosenstrauß, tat ihn in meine schöne Vase und stellte ihn vor das in den Garten führende Fenster, durch das gerade die Morgensonne schien. Es war ein schönes Bild.

Während ich noch im Zimmer war, kam der Chefarzt, um nach der Mutter und dem Kind zu sehen. Als er sich umwandte, fiel sein Blick auf den Rosenstrauß, und er sagte, er habe gestern Geburtstag gehabt und sehr viele Blumen bekommen, aber keinen so wunderschönen Rosenstrauß!

An dem Platz an der Sonne und in der schönen Vase war sein Rosenstrauß wirklich nicht wiederzuerkennen.

Über die 'verspätete' Geburt soll übrigens auch nach der Rückkehr des Mannes aus dem Kriegsdienst nie gesprochen worden sein.

[Wien – Quedlinburg, Harz
Sachsen-Anhalt;
1942/43]

Hildegard Kramer

Im Kriegsjahr 1943 – illegal geboren

1941 wurde ich als Angehörige des Deutschen Roten Kreuzes
kriegsdienstverpflichtet. Bevor ich nach Quedlinburg kam, arbeitete ich als Kinderkrankenschwester in Wien. Als die ersten Bomben auf Hannover fielen, hatte ich Angst um meine
dort ansässigen Eltern, hinzu kam viel Heimweh. Daher bat
ich die Frau Oberin Alba-Alberti im Wiener Rudolfiner-Kran-
kenhaus (es wurde während der NS-Zeit umbenannt) um eine
Versetzung in den Raum Hannover. So landete ich in Quedlinburg, und man setzte mich in dem an der Bode gelegenen
Kreiskrankenhaus (heute Dorothea-Christiane-Erxleben-Kli-
nikum) auf einer Planstelle in der Säuglingsstation ein. Seinerzeit nichts Ungewöhnliches, bildete auch dieses Haus in
erster Linie nationalsozialistisch gesinnte – „braune" – Elite-
Anwärterinnen zu Krankenschwestern*) aus.

Mir wurde bald zugetragen, daß meine Vorgängerin unbe-
dacht von der Überzeugung ihres Vaters gesprochen hatte,
daß Deutschland nicht siegen werde. Jene junge Schwester,
die kurz vorher noch erfolgreich ihr Examen absolviert hat-

---

*) Die wegen ihrer braunen Schwesterntracht so bezeichneten Mitglie-
der der NSV-Schwesternschaft wurden 1942 mit dem Reichsbund der
freien Schwestern zum NS-Reichsbund Deutscher Schwestern zusam-
mengefaßt. Nach 1936 gab es keine freien und nicht durch die Führung
der NSDAP kontrollierten Schwesternverbände mehr.

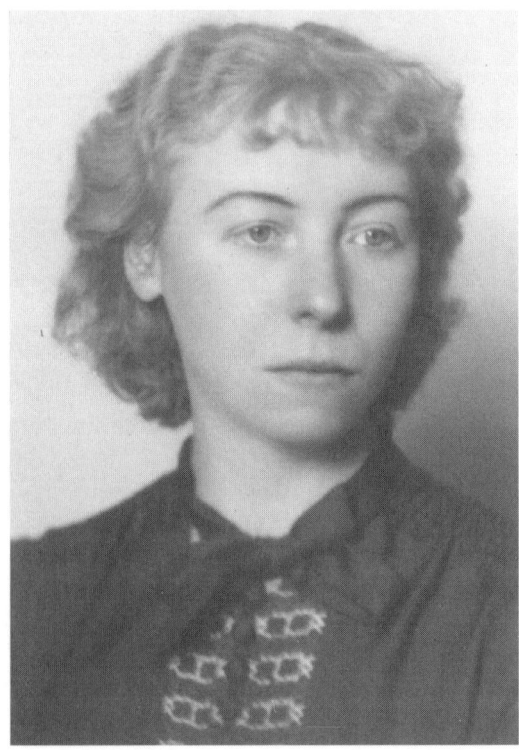

*Hildegard Kramer,
geboren 1913 in
Hannover, in den
1940er Jahren.*

te, wurde denunziert und unverzüglich durch die Oberin, eine
ebenfalls äußerst linientreue Person an die Ostpreußen-Front
strafversetzt. Die junge Frau beging dort Selbstmord.

Eines Abends, ich war gerade noch im Spätdienst, brachte
mir unerwartet ein unbekannter Autofahrer eine russische
Zwangsarbeiterin aus einem nahegelegenen Lager. Die Frau
stand kurz vor der Niederkunft. Ich telefonierte nach Hilfe,
doch es war niemand mehr erreichbar.

Während meiner Ausbildung hatte ich auch theoretische
Kenntnisse in der Geburtshilfe erworben. Das bedeutete, daß
ich im äußersten Notfall als Hebamme erste Hilfe leisten

konnte. Dies war ein Notfall, also handelte ich. Ich entband die Frau von einem gesunden Jungen. Er war ihr neuntes Kind, und alles verlief komplikationslos. Als ich dem Kleinen gerade mit Streicheleinheiten den ersten Schrei entlockte, betrat unsere Stationsärztin, eine Chirurgin, den Saal. Sie gratulierte mir zum ersten Gelingen und sagte leise: „Sie ist eine Jüdin."

Die Ärztin übernahm den Rest der medizinischen Versorgung für die Frau. Anschließend gelang es uns, Mutter und Kind für drei Tage zu verstecken. Die Stationsärztin kümmerte sich später noch um die Entlassung der beiden.

Der Stations-Hebamme war es jedoch nicht entgangen, daß ich eine Jüdin entbunden hatte. Sie drohte fortan mit Verrat bei der Oberin. Die mit aktiv gewesene Ärztin verfügte jedoch in dem Hause über Rang und Namen. Die Hebamme indes hatte keine Zeugen und unterstand arbeitsmäßig der Ärztin. Fortan bekam ich ständig Repressalien der Stations-Hebamme zu spüren. Sie versteckte Kinderwäsche und Seife, so daß ich die Säuglinge nicht baden und meinen Zeitplan nicht einhalten konnte. Wenn ich dadurch aus Zeitmangel mein Mittagessen nicht einnahm – die Schülerinnen brachten mir in solchen Situationen das Essen auf die Station – schüttete diese Person mein Essen in den Abfalleimer. Es folgten noch andere Bösartigkeiten. Der psychische Druck nahm zu, und ich bekam schweres Nervenfieber. Ich litt nachts höllische Nervenfieberträume. Aus Sorge, daß ich im Fieber reden könnte, verabreichte mir die mit mir verbündete Stationsärztin Schlaf- und Beruhigungsmittel.

Vom Fieber endlich genesen, vermittelte mich die Ärztin auf meinen Wunsch erneut nach Wien, wo ich mit der alten Zuneigung empfangen wurde und völlig gesunden konnte.

Ich verdanke jener Stationsärztin mein Leben.

Der Bericht wurde für die Reihe Zeitgut leicht bearbeitet.

[Stöcken, Lüneburger Heide – Lüneburg –
Watenstedt-Hallendorf bei Salzgitter –
Majdan Kaweki, Polen – KZ Sachsenhausen –
KZ Buchenwald bei Weimar, Außenlager Mittelbau-Dora
bei Nordhausen – KZ Ravensbrück bei Fürstenberg;
1924–1945]

Günter Heuser

Erika war die Nummer 39944

Im Jahr 1924 zog ein Ehepaar mit seinen Kindern ins eigene
Haus in Stöcken, einem Dorf in der Lüneburger Heide. Heinrich Grebe, am 4. Januar 1884 geboren, und seine Frau Marie, am 1. März 1894 auf die Welt gekommen, hatten zu dieser
Zeit schon einige gemeinsame Jahre hinter sich, die alles andere als einfach gewesen waren. Heinrich, im Ersten Weltkrieg an der Westfront so schwer erkrankt, daß er als dienstunfähig aus dem Wehrdienst entlassen worden war, hatte auch
in der Heimat keine schweren Arbeiten verrichten können und
war deshalb als Aufseher bei Straßenarbeiten eingesetzt worden. Zunächst noch mit Gehhilfen einigermaßen beweglich,
schritt seine Krankheit so rapide fort, daß er schließlich – nicht
ohne juristische Kämpfe mit dem Versorgungsamt – als Kriegsinvalide anerkannt wurde und einen sogenannten Selbstfahrer erhielt, eine Art Rollstuhl mit drei Rädern.

Das Ehepaar hatte drei Kinder: den nach dem Vater Heinrich genannten Ältesten, die Tochter Elfriede und die am
19. April 1915 geborene Jüngste – Erika.

Alle drei Kinder, in der Wittinger Kirche getauft und konfirmiert, besuchten in den ersten Jahren die Volksschule zu
Stöcken. Sohn Heinrich ging später aufs Gymnasium in Uelzen, Elfriede zur Höheren Mädchenschule in Hankensbüttel. Nur Erika blieb bis zum Abschluß der 8. Klasse in der
Volksschule in Stöcken und erhielt keine weiterführende Aus-

bildung. Später fand ihr Bruder Heinrich eine Anstellung bei der Justiz in Lüneburg, wo er die Laufbahn im gehobenen Dienst begann.

Wie bekannt, war die politische Lage in den zwanziger Jahren nicht gerade stabil. Adolf Hitler drängte mit seinen braunen Kolonnen zur Macht, aus einer Demokratie wurde eine Diktatur, wie sie Deutschland bisher noch nicht erlebt hatte. Die Grundlagen seiner Ideologie hatte Hitler in „Mein Kampf" klar geäußert. Hätten die Menschen damals dieses Buch gelesen, dann wäre die Geschichte für Deutschland mit Sicherheit anders verlaufen. Denn die Klassifizierung von „Untermenschen", die antisemitische Hetze und der Begriff der „Rassenschande" wurden hier bereits festgeschrieben und selbst die „Endlösung der Judenfrage" bereits angekündigt. Viele Familien wurden davon betroffen. Vereine wurden verboten oder mußten sich dem politischen Druck unterwerfen.

So erging es auch der Familie Grebe. Der Sohn Heinrich, bei der Justiz beschäftigt, trat der NSDAP bei. Die Mutter wurde Mitglied der NS-Frauenschaft, wo sie kurze Zeit später zur „NS-Frauenschaftsführerin" im Ort avancierte. Und Vater Heinrich schrieb sich im „NS-Kriegerverein" ein. Der Vorläufer war der Kyffhäuserbund gewesen, der aus politischen Gründen verboten worden war. Elfriede heiratete einen SS-Soldaten. Das hatte zur Folge, daß das Ansehen der Familie im Ort plötzlich enorm stieg.

Erika hatte keinerlei Status in der Nazi-Hierarchie. Sie arbeitete nach der Schulentlassung als Hausmädchen in verschiedenen Haushalten und danach als Magd beim Bauern Hermann von dem Knesebeck, Haus-Nr. 1.

1933 lernte Erika den Schuhmachergesellen Gustav Heuser kennen. Beide verliebten sich, was nicht ohne Folgen blieb. Am 19. April 1934 wurde geheiratet. Es war eine karge Hochzeit, denn Gustav arbeitete ebenfalls bei einem Bauern als Knecht. Am 5. Juli 1934 erblickte der erste Sohn das Licht der Welt, der ebenfalls den Namen Gustav erhielt.

Der junge Ehemann wechselte nun mehrmals seine Arbeitsstellen, betrieb aber nebenbei seine Schuhmacherwerkstatt weiter, um das Einkommen für seine junge Familie aufzubessern.

Erikas Eltern bauten ihr Haus auf dem Berg weiter aus, um für die Familie ihrer Tochter eine kleine Wohnung zu schaffen. Diese wuchs erneut, denn als zweites Kind wurde ich am 8. August 1938 im Haus der Großeltern Grebe geboren und erhielt den Namen Günter.

Die politische Lage spitzte sich immer mehr zu. Hitler sprach vom Lebensraum im Osten und befahl am 1. September 1939 den Überfall auf Polen, der Zweite Weltkrieg nahm seinen Lauf. Der Mann meiner Tante Elfriede war beim Einmarsch in Polen als SS-Soldat dabei. Schon zu diesem frühen Zeitpunkt erhielt sie bald eine Mitteilung, daß er vermißt sei. Er hinterließ nicht nur eine junge Frau, sondern auch eine Tochter, meine Cousine Karin.

Mein Vater Gustav wurde am 27. August 1938 zur Wehrmacht eingezogen. Die Wehrpflicht dauerte 24 Monate. Nach der Rekrutenausbildung wurde er in Polen eingesetzt. Lange Zeit sollte er seine Familie nicht wiedersehen. Da er einen Handwerksberuf erlernt hatte, kam er in ein Sturmpionierbataillon. Eingesetzt in Polen, an der Westfront zum Festungsbau und auf der Krim, wurde er beim Sturm auf Sewastopol verwundet. Nach seiner Genesung und Entlassung aus dem Lazarett mußte er an die Ostfront, wo er eine weitere Verwundung erlitt. Nun durfte er zum ersten Mal einen kurzen Urlaub in der Heimat antreten.

Eine Familientragödie

Aber dieser Urlaub wurde zu einer Familientragödie. In der Heimat angekommen, mußte er erfahren, daß Erika schwanger war. Nach gut drei Jahren Fronteinsatz mit Entbehrungen aller Art und der Freude auf die Familie diese Enttäuschung!

Im Hause der Schwiegereltern kam es zu schweren Auseinandersetzungen. Vaters Fronturlaub wurde zum Höllentrip. Die Verzweiflung aller Beteiligten war unermeßlich. Tief betroffen und unglücklich mußte der Unteroffizier Gustav Heuser schließlich zurück an die Front in Rußland.

Was war passiert?

Auf dem Hof des Bauern Knesebeck, bei dem seine Frau Erika als Magd arbeitete, waren auch drei Kriegsgefangene zwangsverpflichtet – zwei Polen und ein Franzose. Mit einem der Polen, Josef, arbeitete Erika täglich zusammen. Beide waren jung, gewaltsam von ihren Partnern getrennt und gewiß zärtlichkeits- und liebebedürftig. Nach einiger Zeit baute sich eine Zuneigung auf, die körperliche Liebe wurde, trotz eindringlicher Belehrungen vom Bürgermeister und dem Bauern, jeglichen Kontakt zwischen Deutschen und Ausländern zu meiden. Die Nazigesetze ahndeten das als „Rassenschande" und bestraften mit unmenschlichen Urteilen. Aber wo die Liebe hinfällt, wird man leichtsinnig und pfeift auf alle Gefahren.

Als Erika von Josef schwanger wurde, begann die eigentliche Tragödie der beiden. Einige Monate konnte sie es noch vertuschen, als es offensichtlich wurde, trat die Gestapo, die Geheime Staatspolizei, auf den Plan. Am 14. Mai 1943 wurde Erika verhaftet. Die Anklage lautete: „Rassenschande". Von der Staatspolizei Braunschweig wurde sie nach Lüneburg gebracht und dort inhaftiert. Selbst ihr Bruder Heinrich, der dort als Vollzugsbeamter seinen Dienst verrichtete, konnte seiner Schwester weder helfen noch beistehen. Am 22. Mai 1943 wurde Erika wieder der Gestapo überstellt und ohne Gerichtsurteil in das Arbeitserziehungslager Nr. 21 Watenstedt-Hallendorf bei Salzgitter gebracht. Hier mußte sie Zwangsarbeit in den „Hermann-Göring-Werken" leisten.

Auch für Josef begann ein Martyrium, das bis zum Ende seines Lebens dauerte.

Josef

Wer war der Mann, von dem Erika ein Kind erwartete?
Josef Kasprzak wurde am 6. November 1911 in Majdan Kaweki in Polen geboren. Am 6. November 1929 heiratete er in
Kaweczyn, Gemeinde Piaska, seine Verlobte Feliksa. 1932
wurde dem Ehepaar die Tochter Wanda geboren, die aber
nur fünf Jahre alt wurde.

1938 war Josef, 28 Jahre alt, und in der polnischen Armee
als Oberschütze im 24. Infanterieregiment eingezogen. Gleich
nach dem Überfall der Wehrmacht geriet er in deutsche Gefangenschaft, wurde nach Deutschland deportiert und nach
einem kurzen Aufenthalt im Gefangenenlager dem Bauern
Knesebeck als Landarbeiter zugeteilt.

Nach damaligen Maßstäben hatte es Josef hier gut. Obendrein war mit ihm ein weiterer polnischer Gefangener auf
dem Hof zwangsverpflichtet worden. Da beide Polen kein
Wort Deutsch konnten, fand einer im anderen den Partner,
sich in der gemeinsamen Muttersprache auszutauschen.

Nachdem Erikas Schwangerschaft offenbar und Josef als
der Vater des Ungeborenen ermittelt worden war, wurde er
am 22. Januar 1943 von der Gestapo Braunschweig verhaftet und in das KZ Sachsenhausen eingeliefert. Hier wurde
ihm die Häftlingsnummer 68239 in den linken Unterarm tä-
towiert. Hatte er zuvor schon viel Schweres durchmachen
müssen, von nun an erlebte Josef die Hölle auf Erden.

Am 13. September 1943 wurde er in das KZ Buchenwald
gebracht und erhielt die Haftnummer 19912, am 19. September 1943 kam er zum Kommando „Dora" nach Nordhausen,
am 12. April 1944 zum Kommando „Harzungen" und anschließend am 1. November 1944 zum Kommando „Ellrich". Hier
wurden Tunnel in das Gebirge getrieben, um die „Wunder-
waffen", also Raketen der Typen V1 und V2, zu bauen. Das
gesamte Vorhaben lief unter dem Motto „Geheime-Komman-
do-Sache". Diese Untertage-Werke, in denen fast ausschließ-

lich KZ-Häftlinge arbeiteten, waren grauenvolle Unterwelten, in denen die Arbeitskraft der Gefangenen unmenschlich ausgebeutet wurde – bei minimaler Ernährung und körperlichen Strafen schon für geringste Vergehen. Unterernährung und Krankheiten rafften die Menschen zu Tausenden dahin.

So erging es auch Josef. Er erlebte das Kriegsende nicht und starb am 27. Februar 1945 gegen 15 Uhr. Allgemeine Körper- und Kreislaufschwäche ist in den Unterlagen als Ursache angegeben, wobei eine in der Krankenkarte eingetragene offene Tuberkuloseerkrankung nicht erwähnt wird. Seine Leiche wurde am 1. März 1945 im KZ Mittelbau-Dora eingeäschert. Ein Grab sucht man vergebens, denn seine Asche wurde entsorgt und verstreut, wie die vieler anderer auch.

Abschied für immer

Ende Juni 1943 wurde Erika zurück in das Untersuchungsgefängnis nach Lüneburg gebracht, weil dort ein Scheidungstermin vom Landgericht Lüneburg anberaumt war. Die Ehe meiner Eltern Erika und Gustav Heuser wurde am 1. Juli 1943 von Staats wegen geschieden, ohne daß der Ehemann anwesend war. Der befand sich immer noch an der Ostfront in Rußland. Zuvor war Erika vom Amtsgericht Celle zu vier Monaten Haft wegen Geschlechtsverkehrs mit einem Polen verurteilt worden.

Und was wurde aus uns Kindern?

Danach fragte niemand! Die Familienangehörigen mußten sehen, wie sie nun klarkamen. Oma, Opa und Tante Elfriede versorgten uns zwei Jungen.

Am 26. September 1943 schenkte Erika in Celle einer Tochter das Leben und nannte sie Uta. Aber eine Geburtsurkunde wurde nicht ausgestellt. Über den Grund dafür kann man nur spekulieren. Nach der Entbindung kam Erika nach Hause und alle dachten, jetzt sei der ganze Spuk vorbei. Das war leider ein Irrtum. Einmal in den Händen der Gestapo, bedeutete auch weiterhin totale Überwachung – oder auch Ver-

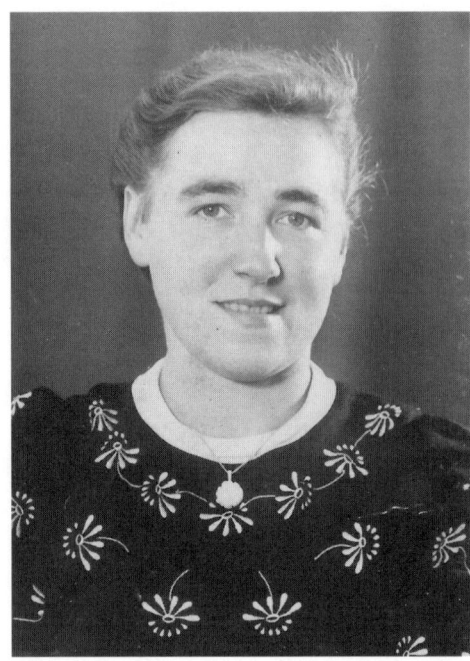

*Meine Mutter Erika
Heuser, geb. Grebe,
geboren am
18. April 1915,
verstorben am
5. Dezember 1944
im KZ Ravensbrück.*

nichtung. Die Ruhe währte nur bis zum 3. Januar 1944. Es
war am Vormittag, als plötzlich ein schwarzer Personenwagen vor dem Haus hielt, dem nach kurzer Zeit zwei Männer
in dunklen Ledermänteln entstiegen und ins Haus kamen.
Sie fragten nach Frau Erika Heuser. Unsere Mutter war gerade in der Küche, um das Mittagessen für uns Kinder zuzu-
bereiten. Die fremden Männer erklärten nur kurz: „Sie sind
festgenommen, kommen Sie mit!"

Wir Kinder standen dabei und konnten einfach nicht begreifen, was hier soeben passierte. Die Mutter mußte, so wie
sie am Küchenherd gestanden hatte, in das Auto steigen. Es
blieb ihr keine Zeit für eine Verabschiedung von ihren Kindern. Und das Schlimmste: Es war ein Abschied für immer.
Wir haben die Mutter nie mehr sehen dürfen.

Danach ist es still im Hause geworden. Wieder nahmen sich die Großeltern und Tante Elfriede, selbst Kriegerwitwe mit eigener Tochter, unser an. Wir waren nunmehr drei Kinder ohne Vater und Mutter.

Erika kam wieder ins Gerichtsgefängnis Lüneburg und wurde am 12. oder 24. Mai 1944 in das Frauen-Konzentrationslager Ravensbrück überstellt. Dort mußte sie auch das Wenige, was sie noch besaß, abgeben und bekam eine Garnitur Gefangenenkleidung, blau und weiß gestreift mit einem roten, auf der Spitze stehenden Dreieck für politische Gefangene, dazu ein Paar Holzpantoffeln. Selbst ihr Name wurde ihr genommen. Von nun an war Erika nur noch die Nummer 39944.

Die Zustände in Ravensbrück dürften hinreichend bekannt sein. Für die gefangenen Frauen bedeutete ihr Aufenthalt dort großes Elend, Not und Tod. Krankheiten wie Ruhr, Typhus und viele andere, dazu der Hunger und Mißhandlungen rafften Tausende von Frauen dahin. Auch Erika, unsere Mutter. Sie starb an Unterernährung und Krankheit am 5. Dezember 1944 und wurde am folgenden Tag im KZ-Krematorium eingeäschert. Eigentlich hätte sie bereits spätestens am 15. Mai 1943 entlassen werden müssen. Aber ein Gerichtsurteil war damals ein Stück Papier, das nicht wert war, gelesen zu werden. Mit ihrer Einlieferung ins KZ war Erika rechtlos geworden und jeder Willkür ausgeliefert. Ein Menschenleben galt zu dieser Zeit gar nichts!

Die Großeltern, Onkel und Tante hatten nach und nach erkannt, daß ihre Mitgliedschaft in NS-Organisationen keinerlei Einfluß auf eine Rettung von Erika nehmen konnte. Selbst auf die Urne mit Erikas Asche hatten die Großeltern lange warten müssen. Erst im Frühjahr 1945 wurde sie ihnen auf vielfaches Bitten mit der Post als Paket zugestellt. Im Familiengrab auf dem Friedhof unseres Ortes wurde sie beigesetzt.

Unterdessen kamen die ersten Flüchtlinge aus den deutschen Ostgebieten in unser Dorf. Aber auch aus den Städten wurden ausgebombte Familien einquartiert. Plötzlich hatten wir Kinder auch kein Schlafzimmer mehr. Die ganze Wohnung, in der wir mit Vater und Mutter gelebt hatten, wurde nun samt Möbeln von fremden Leuten benutzt. Alles, was uns vertraut gewesen war, gab es für uns nicht mehr – eine Situation, die Kinder schmerzlich erleben, aber noch nicht verarbeiten können. Das geschieht erst später, meistens nach vielen Jahren.

Gustav und die kleine Uta

Unser Vater Gustav Heuser, nunmehr geschieden, kämpfte in Rußland einen sinnlosen Kampf und war total verzweifelt. Nun hockten in der Heimat drei Kinder ohne Mutter und Vater!

Der Siegeszug des deutschen Heeres ging in einen Rückzug und schließlich in ein großes Fiasko über. Gustav gelang es immerhin, beim Rückzug rechtzeitig die Elbe zu überqueren und so weit nach Westen zu gelangen, daß er am 8. Mai 1945 in englische Gefangenschaft kam. Wegen seiner dramatischen Vorgeschichte wurde er jedoch entlassen und konnte seine Kinder im Juli 1945 nach langen Entbehrungen endlich wiedersehen.

Doch auch diese Heimkehr entbehrte nicht der Enttäuschungen. Sein Hausstand – die Möbel, der Hausrat – und Bekleidung waren fast völlig verloren. In seiner Wohnung lebten Flüchtlinge, die seine Möbel benutzten. Die Wäsche gab es schon lange nicht mehr. Was blieb ihm übrig, als anderswo ein Obdach für sich und die Seinen zu suchen?

Und zu den Seinen zählte er auch die kleine Uta, das Kind von Erika und Josef. In einer intakt gebliebenen Mühle bezog er eine Wohnung, für die er sogar einige seiner Möbelstücke zurückbekommen konnte. Gustav arbeitete nun als Müllerbursche, Fabrikarbeiter und beim Landhandel (Bäuerliche Erzeugnisse und Saatgut). Uns Kinder und den Haushalt betreute eine liebe Frau, Irmgard Mitterecker aus Wittingen. Wir hatten sie ins Herz geschlossen und bedauerten, daß Vater sie nicht heiratete. Aber das Schicksal wollte es anders. Am 1. Mai 1947 heiratete er die Flüchtlingswitwe Ursula War-

Das bin ich,
Günter Heuser,
auf einem Foto aus
dem Jahr 1948.

datzky, die zwei Kinder mitbrachte. Nun galt es, fünf Kindermäuler zu stopfen, in einer Zeit, wo Not und Hunger noch an der Tagesordnung waren.

Vor der Hochzeit gab es beim Einreichen der Papiere ein großes Problem: In unserer Familie befand sich ein Kind, dessen Vater ein Pole war, die kleine Uta. Dieses Kind besaß keine Urkunde über seine Geburt am 26. September 1943 in Celle, hatte also offiziell keine Lebensberechtigung in der Familie von Gustav. Kurz entschlossen erkannte Gustav die kleine Uta als sein leibliches Kind an. Die Urkunde wurde am 10. April 1947 in das Familienstammbuch eingetragen. Jetzt stand Gustavs zweiter Ehe nichts mehr im Wege. Sie hatte Bestand bis zu seinem Tode im 86. Lebensjahr am 28. November 1994. Seine Frau Ursula folgte am 26. Februar 2002.

[Krankenhaus Berlin-Spandau;
30. Januar – 3. Februar 1944]

Lisa Budick

Eine traurige Geburtsanzeige

*Diesen Bericht verdanken wir Gerhard Budick, der in alten
Unterlagen den Brief seiner Mutter aus dem Krankenhaus
Spandau an den Vater an der Front fand. Der Originaltext
vom 3. Februar 1944 wurde für die Veröffentlichung leicht
bearbeitet.*

„Mein lieber Paule!
Eine Woche ist es her, seitdem ich das letzte Mal schrieb. Vorigen Freitag gab es schweren Alarm und auch am 30. Januar
blieb uns nichts erspart. Wir schliefen im Bunker in Schmargendorf*). Als wir rauskamen, war der ganze Himmel rot. Die
Nacht über blieben wir in Schmargendorf. Am nächsten Montag sind wir mit einem Privatwagen bis Cunostraße gefahren
und dann mit der S-Bahn – die einzige Strecke, die noch in
Ordnung war. In Schmargendorf hatten wir von unseren Nachbarn Schah gehört, daß in der Lynar-/Ecke Kurstraße eine
Sprengbombe runtergegangen ist. Ich konnte es nicht glauben. Ich bin zu Lotte Angermund gegangen, und die hat es
mir bestätigt. Für uns gibt es also die Kurstraße 23 nicht mehr.
Deine Eltern, Deine Schwester und der kleine Rainer waren
im Keller und sind am Leben. Überstürzt rannten alle aus dem
Haus. Die Bombe ist bis zum zweiten Stock über dem Torbo-

---

*) Ortsteil von Berlin, in dem Lisas Mutter wohnte.

gen reingegangen und das Haus muß wegen Einsturzgefahr geräumt werden. Hierüber später noch mehr, das wäre das erste große Ereignis dieser letzten Tage.

Und jetzt komme ich dran, und auch Dich geht es an. Am 12. Februar haben wir Familiennachwuchs bekommen, und zwar doppelten. Lieber Paul, Zwillinge, ein Junge und ein Mädchen!

Es sind Frühgeburten von sieben Monaten und einer Woche. Der Arzt sagte mir, ich soll mir keine Hoffnung machen, daß sie am Leben bleiben. Ich bin von diesem Ereignis noch so beeindruckt, ich weiß gar nicht, wie ich das schildern soll. Ich bin darüber erschreckt, daß es zwei sind und daß sie nun so früh gekommen sind. Ich habe mir die ganze Sache anders vorgestellt. Die Geburt unserer Kinder wollte ich Dir mit Freuden mitteilen, aber wie es jetzt ist, gelingt mir dies nicht. Ich weiß nicht recht warum. Nun will ich Dir die Einzelheiten erzählen, wie es dazu gekommen ist:

Am Dienstag, dem 1. Februar, früh im Bunker. Ich bekam Wehenschmerzen und die Bunkerleute haben mir eine Taxe besorgt, was drei Stunden dauerte. Den Kleinen (Gerhard Budick) hat eine Frau aus der Kabine zur Kurstraße zu Erika

Ausschnit aus Lisas Brief vom 3. Februar 1944 an Paul, ein auf der Vor- und Rückseite eng beschriebenes Blatt Papier.

und Käthe (eine Frau aus dem unzerstörten Nachbarhaus) gebracht. Er ist willig mitgegangen. Um 9 Uhr kam das Auto und ich bin ins Krankenhaus gefahren. Ganz allein mit Tasche und Decke bin ich über den Hof gewankt und mußte mich öfter an einem Baum festhalten. Junge, war das ein Weg!

In der Wochenstation angekommen, begannen die üblichen Vorbereitungen. Ich kam in den Kreissaal und durfte jammern. Nach der Untersuchung durch die Hebamme kam ich zur Beobachtung in ein anderes Zimmer, weil die Hebamme meinte, ich hätte Senkungswehen und könnte nochmal nach Hause gehen. Es wäre falscher Alarm. Mir wurde Himmelangst bei dem Gedanken, daß ich bei diesen Schmerzen nach Staaken müßte, denn die Kurstraße war ja ausgebombt.

Die Wehen kamen häufiger und schmerzhafter, die Ärztin hat untersucht und festgestellt, daß auf der linken und auf der rechten Seite Kleinteile zu fühlen sind und eventuell an zwei Babies gedacht werden könnte. Da habe ich einen Schreck bekommen!

Gegen 7 Uhr abends kam ich in den Bunker zum Entbinden. Ich habe Spritzen bekommen und dann ging es schon los. Mit Vollnarkose kam das erste. Der Oberarzt von der Fürsorge leitete die Entbindung, dann waren noch ein Arzt, die Hebamme und zwei Schwestern anwesend. Also zuerst kam der Bengel, 3 ½ Pfund schwer und 44 cm lang, ein winziges Etwas. Er schrie wie am Spieß. 25 Minuten später kam das Mädel, 4 ½ Pfund und 46 cm lang. Den Jungen habe ich gesehen, das Mädel noch nicht. Dann habe ich wieder Spritzen bekommen für die Nachgeburt. Hinterher bekam ich eine Kochsalzlösung mit Vollnarkose, weil der Arzt nicht genau feststellen konnte, ob die Nachgeburt noch drin geblieben ist. Anschließend kriegte ich mit Gummischlauch in den Arm Nährlösung eingeträufelt, weil ich Blutverlust hatte. Und dann war Schluß.

Die Kinder sind abends um 9 Uhr bei öffentlicher Luftwarnung geboren. Stell Dir vor, Notalarm, Bunkerluft, Geräusch von Lüftungsanlagen, Jammern von Gebärenden, Kinderquaken – Mensch, ich war fertig!

Zuerst lag ich auf der Wochenstation, jetzt liege ich da, wo die Frauen Tod- und Frühgeburten haben. Die Kinder bekomme ich gar nicht zu sehen, die Milch soll mir abgesaugt werden, bis heute hab ich nur drei Tropfen. Der Arzt sagt, der Junge wird nicht durchkommen, allenfalls das Mädchen, wenn ich Milch habe. Meine ganze Hoffnung setze ich auf das Mädel, weil es über ein Pfund mehr wiegt als der Junge.

Ich selbst fühle mich sehr gut, kann gut essen und habe keine Komplikationen. Lisa (die Freundin hieß ebenfalls Lisa, wegen ihrer knapp 1,80 m „die lange Lisa" genannt) besorgt alle Gänge. Das Stammbuch habe ich Dummkopf in Mecklenburg (dort lebten und leben die Angehörigen von Lisas Mutter) gelassen, nun dauert alles länger mit den Bescheini-

Lisa, Paul, der vierjährige Gerhard und die kleine Barbara Budick. Von den Zwillings-Geschwistern überlebte tatsächlich nur das kleine Mädchen. Der Vater bekam im November 1944 noch einmal Heimaturlaub und hat seine Tochter noch gesehen.

gungen. Solange ich nicht aufstehen kann, komme ich jeden Abend um 6 Uhr in den Keller, heute sogar um die Mittagszeit, weil Luftgefahr war. Richtigen Alarm gab es hier im Krankenhaus noch nicht in den drei Tagen.

So mein Paule, die Post in Staaken ist bombardiert. Das Paket ist nicht abgeholt worden, wer weiß, ob es noch da ist. Deine Mutter wird mit Gerdi im Sonderdienstbunker schlafen, weil sie nervöse Zuckungen hat. Ich habe kein Papier mehr. Erika bringt morgen mehr, und morgen schreibe ich wieder und Du setze Dich nochmal hin und denke über alles nach.

Herzlichen Gruß

Lisa, Deine Kinder Gerhard, Helmuth und Barbara"

Der Obergefreite Paul Budick, geb. am 5. Mai 1913 in Berlin, von Beruf Kartograph, zuletzt beschäftigt beim Reichsamt für Landesaufnahme, ist am 28. Februar 1945 bei Lanzen, südwestlich von Neustettin, gefallen. Nachdem die offizielle Todesnachricht eintraf, wurde am 15. Juli 1947 diese Sterbeurkunde ausgestellt. Bis zu diesem Zeitpunkt hatte Lisa Budick immer noch gehofft, daß es sich um eine Irrtum handelte.

[München, Bayern;
15. – 20. Juli 1944]

Elisabeth Siemionow

Der 20. Juli 1944

In dem Zeitgut-Band „Als wir Frauen stark sein mußten" habe
ich bereits über die ersten Bombenangriffe auf München im
Frühjahr 1944 erzählt: „Ich gehörte zu dem großen Heer der
Frauen und Mädchen, die dienstverpflichtet waren und überwiegend in Rüstungsbetrieben arbeiten mußten. Dabei war
mir das Glück hold: Ich brauchte an keiner der knatternden
oder kreischenden Maschinen zu stehen, an denen Panzerplatten für den „Tiger" produziert wurden. Mit meinem Ein-
weisungsschein vom Arbeitsamt wies mich die Betriebsfüh-
rung in die Buchhaltung, wo die Panzerplatten für mich am
bequemen Schreibtisch lediglich Buchungsfakten darstellten.
Nur morgens und nachmittags mußte ich durch die riesige,
von Lärm erfüllte Maschinenhalle gehen, von der aus eine ei-
serne Treppe in die Büroräume führte. Die hageren, ver-
schmierten Gesichter der Kriegsgefangenen und Ost-Arbei-
terinnen, die an den Maschinen schufteten, ließen Schamge-
fühle und Groll in mir hochkommen. Sie wurden ausgenutzt,
damit es an Nachschub für die Ostfront nicht mangelte. Der
wurde dringend benötigt bei all den Rückzugsmanövern, von
denen sogar die Kriegsberichterstatter im Radio zu sprechen
begannen – noch immer den „Endsieg" vor Augen.
    Wer das „Bumm-bumm-bumm-bumm" der BBC hörte und
trotz Störsender verstand, konnte sich über den Verlauf des
Krieges ein Bild machen."

Inzwischen waren einige Monate vergangen, ich arbeitete noch immer in der Maschinenfabrik im Osten Münchens.

15. Juli 1944: Mein Dienstauftrag in Nürnberg war schnell erledigt. Gegen 15.30 Uhr saß ich wieder im D-Zug nach München. Eigentlich wollte ich etwas schlafen, denn der Fliegeralarm hatte uns Münchnern einen Teil der Nachtruhe geraubt. Aber an Schlaf war nicht zu denken. Die Berliner im Abteil konnten absolut nicht ihre „Klappe" halten. Als sie in Augsburg zum Fenster hinaussahen, rief einer: „Mensch, kiek dir det an! Hier steht ja noch alles! Die Bayern ham ja überhaupt noch nischt abjekricht. Die müßten mal nach Berlin kommen!"

Ich sagte kein Wort und war gar nicht unglücklich, daß meine ehemaligen Landsleute mich für eine Bayerin hielten. Der Zug fuhr weiter durch friedlich anmutende Landschaften ... Pasing, Donnersberger Brücke ...

Hier nahmen die Berliner die ersten Münchner Ruinen zur Kenntnis. Es wurde ruhiger im Abteil. Der Hauptbahnhof sah noch recht ansehnlich aus. Die Menschen auf den Bahnsteigen ließen sich in drei Kategorien aufteilen: in Uniformierte, in Flüchtlinge und Ausgebombte, die man an ihrem zusammengewürfelten Gepäck erkannte, und in Fahrgäste an sich, denen die Uniform oder das Tragen des geretteten Luftschutz-Köfferchens noch bevorstand.

Dienstag, 18. Juli 1944: In der Buchhaltungsabteilung der Maschinenfabrik wurde heute mehr als sonst getuschelt, und was eine Kollegin der anderen ins Ohr flüsterte, bestätigte sich bald: Der Betriebsführer hatte sich mit dem Auto vom Ausweichlager bei Benediktbeuren nach München bringen lassen. Er kannte die letzten Bombenangriffe nur vom Hörensagen. Und dieser kleine Gott wollte uns jetzt zur Raison bringen, weil wir, die Gefolgschaftsmitglieder, nach Fliegerangriffen nach Hause eilten, anstatt unsere Arbeit fortzusetzen. Ich fühlte mich auch betroffen und verteidigte mich: „Mir sind meine Habseligkeiten wichtiger als das Buchen von Belegen. Und Rechnungen kann ich auch morgen schreiben, nicht aber meine Sachen retten, wenn das Haus heute brennt."

Es war mucksmäuschenstill im Raum. Keine Kollegin stand mir bei, obwohl die meisten von ihnen nach der Entwarnung ebenfalls nach Hause rannten. Ich schaute mich um. Der Ingenieur legte für den Bruchteil einer Sekunde seinen Zeigefinger auf den Mund. Ich nickte ihm ebenso schnell zu und verstand: Mund halten!

Der Betriebsführer sprach weiter, über die Verletzung der Pflicht, der Disziplin und über den „Totalen Krieg". Als wir den Raum verließen, prangte bereits eine „Bekanntmachung" mit zackigen Sprüchen am Schwarzen Brett:

> *Genau wie der Soldat an der Front, sind wir Soldaten der Arbeit und haben – genauso wie sie – auf dem Posten auszuharren, auf den wir gestellt sind ...*
> *Bei Nichtbeachtung dieser Anweisung werden wir rücksichtslos gegen diejenigen vorgehen, die glauben, sich den gegebenen Notwendigkeiten nicht fügen zu müssen ...*

Der Anschlag nahm einen ganzen DIN-A4-Bogen ein. In ihm wurde mit Rüstungs- und Polizeidienststellen gedroht, mit Befehlen der Partei, des Luftschutzes und anderen Organisationen. Ich war wieder dort angelangt, wo ich schon einmal aufgehört hatte. Aber hier in München stand mir Wolf zur Seite, und mit ihm traf ich mich heute nach Dienstschluß in Schwabing. Dieser Stadtteil war das Ziel der letzten Bombenangriffe. In vielen Straßenzügen gab es kein Gas, kein Wasser und keinen Strom. Seit Tagen mußte das Brot für die Bevölkerung aus Franken und aus Salzburg herangebracht werden. Die Milch kam sauer in den Handel, weil die Kühlanlagen ausfielen.

Wir fanden kein Lokal, in dem „Nicht-Fliegergeschädigte" essen durften. Also stellten wir uns in einer Schlange von Menschen an, die vor dem „Hilfszug Hermann Göring" auf einen Teller Suppe warteten. Ausgerechnet Göring hieß der Wagen mit der Gulaschkanone. Göring, der Meier heißen wollte, wenn je ein feindliches Flugzeug ...

Nun flogen sie längst über ganz Deutschland und auch bis zur „Hauptstadt der Bewegung". Dem Nachrichtendienst blieb nichts anderes übrig, als immer wieder von „schweren Kampfverbänden" und „Flächenbränden" zu berichten.

Der Mann an meiner Seite zitierte längst nicht mehr Wilhelm Busch: „Hier sieht man nur noch Trümmer rauchen ...", sondern gestand mir todernst: „Ich kann mit der Zerstörung Münchens nicht fertigwerden."

Auf unserem Weg kamen wir zur Ludwigstraße. Das Siegestor war durch eine Sprengbombe zerstört. Die Löwen lagen darunter.

„Vielleicht werden daraus Deutschlands letzte Kanonen gegossen", sinnierte Wolf.

Die Universität war den Flammen zum Opfer gefallen. Studenten hatten angeblich die Bücher aus den Fenstern der Bibliothek auf die Straße geworfen. „Wolf, das werde ich auch machen, wenn wir dran sind."

Wolf küßte mich. Wir schauten uns in die Augen, und jeder wischte dem anderen den Schmutz aus dem Gesicht.

Mittwoch, 19. Juli 1944: Die Polizeistation informierte unser Werk: „Luftgefahrstufe 300, 260, 140, 120" – Das bedeutete Fliegeralarm. Für die Bevölkerung gab die Flak drei Schüsse ab, seit die Sirenen auf den Dächern zum größten Teil beschädigt oder zerstört waren.

Während der Arbeitszeit verbrachten wir heute wieder drei Stunden im Luftschutzkeller. Ich saß in meiner Ecke und schrieb Tagebuch. Nach der Entwarnung war uns allen klar, daß es einen Großangriff gegeben hatte. Die Rauchwolken

Das Portal zum Kapellen- und Brunnenhof in der Münchener Residenz 1945. Nach den ersten schweren Bombentreffern am 18. März 1944 wurde das Schloß bei einem Luftangriff in der Nacht zum 25. April 1944 zusammen mit einem großen Teil der Münchner Innenstadt durch Bombentreffer nahezu vollständig zerstört.

über der Stadt – wir sahen sie vom Dach des Fabrikgebäudes
aus – verängstigten sogar den Betriebsführer. Ich bat um Be-
urlaubung, und er gewährte sie mir. Vielleicht dachte der
Mann schon selber: S'ist ja eh alles wurscht!

Vom Ostteil der Stadt radelte ich in den Stadtteil Nymphen-
burg, wo es noch ein Stück befahrbare Straße gab. Unser Haus
stand noch, nur die Kriegsschule gegenüber hatte ein paar
Sprengbomben abbekommen. Mauern waren eingesackt und
mit dem Dach bedeckt. Ich lief in die erste Etage, schloß die
Wohnungstür auf. Wolf lag auf der Couch und genoß die Entwarnung. Auf dem Tisch stand eine halbleere Flasche 37er
Tokajer. „Ehe sie zerbombt wird", entschuldigte er sich.

Ich goß mir auch ein Glas ein, obwohl ich eigentlich nicht
durstig, sondern hungrig war.

Donnerstag, 20. Juli 1944: Zwei Stunden verbrachten wir
im Luftschutzkeller der Maschinenfabrik und mit uns junge
Burschen in Wehrmachtsuniformen ohne irgendwelche Abzeichen. Das machte mich stutzig, und ich begann mit einem Jungen ein Gespräch. Er trug die Uniform nicht freiwillig, und sein Deutsch klang nach „Fremdsprache im Gymnasium". Er und seine Kameraden mußten tagein tagaus Ver-
schüttete und Tote aus den Trümmern bergen. Alle waren
Ungarn. Dann redete sich der Junge all seinen Ballast von
der Seele. Eigentlich wollte er Theologie studieren ...

Schade, ich konnte ihm nicht helfen!

Der Pförtner am Ausgang der Fabrik drückte auch diesmal
ein Auge zu, als ich vorzeitig meinen Arbeitsplatz verließ.
Das Wetter war verlockend. Wolf wollte heute mit mir ins
Dante-Bad radeln. Er fand es gar nicht so heldenhaft, daß
ich mich selbst beurlaubt hatte. Wenn das alle Menschen
genauso praktizierten, wäre der Krieg vielleicht eher beendet.
Das war Wolfs Meinung, und er handelte danach, zumindest,
was den Arbeitseifer im Bayerischen Landesamt anbelangte.
Darin waren wir uns einig.

„Mein lieber Herr Hauptschriftleiter! Warst Du vor drei Jahren in Deinen Leitartikeln auch so unvorsichtig? Dann wundere ich mich gar nicht, daß Deine Zeitung eingestellt wurde und zwar nicht nur aus Papiermangel."

Diese Äußerung war ein Fehler. Wolfs Miene verdüsterte sich, wie immer, wenn er an die „Münchner Zeitung" erinnert wurde. Sie sollte überparteilich sein, die Münchner Herzen ansprechen und nicht die Parteigenossen im „Braunen Haus" und in den anderen Monumentalbauten der NSDAP auf dem Königsplatz. Die hatten ihren „Völkischen Beobachter".

Anfang 1933 teilte Wolf mit vielen, sogar mit deutschen Juden, die Ansicht, der braune Spuk wäre nur eine kurze Krankheit in einem von Arbeitslosigkeit gebeutelten Land. Was er nicht ahnte: Die Volksgenossen zogen sich zuerst die Braunhemden an, danach sich und alle anderen die in Feldgrau. Gleich am Anfang unserer Bekanntschaft stellte ich die Gretchen-Frage: „Wie hältst Du es mit dem Dritten Reich?"

Wolf hatte zwei Erklärungen bereit: Seine geliebte „gescheite Frau", die Freundin, die emigrieren mußte und dann mich, den „Mischling zweiten Grades", weil er sich als „mein Onkel" jüdisch-versippt machte. Ein gewisses Risiko für Wolf.

Erstaunlich, wie Wolf plötzlich abschalten konnte, wenn er im Wasser war. Außer uns schwammen drei oder vier Leutchen im Becken. Im Dantebad waren doch nur die Umkleidekabinen und Anlagen zerstört! Wir lagen auf dem Rücken im Wasser, sahen in den klaren, blauen Himmel und an der Sonne vorbei. Diese Nachmittagsstunde war für uns wie ein Nordsee-Urlaub auf einer friedlichen Insel.

Wir radelten aus München hinaus nach Obermenzing und stellten unsere Räder am „Weichandhof" ab. Im Lokal saßen nur ältere Leute, denen keine Dienstverpflichtung mehr drohte. Wir suchten uns einen ruhigen Platz. Da der Monat fortgeschritten war, gingen wir mit unseren Lebensmittelkarten sparsam um. Also bestellten wir ein „Stammgericht" – ein anderer Name für Eintopf ohne Fett – und zwei Scheiben Brot

Im Sommer 1944 fotografierte mich Wolf am Pilsensee bei München.

gegen Reisebrotmarken. Wolf löffelte seine Kohlsuppe, in die er Stückchen des harten Schwarzbrotes hineingebrockt hatte.

Plötzlich hörten wir aus dem Radio eine Stimme mit einer Sondermeldung:

„Auf den Führer wurde heute ein Sprengbomben-Anschlag verübt. Er selbst hat außer leichten Verbrennungen und Prellungen keine Verletzungen erlitten. Der Führer hat unverzüglich seine Arbeit wieder aufgenommen und, wie vorhergesehen, den Duce zu einer längeren Aussprache empfangen. Kurze Zeit darauf traf der Reichsmarschall beim Führer ein.“

Stille. Die Gäste unterbrachen das Essen, schauten sich schweigend an.

„Gott sei Dank! Der Führer lebt!" brüllte Wolf aus voller Brust.

Jetzt schauten alle Anwesenden zu unserem Tisch herüber. Das Lachen blieb mir im Halse stecken.

„Was denken die jetzt von uns?" fragte ich Wolf und wußte nicht, wie er dieses „Gott sei Dank!" meinte.

Ganz leise erklärte er mir: „Du, ich meine es wirklich ernst. Stell Dir vor, als Toter wäre er in Walhall eingegangen. Du kennst doch die sentimentalen Deutschen. Jeder hätte gesagt: Wir hätten den Krieg gewonnen, wenn unser Führer noch lebte. Nein, mein Kind, dieser Mann muß zum Selbstmörder werden! Seine Leiche muß unauffindbar bleiben! Es darf für Hitler niemals eine Pilgerstätte geben."

Ja, das sah ich ein. „Bist doch'n kluger Wolf!"

Er glaubte sogar, der preußische Adel hätte das Komplott geschmiedet. Und wir hatten ein Gesprächsthema bis nach Mitternacht.

Freitag, 21. Juli 1944: Von 10 bis 12 Uhr saßen wir wieder im Luftschutzkeller der Fabrik. Ich schrieb Texte aus den Münchner Neuesten Nachrichten für mein Tagebuch ab. Meine Kollegin nahm sich die letzte Seite mit den Anzeigen: „Für Führer, Volk und Reich gaben ihr Leben ...", und las die Nachnamen der Gefallenen. Dann rüttelten uns Sprengbomben-Einschläge durcheinander.

„Jetzt hat's uns derwischt!" meinte meine Nachbarin und begann zu weinen, weil sie in unmittelbarer Nähe des Ostbahnhofs wohnte.

Bald nach der Entwarnung erfuhren wir einiges über die Zerstörungen. Das Deutsche Museum an der Isar und die Ludwigsbrücke hätten Volltreffer abbekommen ... Aber vom Attentat auf Hitler sprach niemand im Büro.

Nach Dienstschluß traf ich mich mit Wolf in einem Restaurant am Stiglmaierplatz, in der Nähe unserer Wohnung. Bei ihm hatten sich so viele Nachrichten angestaut, daß er sofort mit dem Politisieren anfing. Nur als die Kellnerin an unseren Tisch kam, brach er ab und bestellte zwei Portionen Dampfnudeln. Das gab's freitags als Fastenspeise für die ganz frommen Münchner. Wir aßen sie auch an anderen Tagen gern!

Bloß unsere Reisebrotmarken verringerten sich bedenklich durch die Mehlspeis'. Bis die Dampfnudeln serviert wurden, griff Wolf sein neuestes Thema wieder auf: Das Attentat ließ ihm keine Ruhe mehr. Ein Graf Stauffenberg soll die Bombe in der Konferenzbaracke des Führerhauptquartiers gelegt haben. Es hieß ausgerechnet „Wolfsschanze" und war irgendwo in Ostpreußen. Ja, und Stauffenberg hätte mit einigen hohen Offizieren alles vorbereitet. Angeblich wurden er und einige Mitwisser bereits in der Nacht hingerichtet. „Genaue Angaben konnte bisher niemand machen", fügte Wolf hinzu und sagte nur noch: „Das werden einmal die Heiligen nach dem Dritten Reich. Sonst wär's Hitler geworden, wäre der Mord an ihm gelungen."

Solche und ähnliche Gedanken schwirrten seit gestern in Wolfs Kopf herum, in meinem hingegen die Frage, wie ich auf dem schnellsten Wege meinen Husten loswerden konnte. Der Arzt war gar nicht zufrieden mit mir. Außer Bronchitis stellte er eine Herzmuskelschwäche fest.

„Schonen Sie sich", riet mir der Medizinmann – ein Zeichen, daß er überhaupt keine Ahnung vom „Totalen Krieg" und von meinem Betriebsführer hatte.

*(Weitere **ZEITGUT**-Beiträge der Autorin sind am Buchende vermerkt.)*

[Ammensen, Landkreis Holzminden –
Hannover, Niedersachsen;
1943]

Anna Strube

Der lange Weg

Diese Geschichte aus dem Jahr 1943 hatte ich meiner Toch-
ter schon oft erzählt. Nun machte sie mir Mut, noch einmal
zur Feder zu greifen und alles aufzuschreiben. Ich bin inzwi-
schen 88 Jahre alt, aber ein solches Erlebnis kann man ein-
fach nicht vergessen.

Der Krieg hatte schon viel Leid in so manche Familie gebracht. Meine drei älteren Brüder waren nach und nach
zur Wehrmacht eingezogen worden. Meine Schwester Emma
wohnte zu der Zeit in Hannover bei Siegmanns, einer befreundeten Familie, und arbeitete in deren Geschäft als Ver-
käuferin. Obwohl Hannover mehr als fünfzig Kilometer von
unserem Heimatort Ammensen entfernt ist, besuchte ich
sie oft und blieb dann dort auch über Nacht oder ein paar
Tage. Ich kannte mich in Hannover gut aus, hatte ich doch
selbst zwei Jahre lang in der gleichen Familie als Kinder-
mädchen gearbeitet und im Laden ausgeholfen, war aber
nach einer schweren Krankheit von meinen Eltern nach
Hause geholt worden. Nun war ich ihr einziges Kind, das
ihnen daheim geblieben war.

Meine Eltern betrieben die Poststelle in Ammensen und
ich half ihnen dabei. Ich hatte in diesen Kriegsjahren eine
Menge zu tun, denn viele Briefe und Pakete wurden zwischen
den Soldaten und ihren Familien ausgetauscht. Der Postweg

Als sich diese Geschichte zutrug, war ich 20 Jahre alt und lebte wieder bei meinen Eltern in Ammensen, denen ich beim Betrieb der Poststelle half.

war damals die einzige Möglichkeit, mit den Soldaten Kontakt zu halten. Oft genug wurde ich auf meinem täglichen Rundgang sehnsüchtig erwartet – nicht immer konnte ich die Hoffnung auf ein Lebenszeichen eines geliebten Menschen auch erfüllen.

Auch meine Eltern machten sich große Sorgen, waren doch vier ihrer Kinder in Gefahr – die Söhne als Soldaten sowieso, aber auch Emma. Der „Feind" warf schon Leuchtraketen über Hannover ab – Christbäume genannt. Bomben fielen nur vereinzelt. Die britische Armee verschonte damals Hannover noch, die englische Königsfamilie war ja eng verwandt mit der Familie der Welfen. Die Frage war nur, wie lange diese Familienbande Hannover noch vor Angriffen schützen würden.

Eines Tages im Frühjahr erzählten mir meine Eltern, daß sie Emma bereits mehrfach vergeblich aufgefordert hatten, Hannover zu verlassen. Meine Schwester fühlte sich sicher, während meine Eltern, die bereits drei ihrer Kinder durch Krankheit verloren hatten, schier umkamen vor Sorge.

„Deine Schwester möchte Hannover nicht verlassen. Mutter und ich haben lange darüber gesprochen. Wir glauben, das Beste wird sein, du fährst nach Hannover, solange es noch halbwegs sicher ist, und holst sie nach Hause", erklärte mir Vater.

Ich überlegte nicht lange und sagte sofort zu. Meine Schwester wußte von all dem nichts, wir wollten sie quasi überrumpeln. Ganz früh morgens sollte es losgehen, damit wir zwei Mädchen abends wieder zurück waren. Ein wenig mulmig wurde mir nun doch. Aber was sollte schon passieren?

Es kam allerdings alles so ganz anders, als ich es mir vorgestellt hatte.

Meine Eltern und ich überlegten, welches der beste Weg nach Hannover sei. Der Morgenzug von Alfeld aus wäre ideal. Allerdings fuhr um diese Uhrzeit noch kein Bus in die zirka zehn Kilometer entfernte Kleinstadt. Näher lag Freden, eine andere Zugstation. Das hieß aber fünf Kilometer Fußmarsch über den Selter, einen bewaldeten Höhenzug, zu nachtschlafender Zeit und in Dunkelheit. Aber ich würde nicht allein sein, denn viele Männer und Frauen gingen diesen Weg täglich zur Arbeit und zurück. Mein Vater besprach unseren Plan mit einem befreundeten Arbeiter, und schon wenige Tage später ging es los.

An diesem Morgen war es stockdunkel, als wir aufbrachen. Zum Glück besaßen einige Männer Taschenlampen. So hatten wir wenigstens etwas Licht. Es ging den steilen Berg hinauf und dann in den Wald. Mir war so gruselig! Überall in den Büschen und Bäumen knackte es. Wer wohl dort unterwegs war?

Ich war heilfroh, als der Wald sich endlich lichtete. Die Morgendämmerung hatte bereits begonnen, als wir einen großen

Platz, Adolf-Hitler-Platz geheißen, am Waldrand erreichten. Hier wurden Veranstaltungen abgehalten, Feste gefeiert und Sport getrieben. Heute ist alles zugewachsen und nur noch wenige können sich an ihn erinnern. Etliche meiner Begleiter waren am Ziel ihrer nächtlichen Wanderung, einem Kalkwerk mit zwei großen Schornsteinen. Diese waren aber bereits 1932 gesprengt worden. Ein großes Erlebnis. Ich war als Zwölfjährige mit meiner Schulklasse dort, um die Sprengung zu sehen. Heute ist dort ein Zementwerk.

Für den Rest unserer Gruppe ging es weiter nach Großfreden, dann durch Kleinfreden, über die Leinebrücke bis zum Bahnhof. Wir waren rechtzeitig zur Abfahrt des Zuges dort. Mir taten nach dem langen Marsch schon ordentlich die Füße weh. Der nächste Schreck ließ nicht lange auf sich warten: Der ankommende Zug war bereits bis zum Bersten gefüllt. Nur mit viel Drängen und Quetschen und dem guten Willen der Reisenden kamen wir noch mit. An einen Sitzplatz war nicht zu denken, und so hieß es für mich, eine weitere Stunde stehen. Aber das würde ich auch noch aushalten, sagte ich mir.

Endlich in Hannover angekommen, machte ich mich zu Fuß auf den Weg zur Celler Straße. Ich wußte, daß meine frühere Chefin sich bis mittags in der Wohnung aufhielt und dann erst zum Geschäft in der Geibelstraße fuhr. Ich klingelte. Sie war tatsächlich da, öffnete und war völlig erstaunt, mich zu sehen. Ich erklärte ihr den Grund für meinen Überraschungsbesuch.

„Komm", sagte sie, „du wirst jetzt erstmal ordentlich frühstücken. Und dann sehen wir weiter."

Dankbar und hungrig setzte ich mich an den Küchentisch. Während Frau Siegmann mir ein spätes Frühstück bereitete, besprachen wir die ganze Angelegenheit. Doch meinen wohlverdienten Imbiß sollte ich noch nicht bekommen. Mitten im Gespräch heulten plötzlich Sirenen.

„Schnell", rief Frau Siegmann, „es ist Fliegeralarm! Lauf

flink in den Bunker am Friedhof. Du weißt ja, wo. Ich komme sofort nach."

Wir verabredeten noch die Stelle, wo wir uns treffen wollten, und dann sprang ich auch schon los, so schnell ich konnte. Ich mußte zum Klagesmarkt. Zum Glück war es nicht weit. Von überall her kamen Menschen gerannt. Zu Hunderten strömten sie in die Schutzräume. Dazu der ohrenbetäubende Lärm der Sirene. Irgendwie gelangte ich in den Bunker und stand dicht gedrängt zwischen wildfremden Menschen. Drei ganze Stunden mußten wir stehend ausharren. Meine armen Füße!

Frau Siegmann fand mich natürlich in dem Gedränge nicht. Wir trafen uns erst in der Wohnung wieder. Inzwischen war es Mittag geworden, und ich hatte immer noch nichts

Diese Aufnahme aus dem Jahr 1938 zeigt meine Schwester Emma und mich, links, mit Heiner, dem ältesten Sohn der Familie Siegmann, in Hannover.

gegessen. Dieses Mal kam zum Glück nichts dazwischen. Trotz der ausgestandenen Angst aß ich mit gutem Appetit und konnte etwas ausruhen.

Dann machte ich mich auf zum Geschäft, in dem meine Schwester arbeitete, wieder allein, denn Frau Siegmann konnte mich nicht begleiten. Ich wollte zum „Kröpcke", einem zentralen Platz in der Stadt, und von dort mit der Straßenbahn zum Ägidientorplatz. Am „Kröpcke" angekommen, sah ich an den Haltestellen lange Warteschlangen. Nach dem stundenlangen Alarm wollten sie alle nun schnell nach Hause. Die erste Straßenbahn kam – und war schon völlig überfüllt. Einigen gelang es noch, sich auf die Trittbretter zu stellen. Die nächste Bahn kam, ich gelangte wieder nicht hinein!

Weil ich nach all der Aufregung und den Anstrengungen kaum noch Kraft hatte, wurde ich wieder und wieder zurückgedrängt. Schließlich marschierte ich wiederum zu Fuß los, am Opernhaus vorbei, dann zum Schauspielhaus und zum

Der „Kröpcke", benannt nach dem Café und der Uhr, war und ist der zentrale Platz im Herzen Hannovers und Straßenbahnknotenpunkt. Im Hintergrund ist das Opernhaus zu sehen. Das schöne alte Cafe und die Uhr wurden bei Luftangriffen zerstört, die Oper brannte aus.

Ägidientorplatz. Bis hierher hätte mich die Bahn gebracht. Jetzt mußte ich noch links abbiegen und die Straße entlanggehen.

Auf halbem Weg zum Geschäft heulten die Sirenen schon wieder. Jetzt ist alles vorbei, dachte ich nur. Aber die anderen Menschen auf der Straße gingen ganz ruhig weiter. Wie ich später erfuhr, war es nur ein Voralarm gewesen. Völlig erschöpft erreichte ich endlich mein Ziel und fiel meiner überraschten Schwester glücklich in die Arme. Wieder mußte ich den Grund meines Besuchs erklären. Emma hörte sich alles an und sagte prompt: „Ich komme nicht mit."

War alles vergeblich gewesen?

Nun aber ergriff Herr Siegmann das Wort und redete so lange auf meine Schwester ein, bis diese widerwillig nachgab. Wir mußten uns auch bald auf den Weg machen, wollten wir unser Heimatdorf noch vor Einbruch der Dunkelheit erreichen. In der Wohnung von Familie Siegmann packte meine Schwester unter Tränen ihren Koffer. Mir war gar nicht wohl dabei. Ich konnte doch nichts dafür! Meinen Eltern zuliebe hatte ich mich auf den langen Weg gemacht und einiges dabei ausgestanden. Ganz zu schweigen von meinen geschundenen Füßen, zumal meine Schuhe auch nicht mehr die besten waren.

Der Heimweg verlief ohne besondere Zwischenfälle. Aber ich erinnere mich gut, daß meine Schwester bis Alfeld kein Wort mit mir gesprochen hat. An der Bahnstation wurden wir dann von Bekannten abgeholt und nach Hause gefahren. Meine Eltern schlossen uns beide überglücklich in die Arme.

Meine Schwester hat es übrigens nur kurze Zeit in Ammensen gehalten, dann ist sie gegen den Willen unserer Eltern wieder nach Hannover gegangen.

*(Weitere **ZEITGUT**-Beiträge der Autorin sind am Buchende vermerkt.)*

Liesel Hünichen

Begegnung im Park

Im letzten Kriegsjahr war ich als Sozialarbeiterin in Münster tätig. Freie Stunden verbrachte ich immer gerne in meiner Heimatstadt Dülmen. So war es auch an diesem Wochenende gewesen, als ich mit meinem Vater einen Spaziergang durch „unseren Park" machte. Natürlich gehörte er nicht uns, sondern dem Herzog von Croy, aber da wir nur ein paar hundert Meter davon entfernt wohnten und ihn regelmäßig besuchten, betrachteten wir ihn auch als unseren.

Ein wunderschöner Spätsommernachmittag lud zum Wandern ein. Die großen Kastanienbäume im Parkeingang prangten im satten Grün, auf die kleine Brücke mit dem grünen Holzgeländer warf die Sonne goldene Flecken, und auf den ausgedehnten Wiesen lagen die langen Schatten der hohen Tannen. Nicht weit entfernt waren die Teiche. An dem letzten sahen wir Rauch aufsteigen, Es schien, als ob dort ein Lagerfeuer entzündet worden war. Lagerfeuer waren im letzten Kriegsjahr nicht mehr üblich. Die Hitlerjugend, die so lange für Lagerfeuerromantik zuständig gewesen war, hatte sehr viel Wichtigeres zu tun.

Neugierig schlenderten wir näher. Und richtig, da flackerte ein lustiges Feuer. Mehrere junge Männer hatten einen Reisighaufen aufgeschichtet und waren damit beschäftigt, Holz aufzulegen und das Feuer in Gang zu halten. Zudem sah ich einen Wassereimer und mehrere Konservendosen

Der Eingang zum Herzoglichen von Croy'schen Schloß und Park in Dülmen. Das Schloß inmitten der Stadt wurde bei dem großen Bombenangriff am 22. März 1945 restlos zerstört wie auch das Krankenhaus, dessen Dächer mit großen roten Kreuzen markiert waren.

herumstehen. Wozu diese dienten, konnte ich mir nicht erklären. Jetzt sah ich auch den Förster in der Nähe unter einem Baum sitzen und gemütlich seine Pfeife rauchen. Sicherlich beaufsichtigte er die Waldarbeiten. Bei den graugekleideten Männern handelte es sich um junge französische Kriegsgefangene.

Ein besonders kesser junger Mann löste sich aus der Gruppe, trat uns entgegen, machte eine tiefe, etwas karikierte Verbeugung und sagte: „Bonjour Mademoiselle, wir Sie laden ein." Und dabei wies er mit einladender Gebärde – kein Kellner in einem Grand Hotel hätte es anmutiger zelebriert – auf einen Baumstumpf, von dem sich ein Kamerad höflich erhob.

Ich zögerte. Sich mit Kriegsgefangenen zu unterhalten, war verpönt. Möglicherweise war es sogar verboten. Andererseits war meine Neugierde geweckt und die jungen Männer, vom Förster bewacht, außerordentlich höflich. Der Förster hatte sich ebenfalls erhoben und war hinzugetreten. Er war meinem Vater bekannt und so sagte dieser zu mir, nachdem er den Förster begrüßt hatte: „Na, wenn du unbedingt erfahren mußt, welche französischen Köstlichkeiten gebrutzelt werden, überzeuge dich. Ich hole dich in zehn Minuten hier wieder ab." Damit wandte er sich zum Gehen.

Ich ließ mich auf dem angebotenen Baumstumpf nieder und wurde von den Anwesenden mit beifälligem Gemurmel begrüßt. Nun beäugte ich aufmerksam das malerische Lagerfeuer. Mit leichtem Schaudern stellte ich sodann fest, was sich in dem alten Zinkeimer und in den mit Wasser gefüllten Konservendosen im Feuer befand. Es waren Frösche!

Ich kannte die Teiche seit meiner Kinderzeit, wenn im Frühjahr die Uferränder vom dicken schleimigen Froschlaich überquollen und wenn es später von schwarzen kleinen Kaulquappen darin nur so wimmelte. Jetzt war wohl gerade die Zeit gekommen, in der die Frösche ausgewachsen waren und sich zum Landspaziergang in die angrenzenden Wiesen und ins Unterholz aufmachten. Nachdem ich den Inhalt des Zinkeimers besichtigt hatte, bedauerte ich, den Spaziergang nicht fortgesetzt zu haben und mir fiel ein, daß Franzosen bei uns „Froschfresser" genannt wurden, was durchaus abwertend gemeint war. Aber das half nun nichts. Mein Vater war hinter den Bäumen verschwunden, und meine Neugierde hatte mir ja nun dieses Froschessen eingebrockt.

Als die ersten Frösche gar waren – ich schaute nicht hin – wurde mir auf einem grünen Blatt ein Froschschenkelchen angeboten: „Tres delicat, Mademoiselle!" und alle schauten mich erwartungsvoll an. Aber zum Essen konnte ich mich doch nicht überwinden. So schüttelte ich meinen Kopf, während ich „merci" murmelte und mich innerlich schüttelte, was den Appetit meiner Gastgeber aber nicht behinderte.

Dreißig Jahre später, bei einem üppigen Büffet auf einer Schiffsreise, habe ich in Erinnerung an das kleine Erlebnis im

Jahre 1944 nachgeprüft, ob das Urteil der jungen französischen Kriegsgefangenen über Froschschenkel von mir bestätigt werden könne, und ich mußte feststellen: Tatsächlich, sehr delikat. Aber eine einmalige Probe aufs Exempel genügte mir.

Viel intensiver und noch nachdenklicher aber hatte ich fast ein dreiviertel Jahr später an die Begegnung im Park zurückgedacht, als meine Heimatstadt Dülmen am 22. März 1945 in einem Flammeninferno untergegangen war. Viele Mitbürger, Frauen und Kinder fanden den Flammentod oder wurden vorschüttet. Aber es hätte noch viel mehr Opfer gegeben, wenn nicht vor dem Angriff in Windeseile ein Gerücht die Stadt durchlaufen hätte. Das Gerücht besagte: Die Kriegsgefangenen wollen nicht in der Stadt bleiben. Sie meutern. Sie wissen von einem bevorstehenden Angriff auf die Stadt und haben ihnen bekannte Bürger aufgefordert, ebenfalls die Stadt zu verlassen.

Selbst meine Eltern, die von Gerüchten gar nichts hielten, und sie stets großzügig ignorierten, entschlossen sich, an diesem Tage schon in aller Frühe eine Fahrradtour zu unternehmen, mit einem Koffer und einer Wolldecke auf dem Gepäckträger. Aus einigen Kilometern Entfernung mußten sie hilflos mit ansehen, wie sich ein Verband von über hundert schweren englischen Bombern auf die kleine Stadt stürzte und sie in eine rauchende Trümmerwüste verwandelte. Nach dem Angriff fanden sie nur ein Stück Außenmauer vor und einen qualmenden Steinhaufen, in dem keine Maus Sicherheit gehabt hätte.

Ich denke, daß meine Eltern und viele Einwohner der Stadt ihr Leben den französischen Kriegsgefangenen zu verdanken haben, die mich ein halbes Jahr zuvor im Park so liebenswürdig zum Fröscheessen eingeladen haben.

Genau am gleichen Tag, am 22. März 1945, ging in 150 Kilometer Entfernung eine andere deutsche Stadt, Deutschlands schönste Fachwerkstadt, in einem Bombenangriff unter. Dabei wurde das Elternhaus meines Mannes zerstört, den ich zwei Jahre später kennenlernt und geheiratet habe. Diese Stadt war Hildesheim, ein Kleinod der Baukunst, mit Bauten von der Romantik bis zur Neuzeit, eine der reizvollsten deutschen Städte.

Als der berühmt-berüchtigte Bombergeneral Harris von England aus einen Bomberverband gen Westen schickte, trennte sich dieser über dem Festland. Dülmen wurde von 106 Hallifax-Bombern, begleitet von zwölf Mosquito-Jagdbombern, zerstört, während 227 Lancaster-Bomber Hildesheim „ausradierten" – ein makaberes Schlagwort, das damals erfunden wurde. – Und so haben die Eltern meines Mannes in Hildesheim ihr Geschäftshaus in der Nähe des Bahnhofs am gleichen Tag und etwa zur gleichen Stunde verloren, wie meine Eltern ihr Einfamilienhaus in einer stillen Gartenstiege am Rande der Stadt Dülmen. Kann so etwas „Zufall" sein?

Darum ist die Begegnung im Park für mich eine der unvergeßlichen Erinnerungen an eine ferne Zeit, auf der die schwarzen Schatten von Krieg, Tod, Zerstörung und Grauen liegen.

(Weitere ZEITGUT-Beiträge der Autorin sind am Buchende vermerkt.)

[Münster – Dülmen, Münsterland;
Herbst 1944]

Liesel Hünichen

Tiefflieger

Im Jahr 1944 war ich 25 Jahre alt und als „Volkspflegerin" –
so lautete damals die Berufsbezeichnung für Sozialarbeiterin
– in Münster, meiner Geburtsstadt in Westfalen, tätig. Die
Stadt hatte damals schon über hundert Bombenangriffe erlitten – ich hatte aufgehört, sie zu zählen – und die historische
Altstadt lag in Trümmern. Sogar unser großartiger romani-
scher Dom, in dem ich getauft worden bin, Amtssitz unseres
Bischofs Clemens August von Galen, dessen Widerstand gegen den Nationalsozialismus auch den Kriegsgegnern bekannt
war, war das Opfer gezielter Bombenangriffe geworden.

Das „Nordviertel" war im Wesentlichen noch unzerstört.
Nur im oberen Teil der Nordstraße, die damals Hermann-
Göring-Straße hieß, hatten drei Häuser bei einem kleineren
Angriff etliche Brandbomben abbekommen. Ausgerechnet
Großmutters Haus, in dem ich geboren bin und das ich seit
1940 wieder bewohnte, hatte nun kein Dach mehr, ein ausge-
branntes Obergeschoß und stand jetzt als halbe Ruine inmitten der Reihe stattlicher Jugendstilhäuser am Nordplatz. Alle
Mieter des dreistöckigen Hauses waren ausgezogen und mir
würde wohl auch nichts anderes übrigbleiben, obwohl ich im
ersten Stock wohnte und es mir gelungen war, etliche große
Brandlöcher in den Decken des dritten Stockwerkes behelfs-
mäßig abzudichten. Geholfen hatte mir Franz Blanke, Großmutters großartiger hilfsbereiter Gemüsehändler der Nord-

straße, mit dem ich zusammen zwei Rollen Dachpappe über die Brandstellen gelegt und mit Balken beschwert hatte. Herbstregen und Winterstürme würden das Haus gänzlich unbewohnbar machen. (Franz Blanke ist nach dem Krieg als plattdeutscher Laienschauspieler bekanntgeworden.)

Vorerst aber war noch Frühherbst, und am Sonnabendnachmittag fuhr ich regelmäßig zu den Eltern nach Dülmen. Im Gegensatz zu Münster hatten wir in Dülmen noch „Frieden", das heißt, es gab keine Bombenangriffe und ich konnte nachts ungestört schlafen, ein Luxus, der uns in Münster nur noch selten zuteil wurde. In Dülmen flogen zwar am Abend oder in der Nacht hoch über der Stadt manchmal Bomberverbände leise grollend gen Osten, aber das ferne Grollen gehörte in meine Träume. Keine heulenden Alarmsirenen rissen uns aus dem Schlaf. Kein hastiges Gerenne zum Bunker war notwendig. Es gab in Dülmen auch keine Bunker, die man angstvoll laufend hätte erreichen können.

Meine Eltern waren alleine und freuten sich über meinen Besuch. Mein Bruder Hans war an der Front irgendwo in den Weiten Rußlands und die kleine Schwester Hella im Reichsarbeitsdienst im Emsland und wenig später im Kriegshilfsdienst in Prag eingesetzt.

Der Tieffliegerangriffe auf die Eisenbahn wegen fuhr ich damals fast immer mit dem Fahrrad nach Dülmen. Es war am einfachsten, und man benötigte dafür am wenigsten Zeit. 30 Kilometer – am Sonnabendmittag von Münster nach Dülmen und montags in der Frühe wieder zurück – waren damals auch für eine trainierte Radfahrerin wie mich eine ganz ordentliche sportliche Leistung, zudem ich beruflich ständig überfordert war.

Weitaus weniger anstrengend wäre natürlich die Fahrt mit einem Auto gewesen, besonders bei Hitze oder strömendem Regen. Aber das war ein unerfüllbarer Wunschtraum. Doch eines schönen Sonnabend mittags wurde dieser Wunschtraum überraschende Wirklichkeit. Da stand am Ausgang der Stadt, auf der Weseler Straße, ein Polizeibeamter und stoppte alle Fahrzeuge, die die Stadt verließen. Auf dem Gehweg daneben sah ich eine kurze Schlange von Wartendenden. Es waren Menschen, die am Wochenende die Stadt verlassen wollten oder mußten. Der Uniformträger rief laut den Zielort des Fahrzeuges, das an seiner Seite anhielt, aus, und in Windeseile setzten sich einige der Zunächststehenden aus der Warteschlange in Bewegung und erkletterten den haltenden Wagen. In der letzten Phase des Krieges waren es fast nur Lastwagen, die noch fahren durften, oft mit Holzvergaser; PKWs sah man kaum noch. Die Lastwagenfahrer waren durchaus nicht wütend über den lästigen Polizeibeamten, der sie jetzt grundlos behinderte, ja, nicht einmal ungehalten. Und das hatte seinen Grund:

Die ungebetenen Fahrgäste und auch mein Fahrrad fanden auf der Ladefläche des Lasters Platz, denn die Fracht war meistens in der Stadt verblieben. Auch bei Beladung des Lasters blieb der Platz direkt hinter der geschlossenen Fahrerkabine stets vorsorglich ausgespart. So waren die kostenlosen Fahrgäste geschützt vor dem Fahrtwind und konnten ihr „Wächteramt" erfüllen und darum ging es dem Fahrer. Zu diesem Zweck lagen stets ein paar dicke Holzknüppel bereit. Das war zwingend notwendig, denn der Fahrer in seiner geschlossenen Kabine hatte ja nur einen begrenzten Ausblick und zwar in der Hauptsache nach vorn. Wenn nun Tiefflieger, die damals mit Recht so gefürchteten tiefliegenden Jagdflugzeuge der englischen Luftwaffe, von der Seite her oder gar von hinten ganz niedrig, getarnt auch noch durch die Chausseebäume, herangejagt kamen, waren die Fahrzeuge den Maschinengewehrgarben hilflos ausgeliefert. Vom Fahrer wurden sie viel zu spät gesehen. Wir Passagiere aber standen oder hockten, mit dem Rücken an die Kabine gelehnt mit dem Knüppel in der Hand und hielten Ausschau. Sobald wir in der Luft, zwischen den Wolken oder durch die Chausseebäume hindurch einen Punkt erblickten, der sich in rasender Geschwindigkeit näherte, schlugen wir mit den Knüppeln gegen die Rückwand der Fahrerkabine. Der Fahrer brachte daraufhin augenblicklich seinen Laster mit kreischenden Bremsen dicht am nächsten Baum zum Halten.

Dann hieß es: Nichts wie runter von der Ladefläche und hinein in den nächsten Straßengraben! Ob der Straßengraben trocken, mit Wasser oder Unrat gefüllt war, spielte keine Rolle, doch es war angebracht, den Chausseebaum oder den Laster zwischen sich und den heranrasenden Jäger zu bringen, bevor das wütende Tack – tack – tack die Luft erfüllte.

An einem Sonnabendnachmittag zählte ich auf der letzten Strecke unserer Landstraße zwischen dem Dorf Buldern und meiner Heimatstadt Dülmen acht zerschossene Lastwagen, für jeden Kilometer einen.

Ein Bild habe ich lange nicht vergessen. Bei einem der zerschossenen Lastwagen hing der Fahrer mit blutüberströmt zerfetztem Kopf aus der offenen Wagentür, während unser Fahrer das Gaspedal durchtrat und wir vorbeirasten, um das gefährliche, gut einsehbare Straßenstück möglichst rasch hinter uns zu bringen. Niemand hielt an dem zerschossenen Wagen an: Kein Arzt, kein Sanitäter, kein Krankenwagen war zu sehen, so lange die Angriffsgefahr bestand. Wie gut, daß die Landstraßen damals von tiefen Wassergräben begleitet waren!

Noch heute, nach mehr als einem halben Jahrhundert, sind mir Landstraßen ohne tiefe Gräben daneben unsympathisch, und ich weiß, daß meine Augen automatisch noch immer nach Sichtschutz und Erdmulden suchen. Und eines Tages habe ich begriffen, daß es in meinem Unterbewußtsein noch immer denkt: Wo finde ich Schutz, wenn die Tiefflieger heranrasen?

Eines Sonntag morgens, als ich mich im Badezimmer meines Elternhauses in Dülmen in der Badewanne räkelte – ein luxuriöses Vergnügen, das ich in Münster nicht mehr genießen konnte, horchte ich auf. Mein geschultes Ohr hörte ein bekanntes Brummen und zwar nicht aus großen Höhen über den Wolken!

Ich sprang aus der Badewanne, griff das Badetuch vom Hokker und rannte die Treppe hinunter in die Küche und von dort in den Keller. Schon im Flur hörte ich das erste gefährlich dumpfe „Rrrrumms", den Einschlag einer Bombe nicht weit von mir entfernt. Die beiden anderen Bombeneinschläge hörte ich im Keller. Dort stand ich mit nassen nackten Füßen, das Badetuch über der Schulter im Kohlenstaub des Kokskellers. Der war laut Familienbeschluß als Zuflucht für derlei Notfälle verabredet worden, da er stabile Wände und keine Außenfenster hatte. Die dritte Bombe war in etwa dreißig Meter Entfernung von unserem Haus nebenan in den Schloßgarten des Herzogs von Croy gefallen und hatte ein großes rundes Loch in die Gemüsebeete gestanzt. Es hatte sich wohl um den Notabwurf eines feindlichen Bombers gehandelt, der von seinem Verband abgekommen und in Bedrängnis geraten war. So erzählte man später in der Stadt.

Als meine Eltern von ihrem obligaten sonntäglichen Morgenspaziergang im herzoglichen Schloßpark zurückkehrten, wollten sie an eine ernsthafte überstandene Gefahr für unser friedliches Dülmen nicht glauben. Eine Weile haben sie und die übrigen Mitglieder meiner Familie noch über mich gelacht, wenn sie daran dachten, wie ich patschnaß zwischen den Koksbergen barfuß im Kohlestaub gestanden und mit nichts als einem Badetuch über der Schulter den Bombenabwürfen gelauscht hatte. Nein, Ernsthaftes konnte in Dülmen doch nicht passieren, darin waren sie sich mit den meisten Dülmenern einig. Es gab weder Kasernen mit Soldaten noch Kriegsindustrie, nichts Kriegswichtiges oder Repräsentatives. Und die Eisenbahn verlief ja zum Glück weit vor der Stadt.

Und die kleine Eisenhütte?

Nun, die lohnte doch einen Angriff nicht. So sprach damals mein kluger Vater. Und er behielt ja auch recht. Der Eisenhütte galt der Angriff am 21./22. März 1945 nicht. Sie blieb erhalten, als die Stadt in einem lodernden Inferno unterging.

Gerda Steinke

Leben auf Abruf

Bei Kriegsausbruch war ich 13 Jahre alt und hatte überhaupt keine Vorstellung davon, was Krieg bedeuten kann.
In den ersten Tagen 1939/40 gab es hin und wieder Alarm,
aber noch nicht sehr bedrückend und ohne große Folgen.
Ja, wir haben damals sogar die Flaksplitter auf den Straßen und Höfen aufgehoben und gesammelt. Der sogenannte Luftschutzkeller in unserem Haus in der Neuköllner
Emser Straße 13-14 hätte uns ohnehin keinen Schutz geboten, denn er lag zur Hälfte über der Straße – ungesichert.
Zu Anfang sind wir bei Alarm auch noch hinunter in die U-
Bahn-Station Neukölln gegangen, wo wir natürlich auch
nie geschützt gewesen wären. Aber das haben wir zunächst
gar nicht begriffen.

Nach der Mittleren Reife begann ich 1942 eine kaufmänni-
sche Lehre bei der Deutschen Lufthansa in Tempelhof im dortigen Flughafen-Neubau (heute am Platz der Luftbrücke).
Bald mußten auch wir Lehrlinge dort einmal in der Woche
nachts oder sonntags abwechselnd Luftschutzwache übernehmen, aber ich selbst hatte dabei nie Alarmeinsatz.

1943/44 wurden die Bombenangriffe häufiger, länger und
hatten auch schwerere Folgen. Oft fielen U-Bahn oder S-Bahn
aus, weil die Gleise oder Bahnhöfe durch Bomben beschädigt worden waren. So mußten wir dann eben auf Umwegen
von Neukölln nach Tempelhof laufen.

Noch vor meiner Abschlußprüfung vor der Industrie- und Handelskammer im Februar und März 1944 wurde ich mit 18 Jahren alleinige Vorzimmer-Sekretärin der Abteilung Flugabrechnung. Zweimal bestellte man mich zur militärischen Einberufungsmusterung, stellte mich aber stets frei, da die Lufthansa als „Wehrbetrieb" galt und ich nicht aus einem laufenden Lehrverhältnis herausgenommen werden durfte. Für uns Angestellte der Lufthansa bestand die Möglichkeit, persönliche Wertsachen und anderes im bombensicheren Kellergewölbe des Flughafen-Gebäudes zu deponieren. Auch ich machte von diesem Angebot Gebrauch.

Die Luftangriffe folgten nun in immer kürzeren Abständen und vermehrt auch am Tage. Wir sahen schon am Wetter, am klaren Himmel, wann wieder ein Angriff erwartet werden konnte. Abends hörten wir über den „Drahtfunk"

Lufthansa-Luftschutzwache. Mittagspause an einem schönen Sonntag zusammen mit Flak-Helfern, die auf dem Dach des Flughafens Tempelhof stationiert waren. Ich stehe links.

DEUTSCHE LUFTHANSA
AKTIENGESELLSCHAFT

BERLIN SW 29, den 8. Juli 1944
Flughafen 66 50 31
Ortsgespräche 19 53 53 / Ferngespräche 19 54 81

| Ihr Schreiben vom | Ihr Zeichen | Unser Zeichen VL.FA.Pe. |

Betrifft   Urlaubsbescheinigung!
================================

Frl. Gerda P e t e r s o h n , wohnhaft
Berlin-Neukölln, Emser Str. 13/14,

Betrieb: Deutsche Lufthansa, Aktiengesellschaft,
Berlin SW 29, Flughafen-Neubau,

ist beurlaubt ab 10. bis einschliesslich 22.Juli
1944 und hat gemäss der Anordnung des Staatssekre-
tärs für Fremdenverkehr zur Lenkung des Fremden-
verkehrs im Kriege vom 20. April 1942 die Be-
rechtigung zu einem Erholungsurlaub.

Deutsche Lufthansa
Aktiengesellschaft

[Unterschriften]

Drahtanschrift: Lufthansa - Mosse-Code - Fernschreiber: K 1 Berlin 295 - Reichsbank-Girokonto 1/72
Postscheck-Konto: Berlin 341 55 - Luftreisebüro Berlin W 8, Friedrichstraße 177, Fernruf: 11 76 11
Luftexpreßgut-Annahme Berlin W 8, Kronenstr. 46, Fernruf: 19 53 53

Vorsitzer des Aufsichtsrats: Erhard Milch - Vorstandsmitglieder: Walter Luz

die Luftlagemeldung, und wenn es hieß: „Bomberverbände im Anflug auf den Raum Hannover-Braunschweig", dann wußten wir Bescheid: Jetzt galt es, sich auf einen Fliegerangriff vorzubereiten. In den letzten Kriegsmonaten zog man sich zum Schlafengehen schon nicht mehr richtig aus, blieb halb angezogen sprungbereit, denn die Sirenen heulten immer mehr mit Verzögerung. Es blieb wenig Zeit. Wir gingen schon lange nicht mehr in unseren Hauskeller, sondern rannten mit wenigen wichtigen Habseligkeiten zum Tiefbunker in der Hermannstraße. Nach jedem Angriff traf ich mich immer mit meiner Freundin, die am anderen Ende unserer Straße wohnte, weil wir sicher sein wollten, daß wir es wieder einmal überstanden hatten.

Meine Schwester erwartete im April 1944 ihr Baby und fuhr jeden Abend in den für Entbindungen hergerichteten Luftschutzbunker der Charité. Dort wurde am 24. April 1944 meine Nichte geboren. Ich besuchte meine Schwester unten im Bunker, in dem die Wöchnerinnen dicht bei dicht bei Kunstlicht und schrecklicher Luft in den Betten lagen.

Vier Tage später konnten wir meine Schwester und das Baby mit einem Taxi nach Hause holen. Unterwegs sahen wir bereits überall vor den Luftschutzbunkern lange wartende Menschenschlangen, und wir wußten sofort, daß Bomber gemeldet worden waren. Kaum zu Hause angekommen, heulten schon die Sirenen. Wir hatten keine Zeit mehr, um in den Bunker zu gehen und mußten hinunter in unseren unsicheren Hauskeller. Es folgte ein besonders schwerer Luftangriff. Wir hörten mehrere Luftminen über uns hinwegpfeifen und in der Nähe einschlagen. Dieses Geräusch war mörderisch, aber wir beruhigten uns immer mit den Worten:

Links: Meine Urlaubsbescheinigung vom Sommer 1944. Ich fuhr zu meinen Verwandten nach Thüringen. Dort, in Krossen an der Elster, konnte ich nachts endlich wieder einmal ungestört schlafen.

„Wenn wir sie hören, treffen sie uns nicht." Meine Mutter beugte sich mit ihrem ganzen Körper schützend über das Neugeborene, denn von den Kellerwänden rieselten in grauen Wolken Kalk und Mörtelstaub herab. Wir zitterten stumm vor Angst!

In den folgenden Monaten waren wir immer froh, wenn das Wetter schlecht und regnerisch verhangen war. Dann konnten wir eventuell vor Angriffen sicher sein. Doch wir lebten nur noch zwischen den Alarmen, konnten kaum noch richtig ausschlafen.

An einem Abend im Dezember 1944 war der Weg zum Bunker besonders beschwerlich gewesen. Als wir noch oben am Eingang standen, mitten in einer stoßenden großen Menschenmenge, hörten wir bereits die ersten Flugzeuge. Der Alarm war viel zu spät ausgelöst worden. Panik entstand – jeder wollte zuerst hinunter, schob und schubste. Meine Schwester und ich trugen den Kinderwagen. Meine Gasmaske schwebte über dem Kopf des Säuglings, sie hatte sich im Verdeck verhakt. Ich drohte über die Treppe zu stürzen. Wenn nicht ein Soldat neben mir zugegriffen hätte, wäre ich mitsamt Kinderwagen gestürzt und die Meute schreiender und drängender Menschen über mich hinweg gestiegen. So landeten wir doch noch im oberen Bunkerbereich, der aus mehreren Etagen bestand, eingequetscht zwischen weinenden Kindern, angstvollen Alten, betenden Frauen, Rotkreuzschwestern und teilweise verwundeten Soldaten.

So spielte sich unser Leben in den letzten Kriegswochen nur noch auf Abruf ab. Und doch hatten wir in all dem Chaos Glück, unser Haus blieb unbeschädigt. Durch Bomben verlor ich mein Eigentum tatsächlich nicht, aber durch die enormen Plünderungen beim Einmarsch der Roten Armee. Die Lufthansa-Keller waren völlig ausgeraubt worden und leer, als ich nach Kriegsende wieder dorthin ging.

(Weitere **ZEITGUT-***Beiträge der Autorin sind am Buchende vermerkt.)*

[Ahlbeck/Usedom, Vorpommern –
Freudenfier, Kreis Deutsch-Krone*),
Hinterpommern;
August/September 1944]

Gertrud Walther

Laufgräben schaufeln in Hinterpommern

*Bei einem Urlaubsaufenthalt in Kolberg begleitete uns ein pol-
nischer Reiseleiter, der fast akzentfrei deutsch sprach. Seine
Ausführungen waren sehr wahrheitsgetreu. Er schilderte die
Vergangenheit so, wie sie sich zugetragen hat, unter anderem
auch den Bau des Ostwalls. Die Polen nennen ihn Pommern-
wall. Während einer Unterhaltung erzählte ich, daß auch ich
damals dort schaufeln mußte. Nachdem er mich eine ganze
Weile angesehen hatte, war seine Reaktion: „Da waren Sie doch
noch ein Kind!"*

Ja, so war es wirklich, ich war gerade erst 15 Jahre alt
und lebte in Ahlbeck auf der Insel Usedom. Im Krieg eine
Lehrstelle zu bekommen, war äußerst schwierig, aber bei
der Eisenwarenhandlung Langhoff in Swinemünde klappte
es. Kindergärtnerin wollte ich eigentlich werden, das war
aber leider eine Wunschvorstellung. Die einzige Ausbildungs-
stätte befand sich in Greifswald. Die Entfernung, die Bombenangriffe, die Ernährungslage, Zugverspätungen und noch
viele andere Gründe waren ausschlaggebend, daß sich dieser Traum zerschlug.

Sehr überraschend kam eines Tages ein Befehl der Swine-
münder Stadtkommandantur ins Haus geflattert, sich für

---

*) heute Szwecja bei Wałcz

einen Einsatz in Hinterpommern bereitzuhalten. Einige Tage später ging es dann mit der Bahn in Richtung Schneidemühl. So kam ich mit vielen meiner ehemaligen Klassenkameradinnen nach Freudenfier.

Sehr freundlich begrüßte uns unsere Quartiermutter. So nanntenwir sie immer liebevoll, denn wir hätten ihre Kinder sein können. In ihrem schönen Haus mit einer Fleischerei, die allerdings nicht mehr geöffnet hatte, weil der Meister eingezogen worden war, waren wir acht Mädchen aus Ahlbeck vom 1. August 1944 an untergebracht: In einem hellen Zimmer war der Fußboden dick mit Stroh ausgelegt, das war unsere Schlafstelle. Einen Schrank gab es nicht, dafür Holzleisten mit reichlich Haken. Wir besaßen ja nicht viel Kleidung, es genügte. In den unteren Räumen war für eine Waschgelegenheit gesorgt. Im Kessel, in dem sonst die Wurst gebrüht wurde, konnten wir uns Badewasser bereiten. Von der großen Holzmiete auf dem Hof durften wir nehmen, was benötigt wurde. Unsere Wirtin sagte immer: „Nehmt, nehmt nur! Wer weiß, wie noch alles kommt ...“ Sie sah dann immer sehr traurig aus. Auch unter den anderen Ortsansässigen war stets etwas von Traurigkeit und Ungewißheit zu spüren. Kein Wunder in diesem Kriegsjahr 1944.

Der kleine Ort war vollgestopft mit Arbeitskräften. Junge, fast noch Kinder, aber auch viele alte Männer, vom sogenannten Volkssturm. In Scheunen, Dachböden, Kellern und Wohngebäuden hatten sie Unterschlupf gefunden.

Am zweiten Tag unserer Ankunft mußten wir zum Appell antreten. Hier wurde uns klargemacht, wie wichtig unser Einsatz sei. Vor allem sollten wir fleißig und diszipliniert sein. Unsere sogenannten Vorgesetzten waren durch Kriegsverletzungen nicht mehr fronttaugliche Unteroffiziere der Marine.

Ein langer Marsch zu unserem Arbeitsabschnitt stand uns bevor, vorbei an großen Blumen-, Weiß- und Rotkohlfeldern, durch Wiesen und Wälder, bis wir an einen ungeheuer breiten Wall kamen: ein Panzergraben. Der sollte die russischen Panzer aufhalten. Gestaffelt in drei unterschiedlichen Höhen mußte hier geschaufelt werden, um das Hindernis noch unüberwindlicher zu machen. Es gab keinerlei Technik, alles erfolgte per Hand. Diese Arbeit führten Männer aus, die unsere bestand darin, Laufgräben auszuheben. Auf einer genau abgemessenen Strecke ging es mit einem Spaten ans Werk. Diese Distanz war als Pensum festgelegt, das wir zu schaffen hatten, ganz gleich, welches Wetter herrschte. Ob starker Regen oder Sturm, nichts berechtigte zu einer Pause. Die Arbeit wurde immer kontrolliert, erst wenn wir unser Soll gut erfüllt hatten, durften wir den Graben verlassen. Da war gegenseitige Hilfe ganz wichtig, nur so war die Arbeit erträglich.

Sträucher und Wurzeln erschwerten den Ablauf sehr. Der Spaten war schwer und der Griff für unsere Hände viel zu groß. Es bildeten sich schnell Blasen, die große Schmerzen verursachten. Sand und Staub taten das Übrige. Die Sanitäter tupften Jod auf die blutenden Stellen, und weiter ging es. Verbandszeug war knapp, das wurde ja an anderen Stellen noch viel nötiger gebraucht!

Wir bekamen eine einzige kleine Mullbinde für die ganze Zeit. Unsere Wirtin sah, wie es uns ging. Sie opferte Laken, riß schmale Streifen ab, damit umwickelten wir unsere Hände. Den Tip, mit Eigenurin die Handflächen einzureiben, befolgten wir auch. Es brannte fürchterlich, aber es half.

Den ganzen Tag an der frischen Luft und immer schwer arbeiten, das machte hungrig. Morgens vor Arbeitsbeginn ging es zur Verpflegungsstelle. Eine dicke Scheibe Brot, fünfzig Gramm Butter, etwas Wurst oder Käse – das war die Kaltverpflegung für den ganzen Tag. Erst am späten Nachmittag bekamen wir etwas Warmes zu essen. Im großen Saal der Gaststätte nahmen wir unsere Mahlzeit ein. Das war immer ein Eintopf: Möhren – Weißkohl – Kohlrüben – Erbsen, in dieser Reihenfolge. In den Wäldern gab es reichlich Wild, und so war die Fleischversorgung gesichert. Alles wurde nur mit Hirsch- oder Wildschweinfleisch zubereitet.

Diese Aufnahme zeigt mich nach Beendigung der Schule 1944.

Abends auf dem Heimweg versuchten wir, ganz am Schluß unserer Kolonne zu gehen. Aber nur dort, wo ein Kohlfeld in der Nähe war. Mit dem triftigen Grund, uns in die Büsche schlagen zu müssen, gelang das immer. Schnell ein paar Köpfe abgeschnitten, im Rucksack versteckt, und dann liefen wir weiter. Abends haben wir dann rohe Kohlblätter geknabbert. Hatten wir Blumenkohl erwischt, kochte ihn die Wirtin für uns, zwar ohne Semmelbrösel, aber für uns war es eine Delikatesse.

Mit der Zeit fiel uns die kräftezehrende Arbeit immer schwerer und wir schafften das Arbeitstempo nicht mehr. Daraufhin wurden wir beim Flechten eingesetzt. Ein Rahmen aus vier langen Leisten, der zur Befestigung der Laufgräben dienen sollte, mußte mit Kiefern-, Tannen-, Buchen- und Weidenzweigen durchflochten werden. Diese Arbeit war auch nicht leicht. Wegen des unterschiedlichen Arbeitsmaterials wurde aber wenigstens keine Norm festgelegt. Ohne Handschuhe Zweige von Nadelbäumen biegen, da haben nicht nur die Hände geschmerzt, das ging auch auf die Arme!

Die Verpflegungsstelle für Kaltproviant oblag einer Arbeitsmaid vom Reichsarbeitsdienst. Eines Tages sprach sie mich an: „Du, kleine Blonde, hättest du nicht Lust, hier zu arbeiten?"

Und ob ich Lust hatte, natürlich!

Sie regelte alles mit meinen Vorgesetzten und so konnte ich nun den Spaten zur Seite legen. Dafür führte ich ein scharfes Messer, um Brot, Butter, Wurst und Käse zu portionieren und bei der Ausgabe zu helfen. In den großen Kesseln blieben immer Reste. Der Küchenchef hatte nichts dagegen, wenn ich sie auskratzte und damit mein Eimerchen füllte. Das war immer eine kleine Zusatzverpflegung für meine Freundinnen, die ja nach wie vor schwer im Freien arbeiten mußten. Sonntags gab es immer Grießpudding mit Pflaumen. An diesem Tag brauchten wir nicht zu arbeiten, da schliefen wir fast den ganzen Tag.

Aus den Nachrichten wußten wir, daß die Front sich verändert hatte, und der schon hörbare Kanonendonner, zwar noch in der Ferne, war beunruhigend. Was wird nun?, fragten wir uns. Können wir denn nicht bald nach Hause?

In den letzten Septembertagen kam endlich die frohe Botschaft: Wir durften heim!

Eine lange Bahnfahrt stand uns bevor, sehr oft standen wir auf offener Strecke. Züge an die Front und Lazarettzüge in die Heimat hatten Vorfahrt. Ich kann mich nicht mehr erinnern, wieviele Tage wir für unsere Heimkehr brauchten, aber die Freude war natürlich groß, als wir endlich wieder heimatlichen Boden unter den Füßen hatten und unsere Angehörigen in die Arme schließen konnten.

[Breslau, Niederschlesien – Bergstadt, Raum Gleiwitz,
Oberschlesien – Baden bei Wien – Hirschberg – Dessau –
Dresden – Hüpede bei Hannover;
Juni 1944 – 1946]

Susanne Wegner

Von der RAD-Maid zur Flakhelferin

Ich kann aus heutiger Sicht verstehen, daß man immer fragte: „Warum habt Ihr das alles über Euch ergehen lassen?
Warum habt Ihr die politischen Schachzüge des NS-Systems
nicht durchschaut? Warum habt Ihr es zu diesem Chaos für
die Menschen und die Wirtschaft kommen lassen?"

Heute sehe ich, daß alles unter den neuen Machthabern
einen ausgeklügelten Hintergrund hatte. Erstaunlich viele
Breslauer Familien, auch wir als Beamtenfamilie, erhielten
in den 30er Jahren neue, bessere Wohnungen, am Stadtrand
erbaut, zur Aufheiterung und als Lockmittel für die gefügi-
ge Gefolgschaft. Eine neue Zeit war angebrochen. Mein Elternhaus war ein sehr moderner Neubau-Häuserblock, in den
wir aus einer innerstädtischen Altbauwohnung in Breslaus
Zentrum einzogen, als noch nicht alle Blöcke fertig waren.
Schön zu sehen, wie die im Karree errichteten Häuser ihrer
Vollendung entgegenwuchsen.

Gern denke ich an die Zeit bei den Jungmädeln und im
Bund Deutscher Mädchen (BDM). Es war ein straff organi-
sierter Schul-, Lern- und Freizeitrhythmus. Schon durch die
einheitliche Kleidung fühlten wir uns wohl in der Gruppe.
Vor allem hatten wir nur wenige Jahre ältere sogenannte
Führerinnen (Klassen-, Stubenälteste, Vorgesetzte) mit rot-
weißer Schnur, einen Grad höher mit grüner Schnur an der
Kleidung. Auch bei den Jungen war es so. Fast könnte man

es Selbsterziehung der Jugend nennen, diese Ordnung mit Unterordnung und Gehorsam. Ich sehe uns im Gleichschritt marschieren, wandern, den Brotbeutel umgehängt, viele Strophen singend: „Schwarzbraun ist die Haselnuß ..."; „Fröhlich zog ich mit der Laute"; „Und die Morgenfrühe, das ist unsere Zeit, wenn die Winde um die Berge wehen ..." und andere Lieder.

In einem gemieteten Raum gab es Heimabende mit Singen, Vorlesen, Basteln für Ostern und Weihnachten. Ja, sogar das Morsen erlernten wir.

Unsere Körper wurden ertüchtigt und abgehärtet durch den Sport. „Zäh wie Leder, flink wie Windhunde, hart wie Kruppstahl" sollten wir sein. Die niederschlesischen Sportwettkämpfe in Hirschberg waren ein Höhepunkt, für die wir Leichtathletik im Breslauer „Hermann-Göring-Stadion" trainierten, ich natürlich mit meinen weiß-roten Spikes, die ich mir immer so gewünscht hatte. Mit ihnen kam ich im Weitsprung mit 4,96 m an die Fünf-Meter-Marke heran. Der Staffellauf mußte klappen! Dank der Spikes erreichte ich ein ganz schönes Tempo!

Von 1937 bis 1943 besuchte ich die Sophien-Mittelschule im Süden Breslaus. Inzwischen war der Krieg in vollem Gange. An die Sondermeldungen im Radio kann ich mich erinnern, an die siegestaumeligen Bilder in der Wochenschau vor einem Film im Kino.

Dann wurde unsere Schule Lazarett. Wir erhielten Unterricht an einer anderen Schule, der Yorkschule, in einem anderen Teil der Stadt. Jetzt wurde es unsicher. Der Wechsel ins Gymnasium verzögerte sich. Nach der 10. Klasse 1943 riet man uns Mädchen, erst mal in einem kinderreichen Haushalt das sogenannte Pflichtjahr zu absolvieren. Auch diese Zeit habe ich in guter Erinnerung. Da lernte ich viel über Gartenarbeit, Kindererziehung, Haushaltsführung, Große Wäsche, fuhr mit dem Fahrrad einkaufen und vieles mehr. Diese harmonische Familie wohnte ganz in der Nähe, wo auch das Grundstück meiner Großmama lag.

Kaum war das Pflichtjahr zu Ende, bekam ich eine schriftliche Einberufung, daß ich mich zum Antritt des Reichsarbeitsdienstes zu melden habe. Zuvor mußte ich zur medizinischen Untersuchung. Im Juni 1944 wurden wir siebzehn- und achtzehnjährigen Mädels zum Reichsarbeitsdienst, kurz: RAD, eingezogen, wo wir Arbeit im Haushalt, in Stallungen, Gärten und auf den Feldern erlernen und leisten sollten. 80 Mädels – Maiden nannte man uns beim RAD – kamen nach Bergstadt am Annaberg, im Raum Gleiwitz in Oberschlesien gelegen. In einem Barackenlager wurden wir in Räumen mit Doppelstockbetten für acht Maiden zusammen mit einem zur Stubenältesten ernannten Mädchen untergebracht.

Uniformiert und gedrillt

Zu der Bekleidung einer Arbeitsdienstmaid gehörten ein hellbraunes Kostüm aus festem Uniformstoff, dazu eine helle Polobluse; außerdem braune Röcke, hellbraune Pullover, helle Hüte mit braunem Hutband und blaue, derbe Leinenkleider mit Trachtenstrickjacke. Am linken Ärmel der uniformartigen Kostümjacke war ein Dreieck-Emblem mit der Aufschrift „Niederschlesien" aufgenäht. Die Fußbekleidung bestand aus festen, hohen Schnürstiefeln. Sogar die Unterwäsche war nicht mehr dem persönlichen Geschmack anheimgestellt. Es mußte reichseigene getragen werden, die allerdings aus hautfreundlichem Leinen bestand. Alles war zweckmäßig und praktisch. Jede Maid hatte einen Spind, in dem sie ihre Habseligkeiten sorgfältig unterzubringen hatte, dazu einen Holzschemel und eine kleinere Aluminiumschüssel.

Es fing alles recht jugendgemäß und harmlos an. Der Ordnungsdienst wurde dann aber geübt bis zum Gehtnichtmehr. Beim Morgenappell unter der Fahne: „Angetreten! – Stillgestanden! – Die Augen links! – Augen geradeaus!"

Marschieren in Dreierreihen: „Rechts um! – Im Gleich-

*An Uniformen waren
wir BDM-Mädels
gewöhnt. Die RAD-
Kluft stand mir gut.*

schritt marsch! – Rechts schwenkt! – Links schwenkt! – Ein Lied! – Achtung! – Weggetreten!"

Wir wurden zum Küchen- und Ordnungsdienst eingeteilt. Morgens hieß es: Bettenbauen. Der Ausdruck trifft den Nagel auf den Kopf, denn damit wurde Kult getrieben. Das kleinkarierte weiß-blaue Federbett und das Kopfkissen hatten „auf Kante" zu liegen. Hier herrschte ein ständiger Drill: Spindkontrolle, Schemel-, Schüssel-, Schuheputzen, Näh- und Flickstunde. Immer wieder erlernten wir neue markante Liedtexte und sangen mit Akkordeonbegleitung. Selbstverständlich wurden die Mahlzeiten gemeinsam und mit einem linientreuen Tischspruch eingenommen.

Die Lagerleiterin – mit grüner Schnur – hatte Offiziersallüren, eine Knotenfrisur, Stiefel und einen Schäferhund an

Küchendienst im RAD-Lager Bergstadt in Oberschlesien im Sommer 1944.
Hier werden Bohnen geschnippelt, andere Maiden schälen Kartoffeln.

der Seite zur Bewachung des Barackenlagers. Sie nahm die
Meldung der Stubenältesten entgegen und gab Befehle aus.
Wir sollten zu blindem Gehorsam gedrillt werden.

Unsere tägliche Aufgabe war es, in zugeteilten Bauern-
gehöften auf dem Feld und im Stall mitzuhelfen. Abends
ging es stets zurück in das Barackenlager. So ganz nebenbei beaufsichtigten wir die Ostarbeiterinnen, die als Ern-
tehelferinnen mit auf dem Hof waren. Ich hatte trotz Ver-
ständigungsschwierigkeiten ein gutes Verhältnis zu einer
Ukrainerin mit kurzen Haaren und Kopftuch,

Das ging einige Zeit so. An zu Hause dachten wir vor Müdigkeit und eingedrilltem Gehorsam kaum. Wir Mädchen
wurden systematisch unserem Familienumfeld entwöhnt.
Nach einigen Monaten waren wir nicht mehr nur Arbeits-
diensthelferinnen auf dem Lande, allmählich hatte man uns
umfunktioniert!

Aber bald spitzte sich der Krieg zu. Ab Dezember 1944 wurde das bisher verschonte schlesische Ostgebiet Deutschlands Kriegsschauplatz. Oberschlesische Städte ganz in unserer Nähe – Gleiwitz, Beuthen, Ratibor, Blechhammer – waren zur Zielscheibe englischer und amerikanischer Bombenangriffe geworden. Die Vergeltungsbombardements der Alliierten trafen nicht die Steinkohlenbetriebe in Oberschlesien, sondern die Häuser der Zivilbevölkerung. Die Abwehrvernebelung war vom Winde verweht. Reste von Häusern, Schutt und Asche türmten sich, Brandgeruch lag in der Luft und erschwerte das Atmen. Mit großen Holzleiterwagen, von Pferden gezogen, wurden wir dorthin gebracht, um Aufräumungsarbeiten zu leisten. Wir schaufelten Trümmer weg und bargen aus Kellern und unter Trümmern Menschen hervor, die schwer verwundet oder ums Leben gekommen waren. Hier begegneten wir direkt dem Kriegselend – Eindrücke, die man nicht vergißt!

Abends kamen wir todmüde in die Baracken zurück.

„Ihr löst die Soldaten ab!"

Im August 1944 muß es gewesen sein – die Hauspflaumen waren schon reif, denn wir bekamen von der Bäuerin mit Sahne übergossene Pflaumenknödel –, da teilte uns die Lagerleiterin mit ihrem scharfen Wachhund an der Seite beim Fahnenappell mit schrillem Tone mit: „Die Russen kommen! Das Lager wird aufgelöst! Ihr werdet aus dem Raum Gleiwitz in den Westen Deutschlands in Richtung Hannover abtransportiert!"

Zuvor ging es aber zu einem anderen Ziel: nach Baden bei Wien. Das kannten wir von den „Weaner Liedln" aus dem Radio. So machte es uns keine Furcht. Vielleicht kommen wir bald wieder nach Hause, dachten wir. Wir gehorchten, schließlich traf alle das gleiche Los.

Wo landeten wir nun?– In einer Flak-Artillerie-Kaserne bei Wien, wo uns bewußt gemacht wurde: „Ihr Arbeitsmaiden seid hier zur Ausbildung an militärischen Objekten! Ihr löst die Soldaten ab, die an die Front müssen, denn das Militär wird knapp."

Wir folgten bedingungslos den Anordnungen und Befehlen. Ordnungsdienst, Stuben- und Fahnenappelle und die Exerzierübungen hatten uns Disziplin und Gehorsam gelehrt – alles war bis zum Äußersten durchorganisiert.

Vom schönen Wien sahen wir nicht viel, denn eine weiträumige Kaserne mit Exerzierhof nahm uns auf. In Räume für je sechs Mädchen mit Spinden und Doppelstock-Betten wurden wir eingewiesen, das kannten wir. Morgens weckte uns eine Arbeitsdienstführerin mit Violinentönen, die anheimelnd durch die Korridore klangen. Zu Heimwehgefühlen, Ängsten, zum Weinen und Zweifeln kamen wir Mädchen bei diesen straffen Tagesabläufen auch hier nicht. Wieder wurde versucht, mit Durchhalteparolen, führertreuen markigen Liedern und eindringlichen, die Liebe zum Vaterland stärkenden Worten unser Bewußtsein und unseren Siegeswillen zu beeinflussen. Und das gelang. Wir glaubten daran und sangen:

> *„Nichts kann uns rauben,*
> *Liebe und Glauben zu unserm Land.*
> *Es zu erhalten und zu gestalten,*
> *sind wir gesandt..."*

Es begannen die täglichen theoretischen und praktischen Unterweisungen. Hochrangige, öfter wechselnde Offiziere erfüllten bei uns wie bei den männlichen Soldaten streng nach Vorgabe ihren Ausbildungsdienst.

Die Scheinwerfer, die wir später bedienten, konnten zwar gut in die erforderliche Richtung gebracht werden, aber ihr leuchtender Strahl erfaßte niemals die richtige Höhe, um den Flakgeschützen in den Stellungen bei der Abwehr hilfreich zu sein. Das wußten wir damals bei der Ausbildung in der Kaserne jedoch noch nicht.

Vorerst flog in Baden bei Wien im Herbst 1944 täglich für unsere Mitteneindruck-Übungsstunde ein leichtes Flugzeug, eine knarrende AN 22, tief über uns hinweg. An der unteren Hinterkopfmitte konnten wir genau die Richtung der abfliegenden Geschwader akustisch wahrnehmen und weiterleiten. Diese Hörübungen am Ring-Trichter-Richtungshörer dienten mir auch im späteren Leben oftmals: Aus welcher Richtung kommt beispielsweise das Martinshorn? Von wo ist der unverkennbare Ruf des Grünspechts zu hören?

Dort in der Kaserne bei der militärischen Ausbildung galt es also, das Gehör zu schulen und die Richtungswerte weiterzugeben.

Weihnachts-Heimaturlaub
Wir waren ziel- und hoffnungslos geworden. Nur der Instinkt, gehorsam zu bleiben, gab uns die leise Hoffnung, vielleicht irgendwie aus diesem Wirrwarr herauszukommen.

Nach Wochen – in der Adventszeit Ende November 1944 – entließ man uns für das Weihnachts- und Silvesterfest in die Heimatorte, nicht ohne an unseren militärischen Gehorsam zu appellieren. Laut Befehl hatten wir uns nach dem Heimaturlaub am 10. Januar 1945 in Gleiwitz/Oberschlesien – unserem Ausgangspunkt – zur Weiterverfügung zu melden. Von der Flak-Ausbildungskaserne in Baden bei Wien fuhren wir, jede mit einem großen blauen Militärrucksack bepackt, voller Erwartungen nach Hause. Aus der Kleiderkammer der Kaserne hatten wir eine vollständige Militärausrüstung erhalten, mit Ausnahme von Waffen natürlich. Toll sahen die Sachen aus: die blau-grauen Keilhosen mit Jackett, der weite Flakmantel für die Wache, alles aus kratzendem, festem blaugrauem Wollstoff, Metallknöpfe als Verschluß. Neben kompakten, mit Nägeln beschlagenen Gebirgsjäger-Schuhen und Stiefeln waren Käppi, Pullover, Brotbeutel, Stahlhelm und Kochgeschirr in dem geräumigen Flak-Rucksack untergebracht, eine kleine Aluminiumschüssel – meine jetzige Vogelfutter-Überdachung: weiße Punkte auf rotem Grund – obendrauf.

„Was hat man denn mit euch gemacht?" wunderten sich meine Eltern, als sie mich unerwartet vor der Tür sahen. Wie mag es sie geschockt haben, mich mit diesem neuen Outfit, wie man heute sagt, zu sehen. Mitleid? Angst? Ratlosigkeit?

„Du bleibst doch nun da?"

„Ich muß wieder hin!"

Die Eltern wollten mich zurückhalten, aber ich ließ mich nicht dazu überreden, als die uns gewährte Frist verstrichen war. Nichterscheinen wäre Befehlsverweigerung, ja Desertion gleichgekommen und schwer geahndet worden. Mit heutigem Abstand denke ich schon, ob man uns etwa Gelegenheit zum Ausscheren geben wollte?

Der 10. Januar kam heran. Der Jahreswechsel davor ist mir ganz aus dem Gedächtnis entschwunden. Ich sehe mich erst wieder beim Abschied in Breslau, an der Straßenbahnendhaltestelle der Linien 15 und 11, ein letztes Mal mit meinen Eltern stehen. Wieder in voller Montur, bereit zu gehorchen. Was monatelanger Drill, dauernde Einwirkung, Training, geistige und körperliche Ausrichtung doch bewirken können! Ich war nicht aufzuhalten.

Ich kann heute noch meine unbeschreibliche Ohnmacht von damals fühlen, in diesen Sog geraten zu sein. Sicher versuchten viele Eltern, ihre Mädchen zurückzuhalten, zumeist vergeblich. Beim Antreten am Gleiwitzer Bahnhof fehlten am Befehlstag von 80 Arbeitsmaiden des RAD-Lagers Bergstadt nur zwei Mädels.

Wochenlang im Güterzug unterwegs

Die damalige Heeresführung hatte angeordnet, daß der Osten Schlesiens geräumt werden müsse. Es hieß, die Russen kämen. Deutsche Soldaten in Militärautos fuhren uns zum Treffpunkt Güterbahnhof, wo wir unter russischen Tieffliegerbeschuß gerieten. Diese ahnten Truppenbewegungen. Für uns Mädels war es nicht unproblematisch: Bei eisigen Wintertemperaturen sprangen wir in den frostigen Straßengraben, wo wir uns niederhielten. Bomben explodierten um uns herum. Man sammelte weitere Arbeitsdienst-Flakmaiden, etwa eintausend sollten letztlich zusammenkommen.

Die russische Armee rückte tatsächlich von Osten heran. Uns verfrachtete man eiligst in Güterwaggons, die mit Stroh ausgelegt waren. Fluchtartig ratterte der endlose Zug quietschend mit uns westwärts. Wir saßen zusammengekauert im finsteren Waggon auf unserem Militärgepäck, es gab kaum Fenster. Was geschah mit uns? Wohin ging es?

Wir waren abgeschnitten von unseren Familien. Unser Breslau lag schon bald weit zurück. Ob wir jemals wieder zurückkämen?

Hirschberg am Fluß Bober durchfuhren wir mit längerem Aufenthalt. Dann überquerte der Zug die Neißebrücke in Görlitz. Weiter ging es mit vielen Zwischenstops. Würde dieser endlose Güterzug zum Transporteur für Mädel und Frauen werden, die ohne Zuhause ihre Angehörigen nie wiedersähen? Oder war alles nur vorübergehend?

Wir waren völlig ratlos, wir wurden dirigiert, rangiert. Ob die sonst so eingängig komponierten Melodien und euphorischen Liedertexte dieser Kriegszeit uns bei der fluchtartigen Fahrt über die Lippen gekommen waren, bezweifle ich. In dieser Situation, dem bereits sechsten Kriegsjahr, verließ uns die Lust zu singen. Der kalte, finstere Güterzug ratterte und ratterte – wohin?

Es ging um die Rettung von vielen hundert jungen Frauen aus der Gefahr. Auf keinen Fall sollten wir dem Feind in die Hände fallen! Wir waren die zukünftigen Mütter und mußten unbedingt gerettet werden!

Außerdem: Wir wurden ja gebraucht, sollten Soldaten aus den Wehrmachtsstellungen ablösen, damit diese an der Front kämpfen konnten. Den Anordnungen und Befehlen folgten wir. Noch war unsere Fahrt gut durchorganisiert. In bestimmten Bahnhöfen gingen die Schiebetüren der Waggons auf, und für jeden von uns flogen abgezählte Portio-

nen herein: duftendes Kommißbrot, Streichkäse in Gold-
papier, hartgefrorene Butterstückchen, Wurstpackungen,
Marmelade. Heißen Tee faßten wir im Kochgeschirr, das
am Rucksack baumelte. Auch auf dieser Fahrt überkamen
uns kaum Tränen oder Heimwehausbrüche. Wir wollten –
besser: mußten – mit anerzogener Disziplin zur „Rettung
Deutschlands" beitragen.

Ausgerechnet in der Nacht vom 13. auf den 14. Februar
1945 blieb der lange Güterzug auf einem Abstellgleis vor den
Toren Dresdens stehen. Wir erlebten ein noch nie gesehe-
nes, noch nie dagewesenes Inferno: die weit leuchtenden
Phosphor-Christbäume am Himmel, von amerikanischen und
englischen Kampfgeschwadern heruntergelassen, die Brand-
herde in der Stadt. Gespenstisch zeichneten sich im Feuer-
brand die Ruinen ab. Ob uns überhaupt bewußt wurde, was
da passierte?

Die schleppende Fahrt der Waggonkette ging immer weiter
westwärts. Wir sollten noch fast bis zum Osterfest Anfang April
1945 unterwegs sein – mit etlichen Unterbrechungen und Aufenthalten in Turnhallen, Schulen, Notunterkünften, unter anderem in Aken, Köthen, Dessau, um ein paar Wäschestücke
auszuwaschen und diese über rußenden Kanonenöfen zu trocknen. Auf längeren Strecken mußte auch mal einer unsere Stahl-
helme als Nachttopf dienen, der dann in hohem Bogen heraus-
befördert und auf der Strecke gelassen wurde.

Endlich am Ziel: Zwischen Disziplin und Ohnmacht

Der Güterzug, einem mit uns Maiden besetzten Viehtransport
gleichend, beendete die weite Reise schließlich in Hannover-
Land. Wo und wie wir ausgeladen wurden, ist mir nicht mehr
in Erinnerung. Ich sehe uns zu dritt: Margot und ich aus Breslau, Dorle aus Ansbach bei Nürnberg. Gemeinsam kamen wir
in einem Großbauerndorf an – Hüpede bei Springe am Deister,
nahe Hannover. Uns beeindruckten die riesigen graustämmi-
gen, gerade gewachsenen Buchen im nahen Walde.

Bald waren wir zu je acht oder zehn Maiden in die Barakken in der Scheinwerfer-Stellung eingewiesen worden. Nun sollten wir das in Not geratene „Vater- und Mutterland" retten helfen. Und das mit der erlernten und trainierten Zuarbeit, dem „Mitteneindruck" am Ring-Trichter-Richtungshörer. Zwar konnten wir die feindlichen britischen und amerikanischen Fliegergeschwader orten, aber die Bomber flogen in 8.000 m Höhe weit über den Scheinwerferstrahlen.

April 1945: Erst war ich Arbeitsmaid im RAD und nun Flakscheinwerfer-Maid im Kriegshilfsdienst in Hüpede bei Hannover.

Die Zeitverzögerung des Schalls führte zu großen Ungenau-
igkeiten beim Lokalisieren. Das Hörgerät allerdings konnte die Diskrepanz ausgleichen und so den Vorhalt berech-
nen. Nun wurde uns bald bewußt, daß dies alles Nonsens
war, denn diese Höhe konnten die Flakgeschütze nie erreichen. Wie soll man das aus heutiger Sicht bewerten: Zir-
kus? Kuriosum? Verrat? Verdummung? Unfähigkeit? Fal-
sche Hoffnung? Agonie?

Die letzten Kriegswochen

Im April 1945, dem letzten Kriegsmonat, waren wir in der
Nähe von Hannover in diesem sinnlosen Einsatz. Inzwischen war es Frühling geworden mit viel Sonnenschein. So
haben wir wenigstens das Osterfest in gewohnter, wenn auch
sehr bescheidener Weise erlebt. Ich erinnere mich an öster-
liches Essen, bestehend aus drei zähen Pferdefleischkote-
letts und Beilagen, auch das Ostereiersuchen fehlte nicht.
Dabei fanden wir im Gelände um die Baracken verlorene
oder extra vergrabene Erkennungsmarken aus grauem
Metall. Es war eine bedrückende Situation.

Die von uns unerreichbaren Bomberverbände flogen immer noch, um deutsche Städte zu zerstören. Aber waren
nicht die deutschen Abwehrflieger die Angreifer gewesen,
auf die der Krieg jetzt zurückschlug?

*Im Barackengelände in
Hüpede fand ich eine
Erkennungsmarke der
1. Kompanie des Infanterie-
Regiments 116. Auch wir
RAD-Maiden und Flak-
helferinnen trugen solche
Erkennungsmarken.*

Das tragische Ende des sechsjährigen Krieges gegen Europa, gegen eine Welt, öffnete uns spät, aber nicht zu spät die Augen. Begeisterung, Disziplin, Gehorsam, Einsatzbereitschaft, unsere jugendlichen Idealvorstellungen waren für eine schlechte Sache mißbraucht worden. Die Sinnlosigkeit des Krieges wurde uns mehr und mehr bewußt, aber Ende April auch die äußerste Gefahr, in der wir uns befanden. Beim Beschuß einer benachbarten Scheinwerferstellung wurde noch kurz vor Ende des Krieges das Leben einiger Breslauer Schulkameradinnen ausgelöscht.

Die Nachricht vom ersehnten Ende des ungerechten Krieges erhielten wir am 8. Mai 1945. Lange hatte es sich angebahnt. Bäuerinnen aus Hüpede holten uns Arbeitsmaiden aus der provisorischen Scheinwerferstellung, die aufgelöst wurde, auf ihre Bauernhöfe. Dorle, mit der ich seitdem bis heute in Verbindung stehe, und ich fanden auf dem Heinrich-Meier-Hof ein Asyl und eine vorläufige Bleibe. Als erstes verstauten wir unsere Militärkleidung auf dem Scheunenboden unter den aufgeschichteten Rübentrockenschnitzeln: Wachmantel, Stahlhelm, Gasmaske, Kochgeschirr im Flakrucksack. Rudolf, ein entlassener Soldat und guter Helfer auf dem Hof, mußte schnell ein weißes Bettlaken aus Opa Meiers Fenster hängen, denn auf der Landstraße, weit am Horizont, rollten amerikanische Panzer auf das Dorf zu. Schwarzhäutige Soldaten schauten oben aus dem Ein- und Ausstieg heraus.

„Verbergt euch schnell in unserem Schutzbunker!", riefen die vierzigjährige Hannamarie und der achtzigjährige Opa Meier. Zusammen mit den Kindern hatten acht Personen auf der runden Bank dieses hofeigenen Betonbunkers Platz. Wir waren sehr aufgeregt und zitterten. Was würde passieren?

Die Herzen standen fast still. Die Tür sprang auf und zwei schwarzhäutige Soldaten mit zwanzig verschiedenen Armbanduhren über der khakifarbenen Uniformbluse auf dem Arm warfen bunte Schokolade und Kaugummi in den Bunker. Das Weiße in ihren Augen blitzte: „Come on!"

Wir kletterten nacheinander hinaus. Der Krieg hatte uns Furcht gelehrt, wir waren auf Schlimmes gefaßt!

Aber es ging für uns alle recht glimpflich aus, sportlich und locker, eigentlich ein Hauch aus einer anderen Welt, so kam uns der Feind entgegen. Selbst einen gepflegten anderen Geruch spürte ich, so erinnere ich mich.

*

Der Krieg war zu Ende. Ich blieb auf dem Hof in der Hoffnung, bald von meiner Familie zu hören. Kurz entschlossen begann ich im Juni 1945 eine Landwirtschafts- und Ländliche Hauswirtschaftslehre. So habe ich die unsichere Nachkriegszeit sinnvoll genutzt und habe es nie bereut.

Erst nach einem Jahr erhielt ich über das Rote Kreuz ein Lebenszeichen – und zwar aus Zeitz in Sachsen. Meine Lehrfrau ermöglichte mir sofort eine Reise von Hannover nach Zeitz zum Besuch meiner Angehörigen. Dort angekommen, erfuhr ich von ihnen, daß die Bevölkerung Breslaus wenige Tage nach meiner Abfahrt zum Stelltermin in Oberschlesien über Lautsprecher aufgefordert worden war, Breslau zu verlassen*). Meine Verwandten mußten binnen zwei Stunden das Haus räumen. Sie verließen bei eisiger Kälte mit Lastwagen und dem Nötigsten über Hirschberg die Heimat und fanden in Zeitz ein neues Zuhause – und ich fuhr zu diesem Zeitpunkt als eines von 1.000 Mädchen im Güterzug nach Hannover – ebenfalls über Hirschberg!

Am 20. Januar 1945 erließ der Gauleiter von Niederschlesien, Karl Hanke, im Einvernehmen mit der Festungsführung einen Befehl über die Evakuierung der Breslauer Zivilbevölkerung mit Ausnahme der kampffähigen Männer. Bis zum 8. Februar haben etwa 600 000 Menschen die Stadt verlassen.

[Elbing*) – Baalau, Landkreis Marienburg, Westpreußen –
Zoppot, zu Danzig – Praust, Danziger Höhe;
Dezember 1944 – Januar 1945]

Hildegard Bolle

Konnte ich's denn ahnen?

Die vorgezogene Weihnachtsfeier

Es ging auf Weihnachten zu, schon zum fünften Mal im Kriege. In unserer Lehrerbildungsanstalt im westpreußischen Elbing übten wir Weihnachtslieder, aber nicht „Stille Nacht,
heilige Nacht" und auch nicht „O du fröhliche, o du selige,
gnadenbringende Weihnachtszeit" sangen wir in jenen De-
zembertagen des Jahres 1944, sondern die von einer so ganz
anderen Weltanschauung als der herkömmlichen, vor allem
„Hohe Nacht der klaren Sterne", aber auch „In dunkler Stunde still und spät" und „Grünt ein Tännlein irgendwo". Wieso wohl in dieses Repertoire „Aber Heitschi, bumbeitschi"
aufgenommen wurde? Vielleicht wegen des Fehlens der
christlichen Weihnachtsbotschaft.

Obendrein probten wir ein kleines Theaterstück in Versen, „Sankt Niklas in Not" nach der Novelle von Felix Tim-
mermans. Auch die Kulissen, aus Pappe geschnitten und mit
Holz verstärkt, wurden von uns selbst gefertigt. Tannengrün
und „Hindenburgkerzen" – heute nennt man sie Teelichte –
mußten besorgt werden, weil wir die Weihnachtsfeier für alle
Klassen und Lehrgänge unserer Lehrerbildungsanstalt aus-
richten sollten. Wir, das waren die 23 Mädchen der Klasse
3M, die Jüngsten im Verband der ehemaligen Hochschule

---

*) heute Elblag in Ermland-Masuren

für Lehrerbildung. Natürlich waren wir stolz auf diesen ehrenvollen Auftrag. Das Lehrerkollegium hatte ihn uns rechtzeitig erteilt, damit die umfangreichen Proben zu schaffen sein würden. Nun aber gerieten wir plötzlich in Zeitnot. Unsere Vorbereitungen wurden plötzlich in großer Hast und Eile erledigt. Warum?

Die Feier war ursprünglich für den 21. Dezember angesetzt gewesen. Das war der Tag vor unserer geplanten Abreise in die Weihnachtsferien, die alle Schülerinnen und Lehrgangsteilnehmer bei ihren Familien in zum Teil recht entfernten Heimatorten verbringen wollten. Zwischen Danzig und Masuren, Marienburg und der Tucheler Heide, sogar aus Berlin und dem Rheinland stammten einige. Doch da war plötzlich eine Anweisung von der Schulbehörde der Reichsgauleitung eingetroffen, die Heimreise um eine gute Woche vorzuverlegen, damit wir nicht die überlasteten Eisenbahnzüge benutzen müßten, hieß es, die doch dringend gebraucht würden für den Nachschub an die Front und für Verwundetentransporte in die Heimatlazarette.

So galt es nun, in kürzester Zeit eine vorweihnachtliche Stimmung in den großen Hörsaal zu zaubern. Unsere Darbietung sollte natürlich die Mitstudierenden erfreuen, aber auch Anregung und Beispiel sein. Denn wir jungen Menschen wurden ja ausgebildet, um dereinst in weit entfernten Orten des Ostens als Lehrerinnen tätig zu werden. Dafür waren wir hier, dafür lernten wir. Später würden wir alle an den Schulen der dann deutsch besetzten Gebiete ähnliche Feste zu gestalten haben. Dennoch wollten wir Mädchen der Klasse 3M heute vor allem für unsere Mitschülerinnen eine weihnachtliche Atmosphäre schaffen. Und es gelang!

Kerzenglanz und Tannengrün, junge Stimmen mit Liedern und Versen unserer großen Dichter versetzten wohl alle in verträumte Festtagsstimmung. Geradezu beschwingt vor Stolz und Vorfreude auf Zuhause wünschten wir zum Schluß allen eine gute Heimreise und frohe Weihnachten. Aber dann

ergriff plötzlich noch unser Direktor Professor Dr. Schwan-
beck das Wort. Er dankte kurz und schloß sich knapp unseren Wünschen an, doch dann mahnte er mit ernsten Worten
– sehr gewagt in jenen Tagen: Wir sollten uns nicht einlullen
lassen in traumselige Stimmungen, sondern die Realitäten
erkennen, dunkle Wolken kämen von Osten her. Eine jede
von uns hätte Verantwortung zu übernehmen, höchster per-
sönlicher Einsatz sei nötig, weil Gefahr drohe!

Große Enttäuschung, ja Empörung empfanden wir. Wie
konnte „Schwan" nur diese wundersame, geradezu märchen-
selige Atmosphäre so ernüchternd verderben? Gefahr?

Unsere tapferen Soldaten bewahrten doch uns und unser
Vaterland vor Gefahren jeglicher Art! Hieß es doch so ermu-
tigend: „Heilig Vaterland in Gefahren, deine Söhne sich um
dich scharen." Der „Schwan" sollte nur vorsichtig sein mit
solchen Äußerungen!

Konnten wir, die Jüngsten im Alter zwischen 16 und 17 Jahren, denn ahnen, wie bald sich seine Worte in düsterste Wirklichkeit wandeln würden?

Tag für Tag hörten wir doch im Radio, daß die deutsche
Bevölkerung sicher und der Endsieg unser sei. Woher sollten
wir wissen, daß sich an den Grenzen Ostpreußens ganze sowjetische Armeen zum Sturm auf unser Land rüsteten?

Zwei Abschiede und ein Wiedersehen

Nach der Feier ging ich noch am selben Abend nach Hause,
denn ich mußte nicht reisen, ich wohnte in Elbing. Dort empfing mich Mutter mit der Mitteilung, daß Siegfried, mein
Jugendfreund, bei ihr gewesen sei, um sich zu verabschieden. Er sollte heute nacht noch nach Berlin zu irgend einer
Militärschule fahren, in die er einberufen worden war. Ich
trug noch meine festliche Kleidung, denn selbstverständlich
hatten wir nicht in der BDM-Kluft Weihnachten gefeiert. Und
so eilte ich im dunkelblau eingefärbten, ursprünglich weißen Konfirmationskleid, geschmückt mit Silberkette samt

Meine Heimatstadt Elbing am Elbinfluß liegt rund 55 Kilometer südöst-lich von Danzig nahe der Mündung von Elbing und Nogat in das Frische Haff. Bis 1945 führte die Reichsstraße 1 durch die Stadt.

Aquamarinanhänger – ein Geschenk von Vetter Gustav, der als junger Leutnant in Frankreich „lag" – auf Muttis Geheiß noch rasch zu Seethalers (Siegfrieds Familie wohnte im selben Häuserblock), um ihn meinerseits zu verabschieden. Er, der hochgewachsene, intelligente, oft aber auch arrogante junge Mann, noch in Zivil – Anzug in „Pfeffer und Salz" mit sportlichen Knickerbockern – lehnte stumm am Kachelofen, nahm mich zu meinem Erstaunen in den Arm und murmelte: „Nun werde ich bald die Radieschen von unten wachsen sehen."

Es war genau zwei Wochen vor seinem 17. Geburtstag.

„So'n Quatsch!" rief ich und machte mir damit meine innere Auflehnung gegen derlei Befürchtungen leichter. Konnte ich denn ahnen, daß sich vier Monate später seine Prophezeiung erfüllen und er bei Barby an der Elbe fallen sollte?

Bald war dann Heiliger Abend. Mein Vater, der nicht an der Front, sondern als Bezirksleutnant der Feuerschutzpolizei in Elbing mitverantwortlich für den Luftschutz war, hatte aus seiner Kasernenbaracke für ein paar Stunden Urlaub nehmen können und sang mit uns wie eh und je die altvertrauten Weihnachtslieder unter dem Tannenbaum, darunter auch das ihm liebste „Am Weihnachtsbaume die Lichter brennen" mit dem Vers:

> *„Zwei Engel sind hereingetreten,*
> *kein Auge hat sie kommen sehn.*
> *Sie gehn zum Weihnachtbaum und beten*
> *und wenden wieder sich und gehn."*

Was fesselte ihn, den eher sachlichen, allerdings auch gemütstiefen Mann, an diesen Zeilen?

Kartoffelsalat und Würstchen, Bunter Teller, Pfefferkuchen, Mürbchen, Marzipan, Nüsse, Kerzenlicht, wohlige Wärme nach heißem Getränk. Weihnachten Zuhause! Einfach wunderbar!

Konnte ich denn ahnen, daß wir hier nie mehr dieses schönste Fest des Jahres feiern, ja, daß einige Wochen danach dieses Zuhause für immer verloren sein würde?

Granaten und Feuer sollten es völlig zerstören.

Mir tat gerade an diesem Abend Frau Seethaler leid, deren Sohn nun Soldat war und deren Ehemann als Luftschutzoffizier in Kurland Dienst tat. Deshalb durfte ich sie zu uns holen. Und wie traf ich sie an, die stolze, herbe Frauenschaftsführerin der Ortsgruppe Roßwiesen?

Sie kauerte im schummrigen Zimmer auf einem Bänkchen am Kachelofen, eine Zigarrenschachtel auf dem Schoß, in der Fotos von ihren beiden Männern lagen. So was von sentimental, dachte ich, und ahnte wieder nicht, was die Zukunft bringen würde: Auch ihren Mann sollte sie nie mehr wiedersehen. Er blieb vermißt für alle Zeit. Als sie sich nach einiger Zeit von uns verabschiedete, verließ auch Papa das Haus. Er mußte vor 22 Uhr das Wachgebäude in der Schlieffenallee erreichen. Straßenbahnen fuhren um diese Zeit nicht mehr. Es galt, einige Kilometer durch die verdunkelte Stadt über knirschenden Schnee zurückzugehen, durch gespenstische, menschenleere Straßen; geradezu eine Vorwegnahme des Abends vom 9. Januar 1945, an dem er, zu einem Luftschutzoffizierslehrgang abgeordnet, meine Mutter und unsere Wohnung verließ, um, wie kurz zuvor Siegfried, mit dem Nachtzug nach Berlin und weiter nach Eberswalde zu fahren. Am Heiligen Abend 1944 sah ich ihn das letzte Mal für mehr als drei Jahre; zwei davon ohne jede Nachricht, wo er sein könnte. Hätte ich das ahnen können?

Nachdem Pa gegangen war, blieb ich mit Mutti allein, wie langweilig!

Kurz entschlossen machte ich mich am ersten Feiertag auf den Weg zum Bahnhof, fuhr mit dem Bummelzug bis Markushof und stapfte von dort aus nach Baalau, einem kleinen, vorwiegend mennonitischen Dorf in der Drausenniederung. Dort stand das Bauerngehöft von Familie Ott, zu der meine Schulfreundin Hilde gehörte. Angemeldet war ich nicht, aber Bauersleute litten damals noch keine Not. Da wurde ein Gast gern aufgenommen und ohne weiteres auch satt.

Wer beschreibt meine Freude: Alle vier Geschwister waren zu Hause: Der 22jährige Walter hatte als verwundeter Soldat Genesungsurlaub. Willi, der etwa Neunzehnjährige, erwartete seine Einberufung. Ernst, ungefähr 17 Jahre alt und der künftige Hoferbe, verrichtete seine täglichen Pflichten in Schuppen und Stall. Meine 16jährige Freundin Hilde hatte wie ich Weihnachtsferien.

Wunderbar, wie wir zusammen diese Tage nutzten!

Wir tollten wie Kinder in der Scheune, hängten unsere Rodel an große Bauernschlitten, die mit klingenden Glöckchen, von strammen Pferden gezogen, über Land fuhren, „glibberten" auf dem Eis des Flüßchens Abdaune und ergötzten uns nach schneekalten Stunden dann am großen Tisch mit allerlei Kartenspielen. Welch winterseliges, unbeschwertes Miteinander junger Menschen!

Das Foto zeigt die Geschwister Willi, Hilde, Ernst und Walter Ott im Sommer 1944 in Baalau, Kreis Marienburg. Die Weihnachtszeit 1944/45 verbrachten wir gemeinsam. Im April 1945 lebte keiner von ihnen mehr!

Wenn ich daran zurückdenke, stelle ich mir auch hierbei die Frage: Hätte ich denn ahnen können, daß nur ein Vierteljahr später diese „heile Welt" völlig zerstört sein würde?

Grauenvoll und gründlich zerstört wurde sie, als der Krieg zu Ende ging: Walter kam in einem westdeutschen Lazarett bei einem Bombenangriff ums Leben, Willi fiel an einer südlichen Front, Ernst als Angehörigen des Reichsarbeitsdienstes erschlugen zornige Polen. Und Hilde starb in Insterburg auf dem Weg in die sowjetische Zwangsarbeit schon vor dem Verladen in die eiskalten Viehwaggons. Mutter Ott, in der unbeheizten Milchkammer untergebracht, mußte schwer als Magd auf dem eigenen Bauernhof arbeiten, der nun Polen gehörte.

Vater Ott, zu Aufräumarbeiten der in Trümmern liegenden Marienburg befohlen, konnte mit seiner Beinprothese aus

dem Ersten Weltkrieg nicht schnell genug arbeiten und wurde deshalb so geprügelt, daß er den Rest seines traurigen Lebens querschnittsgelähmt im Krankenbett verbringen mußte, auch nach der Ausweisung aus der Heimat an den Rhein.
Mutter Ott starb hochbetagt, einsam, in den langen, ärmlichen Jahren ihren Erinnerungen preisgegeben. Nur ihr unerschütterliches Gottvertrauen gab ihr noch einen gewissen Halt.

Geschenkte Zeit

Am 31. Dezember 1944 mußte ich wieder in Elbing sein. Ich
hatte zusammen mit einigen Elbingerinnen Luftschutzwache in der Hochschule, ganz oben in der Hindenburgstraße,
zu leisten. Meine Mitschülerin Hildchen Jandt und ich trabten durch den sternklaren, eiskalten Abend den schneebedeckten Weg unter kahlen Bäumen an verdunkelten Häusern vorbei zu unserem kriegsbedingten Dienst, meine Gefährtin mit einer Thermosflasche voll Kakao im Beutel, ich
versehen mit einer Tüte vorletzter Weihnachtsplätzchen.
Natürlich geschah auch in dieser Nacht nichts von Bedeutung, denn bis dahin war in meiner Heimatstadt Elbing noch
keine Bombe gefallen. Es seien Flugblätter gefunden worden, hieß es in der Bevölkerung, auf denen gestanden habe:
„Elbing und Danzig wollen wir schonen, denn dort wollen
wir selber wohnen."

Hildchen und ich waren also ganz unbekümmert und verließen um Mitternacht der Jahreswende 1944/45 den schützenden, warmen Luftschutzkeller. Wie erschraken wir aber,
im Freien angekommen, über die dröhnenden Detonationen
der Böller, die das neue Jahr begrüßten!

So etwas hörte ich zum ersten Mal, das war bisher bei uns
in Elbing nicht üblich, und erschauerte bis ins Mark. Konnte ich denn ahnen, daß nur drei Wochen später Geschützdonner und Gewehrfeuer, Bombenhagel und nervenaufreibendes Heulen der „Stalinorgeln" wochenlang – und das Tag
und Nacht – Angst und Schrecken über unsere Stadt brin

gen würden, sie mit Bergen von Trümmern und viel zu vielen Leichen zurücklassend?

Meine mehrtägige Nachtwache war zunächst beendet. Eigentlich hätten wir schon am 9. Januar 1945 wieder die Schulbank drücken sollen, doch konnten unsere Unterkünfte wegen Kohlemangels nicht geheizt werden. Deshalb hatte uns alle die Nachricht erreicht, der Unterricht würde erst am 23. Januar wieder aufgenommen werden. So nutzte ich die geschenkte Zeit der verlängerten Weihnachtsferien zu einer weiteren kleinen Reise, um Freunde und Verwandte im Raum Danzig zu besuchen.

Nach zweistündiger Bahnfahrt im ungeheizten Zug klingelte ich an der Tür meiner Klassenfreundin Dorchen in Zoppot. Ihre Freude war groß, die ihrer Eltern weniger. Sie hatten halt keine Bauernhof mit großen Vorräten in Küche und Keller, sondern lebten wie alle Städter nur von den spärlichen Zuteilungen auf Lebensmittelmarken. Sicher hatte ich ein paar Lebensmittel in der Reisetasche, aber ich blieb trotzdem nur für zwei Nächte und einen Tag. Dorchen und ich machten einen langen Spaziergang auf der Kurpromenade. Wir waren die Einzigen dort in dieser stürmischen, unwirtlichen Jahreszeit. Vom Seesteg hingen armdicke Eiszapfen herab! Der Rand der See war zugefroren, aber in der Ferne glaubten wir, die dunklen Silhouetten großer Schiffe im Geleitzug zu erkennen. Der Blick ging durch Winterdunst in Richtung Nachbarstadt Gotenhafen, zuvorher Gdingen und heute Gdynia geheißen. Ein zarter Zauber lag über diesem Erleben.

Konnten wir denn ahnen, daß sehr bald von dieser Stadt aus zweieinhalb Millionen heimatlos gewordene Menschen über See würden in Sicherheit gebracht werden müssen und daß dabei etwa 35 000 ertrinken mußten, daß unsere Freundin „Pferdchen" zwar gerettet wurde, daß aber ihre Mutter und Schwestern als Passagiere des torpedierten Unglücksschiffes „Wilhelm Gustloff" ihr Leben in den kalten Fluten verlieren würden?

Mit dem Vorortzug von Zoppot fuhr ich zurück nach Danzig, wo ich bis zur Weiterfahrt zu meinen Verwandten nach Praust noch eine geraume Wartezeit hatte. Was tun?

Der kalte, schmutzige Wartesaal lud nicht zum Bleiben ein. So wanderte ich sinnend durch Danzigs noch unversehrte Gassen, fast allein und wie abgewiesen von den verdunkelten Häusern, die so ganz und gar nichts gemein hatten mit Eichendorffs Weihnachtsgedicht „Markt und Straßen stehn verlassen, still erleuchtet jedes Haus". Schließlich kehrte ich in das einzige Gebäude ein, dessen Tür mir offen stand, in die altehrwürdige, gewaltige Marienkirche. War außer mir überhaupt noch jemand in diesem dämmrigen Gotteshaus?

Mit verhaltenem Schritt ging ich durch die Gänge zwischen den hohen, schlanken Säulen und unter dem kaum zu erkennenden Netzgewölbe, zu den wenigen verbliebenen Kunstwerken, über so manche Grabplatte am Boden. Plötzlich überkam mich ein so abgrundtiefes Gefühl von Angst und Traurigkeit, Einsamkeit und Verlassensein, daß es mir fast das Herz abschnürte. Warum nur?

Ahnte ich, daß diese Burg Gottes in wenigen Wochen ein Trümmerhaufen sein würde, zerschlagen, verkohlt, zerstört, inmitten der Steinwüste, die von einer der schönsten Städte unseres Vaterlandes übriggeblieben war? Oder spürte ich unbewußt, daß meine bisherige behütete glückliche Jugend auch der Furie des Krieges zum Opfer fallen sollte?

Nach wenigen Minuten Eisenbahnfahrt erreichte ich Praust und kehrte ein bei Onkel, Tante und Cousine Christel, die in wenigen Monaten Mutti werden sollte. Freude, liebe Menschen, Wärme, Bewirtung, Geborgenheit, Zusammengehörigkeit: Angekommen!

Und dann bis Mitternacht reden, reden, reden vom Krieg und Frieden, vor allem aber von unseren gemeinsamen Angehörigen. Das war noch einmal höchstes Glück auf Erden.

Konnte ich denn ahnen, daß danach mein Pa nie mehr unser Elbing erreichen, daß Mutter und ich lange Zeit, ohne voneinander zu wissen, nach Sibirien verschleppt werden würden?

Daß Tante Ida mit Christel nach einwöchiger abenteuerlicher Flucht am Fuße des Vogelsberges landen und dort in ärmlichen Verhältnissen würde leben müssen?

Daß Onkel Paul, bisher tätig in der Danziger Werft und daher bis zuletzt unabkömmlich, dann doch noch in letzter Minute über die Ostsee auf torpedogeschädigtem Schiff nach Hamburg gelangen würde, um auf diese Weise dem Einmarsch der Roten Armee zu entgehen?

Daß Vetter Herbert zwar dem Seemannstod auf dem U-Boot U 192 würde entrinnen können, dann aber einige Jahre lang in fremden Bergwerken als Gefangener arbeiten und Christels Mann Bruno – seinerzeit dem Inferno von Stalingrad entronnen – noch zuletzt eingeschlossenen im Kessel Budapest würde fallen müssen?

Nichts von alledem konnte ich damals, im Winter 1944/45, auch nur im entferntesten ahnen. Aber auch nicht, daß eine Woche nach Kriegsende im Mai 1945 trotz aller Entbehrungen und Strapazen der Mutter (Christel) ein gesundes Kind geschenkt werden würde – fast ein Zeichen für einen Neubeginn nach dem Krieg! Die Geschütze schwiegen an allen Fronten, ein Kind wollte leben, wir auch.

Alle aus unserer Großfamilie – außer Bruno – trafen im Laufe von drei Jahren nach und nach wieder zusammen, und wir konnten 1948 – wenn auch aus heutiger Sicht in menschenunwürdigen Verhältnissen – in ganz neuer Verbundenheit miteinander Weihnachten feiern. Das allein zählte.

Eines der vielen Wunder jener Jahre! Hab Dank, Herr, für so viel Gnade und Bewahrung!

(Weitere ZEITGUT-Beiträge dieser Autorin sind im Autorenverzeichnis am Ende des Buches vermerkt.)

Ursula Wellner

In letzter Minute

Ich war eine junge, hoffnungsvolle Lehrerstudentin, als ich
nach Dietfurt im Wartegau fuhr, wo ich meine erste Prakti-
kantenstelle antreten wollte. Vom 1. September 1940 bis zum
30. Juni 1944 hatte ich die Lehrerbildungsanstalt (LBA) Exin
im Kreis Altburgund-Schubin, Provinz Posen, besucht und sollte mich nun in der Praxis bewähren. In Dietfurt angekommen, empfing mich auf dem Bahnsteig ein älterer Herr und
stellte sich als Schulleiter der hiesigen Volksschule vor. Er
brachte mich zum Haus des Bürgermeisters, wo ich ein sehr
schönes Mansardenzimmer bewohnen durfte.

Der rote Backsteinbau des alten Schulhauses war noch
von den Deutschen erbaut worden, bevor das ganze Gebiet
nach dem Ersten Weltkrieg zu Polen kam. Nun hatten wir
ja das Wartheland wieder erobert und versuchten, es zu
„germanisieren". Dietfurt war ein sehr schöner Kurort mit
weißen Häusern, von Wald und Seen umgeben. Wie der
Schulleiter mir erklärte, sei Dietfurt ein „Judenbad" gewesen, bis man die Juden „abtransportiert" habe. Im Keller
des Rathauses lägen noch wertvolle Teppiche, Gardinen,
Bilder und anderes.

Meinen ersten Schultag werde ich wohl ein Leben lang
nicht vergessen. Als ich zum ersten Mal den Klassenraum

---

*) heute Znin und Gryfice in Polen

*Die Lehrerstudentin
Ursula Wellner,
geb. Lehmann, im
Alter von 19 Jahren.*

betrat, traute ich meinen Augen nicht: In den langen Holz-
bänken saßen große und kleine Kinder, in Kopftücher ge-
hüllt, nur Augen und Näschen schauten heraus!

Erwartungsvoll blickten sie mich an. Einige Eltern, ebenfalls dick vermummt, standen an den Wänden. Bald bemerkte
ich, daß meine kleinen Zöglinge mich kaum verstanden. Es
waren Kinder von Schwarzmeerdeutschen, Deutschen aus
dem Baltikum und aus Westpreußen. Adolf Hitler hatte sie
„heim ins Reich" geholt, um sie im Wartheland ansässig zu
machen. Doch zunächst waren sie in lagerartigen Räumen
untergebracht worden und schliefen auf Stroh.

Meine Schulkinder bereiteten mir viel Freude. Kinderlieder aus Urgroßmutters Zeiten, die von Generation zu Generation weitergegeben worden waren, beherrschten sie hervorragend in deutscher Sprache:

> *„Wuhle, wuhle Gänschen,*
> *wackeln mit dem Schwänzchen.*
> *Gänsebrode, Gänsefett,*
> *weiche Federn für mein Bett.*
> *Gie, ga, gack!"*

Die ersten Bewährungsproben in der Schule beanspruchten mich so sehr, daß ich das Kriegsgeschehen nicht mehr so eingehend verfolgte. Doch bald wurde mir bewußt, daß die Ruhe hier in diesem idyllischen Ort trügerisch war.

Koffer packen und dann schnellstens zum Bahnhof!

Eines Nachts wachte ich von seltsamen Geräuschen auf. Vom Fenster meines Zimmers konnte ich auf die Straße und die gegenüberliegende Volksschule sehen. Alle Fenster dort waren hell erleuchtet. Vor dem Schulhaus standen Militärfahrzeuge. Verwundete Soldaten, auf Tragen liegend, wurden ins Gebäude gebracht und auf Feldbetten gelegt. Bei einigen Soldaten war wohl keine Hilfe mehr möglich. Sie waren bereits erstarrt. Ich begriff, daß die Front immer näher gerückt sein mußte. Würde wohl bald auch dieser Ort von Zivilisten geräumt werden müssen?

Und wirklich: Schon am nächsten Morgen, es war der 20. Januar 1945, klopfte der Bürgermeister hastig und laut an meine Tür. Er bat mich, schnellstens die nötigsten Sachen einzupacken und zum Bahnhof zu eilen, da nur noch ein Zug mit Güterwagen aus dem Ort in Richtung „Reich" fahren könnte. Seine Frau hatte er bereits mit einem Auto in Sicherheit bringen lassen. Er selbst packte auch noch einige Sachen ein, um dann ebenfalls die Stadt zu verlassen. Ich verständigte mich mit meiner Schulkollegin aus Exin, die wie ich hier als Schulpraktikantin eingesetzt war. Dann rannten wir beide mit unseren schweren Koffern zum Bahnhof, um im letzten Zug noch einen Platz zu erwischen. Es war ein offener Güterwagen. Wir setzten uns auf den Boden und kauerten uns eng aneinander. Welche Dramen sich hier auf dem Bahnhof ereigneten, ist unbeschreiblich. Menschenmengen stürzten sich auf die Gleise, alles zertretend, was unter ihre Füße geriet. Als sich der Zug pfeifend und Ruß ausspeiend in Bewegung setzte, wußten wir nicht einmal, wohin die Reise ging.

Im Fahrtwind wurde es erheblich kälter. Wir zogen mehrere Kleidungsstücke übereinander. Meine Kollegin hatte noch eine Flasche Sekt in der Tasche, die sie für eine Feierlichkeit aufgehoben hatte. Um den größten Durst wenigstens etwas zu stillen, leerten wir sie in längeren Abständen schlückchenweise, denn etwas anderes hatten wir nicht dabei. Unendlich langsam fuhren wir – in Richtung Pommern, wie sich unterdessen herausgestellt hatte. Nur sehr mühsam kam der Zug voran, ständig hielt er an oder wurde für einige Zeit auf einem Nebengleis abgestellt. Die Räder der anderen Züge mußten ja noch „für den Sieg" rollen!

Inzwischen war es so kalt geworden, daß wir noch enger zusammenrückten, um uns gegenseitig zu wärmen. Erst gegen Abend erreichten wir Schneidemühl. Bevor wir aussteigen und endlich etwas Warmes zu uns nehmen konnten, sahen wir auf dem Nebengleis einen weiteren Zug mit offenen Wagen stehen. Kleine Kinder aus einem Kinderheim saßen darin, viele schienen schon tot zu sein.

Meine Kollegin und ich trennten uns nun. Sie wollte ihre engsten Angehörigen aufsuchen. Ich stieg in einen Zug Richtung Greifenberg in Pommern, meinem Heimatort, und fuhr zu meinen Eltern. Dort angekommen, meldete ich mich gleich in einer Treckleitstelle, um mitzuhelfen, die vielen Flüchtlinge zu betreuen.

Im Treck

Am Vormittag des 16. März 1945 kam ein deutscher Offizier
herein und riet uns dringend, unverzüglich zu fliehen, weil
die Fluchtwege auf Wollin und Usedom versperrt und die
Brücken gesprengt würden. Die Russen und Polen ständen
bereits kurz vor unserer Stadt Greifenberg.

Also packten meine alten Eltern und ich nur das Allernötigste zusammen. Mein Vater, die Ruhe bewahrend, legte zuerst alle Dokumente, Urkunden, Zeugnisse und Familienbil-
der in eine Mappe und verstaute sie in einem kleinen Koffer,
wofür ich ihm noch heute sehr dankbar bin. Meine Mutter
stopfte zwei Betten in einen Sack, packte in einen großen Koffer Kleider und Wäsche. Dabei fand sie noch ein aus Flachs
gesponnenes, selbstgewebtes großes Tafeltuch meiner Großmutter. Nach einem kurzen Moment des Zögerns stopfte sie
es dann doch noch hinein. Heute schmückt diese Decke bei
Familienfeiern den Tisch. Ich hatte meinen Koffer gar nicht
ganz ausgepackt, er stand stets griffbereit. Im Eiltempo machten wir uns zum Hof der Ein- und Verkaufsgesellschaft auf,
wo große Planwagen, mit Pferden bespannt, bereitstanden.
Hoffentlich fand sich noch ein Platz für uns!

Wir hatten großes Glück. Hilfreiche Hände streckten sich
uns entgegen und zogen uns mitsamt Gepäck in den letzten
Wagen der Kolonne. Dort war es dunkel und eng. Doch alle
waren sehr rücksichtsvoll zueinander. Weil so viele Flüchtlinge unterwegs waren, konnte nur langsam, oft nur schritt-
weise gefahren werden. Unsere Geduld wurde arg strapa-
ziert. Doch als die letzte Brücke passiert war und wir kurz
danach eine Detonation vernahmen, wußten wir, daß wir es
gerade noch geschafft hatten. Keine Minute später hätten
wir fliehen dürfen.

Unser Ziel war die vor der Halbinsel Fischland-Darß am
Bodden liegende kleine Stadt Barth, wo die Wagen und Pferde bei der dortigen Ein- und Verkaufsgesellschaft abgelie-

fert werden sollten. Die erste Nacht unterwegs verbrachten wir unter der schützenden Plane unseres Wagens, doch in den folgenden suchten wir uns Scheunen oder leere Häuser, um uns hinlegen zu können.

Besonders qualvoll war die Flucht mit dem Handwagen. Diese Flüchtlinge waren der Witterung erbarmungslos ausgesetzt. Sie kamen noch mühseliger vorwärts und behinderten so den langen Treck erheblich. Einige undisziplinierte Fahrer versuchten, aus der Kolonne auszubrechen und zu überholen, womit sie die ganze linke Straßenseite versperrten.

Sehr bald waren unsere wenigen Lebensmittelvorräte verzehrt. Nun übernahm ich für unsere kleine Familie die Suche nach Eßbarem. Es war nicht so schwer, etwas aufzutreiben, denn östlich der Oder standen viele Häuser bereits leer. Hartes Brot, Kartoffeln, Zucker konnte ich finden und verstaute alles im Brustbeutel oder in einer großen Leinentasche. Wenn der Treck rastete, entfachten wir ein Lagerfeuer und kochten auf Steinen Kaffee oder Tee und Kartoffeln.

Weiter westlich gab es bereits Treckleitstellen. Dort wurden wir verpflegt und es war dafür gesorgt, daß wir in einem Haus übernachten konnten. Meistens waren es große, leere Räume mit Stroh- oder Heuaufschüttung. Da hier häufig andere Flüchtlinge die Nacht verbracht hatten, blieb es nicht aus, daß wir von Kleider- oder Kopfläuse, Flöhen und Krätze erheblich geplagt wurden. Aber unseren kleinen „Engel" im Planwagen, ein zwei Monate altes Baby, brachten wir gesund und lebendig ans Ziel. Es genoß unser aller Fürsorge. Was nur möglich war, taten wir, um es zu retten. Es überstand alle Strapazen und überlebte.

Ankunft in Barth

Endlich in Barth angekommen, wurde unsere Freude von einem furchtbaren Erlebnis überschattet. Unser Flüchtlingstreck kam aus Löbnitz, und so sahen wir auf dem Flugplatz kurz vor dem Ortseingang, wie zu Skeletten abgemagerte, aus-

Die Langenstraße in der Ostseestadt Barth. Hier fanden wir nach unserer Flucht aus Greifenberg ein neues Zuhause.

gemergelte Menschen in dünnen gestreiften Anzügen Gräben aushoben. Es waren Häftlinge aus dem Konzentrationslager Barth, die hier schuften mußten, von Aufsehern mit Hunden gehetzt. Das Gebrüll der Befehle, mit denen sie angetrieben wurden, schallte bis zu uns herüber.

Barth glich zu dieser Zeit einem Ameisenhaufen. Der Krieg hatte viele Menschen auf die Landstraße getrieben. So wurden die Schulen zu Übernachtungs- und Lagerstätten für Flüchtlinge. Wir erhielten die Anweisung, in der Knabenvolksschule am Bleicherwall, der späteren Diesterwegoberschule, zu übernachten. Auch hier war auf sämtliche Fußböden Stroh aufgeschüttet. Schmutziges, zertretenes Papier, zerrissene Schulbücher bedeckten die Böden von Fluren und Klassenräumen. Beschädigte Schulmöbel standen umher.

Nach drei Tagen erhielten meine Eltern und ich ein sehr schönes großes Zimmer in einem Haus an der Hauptstraße des Ortes, der Langenstraße Nr. 77, bei Familie Sepke, die uns freundlich aufnahm und uns hilfreich zur Seite stand. Auch die Besitzerin des Hauses, Frau Schwertle, half uns, diese erste Zeit gut zu überstehen.

Völlig erschöpft, mit Kopf- und Kleiderläusen behaftet, unser Gepäck in der Hand, standen wir in einem großen Zimmer. Ein mächtiger Kleiderschrank aus altem Familienbesitz teilte den Raum. So konnten wir zwei Zimmer daraus machen, und meine Eltern auf der einen, ich auf der anderen Seite hatten jeweils etwas Platz für sich. Die Küche mußte von zwei, später sogar von drei Familien genutzt werden. Was mir diese Zeit

Die Knabenschule am Bleicherwall, die spätere Diesterweg-Oberschule in Barth. In dieses Gebäude wurden wir nach unserer Flucht zur Übernachtung eingewiesen. Nach seiner Wiedereröffnung im Dezember 1945 bekam ich hier eine Anstellung als Junglehrerin.

etwas verschönte, war die Bibliothek der Familie. So floh ich
beim Lesen oft in eine andere, freundlichere Welt.

Doch die Wirklichkeit holte mich bald wieder ein! Um nicht
zu verhungern, fuhren wir mit dem Handwagen aufs Land.
Beladen mit Kohl, Kartoffeln, Wrucken, Obst, Zuckerrüben
kamen wir stolz zurück auf den Hinterhof. In der Waschkü-
che wurde Sirup gekocht. So überstanden wir die Zeit der Not.

Am 2. Mai 1945 zog die sowjetische Armee im Ort ein.
Zuvor hatte sie die Überlebenden des KZ Barth befreit. Als
wir hörten, die Russen kämen, blieben wir alle in unseren
Räumen. Doch wer zunächst unser Zimmer betrat, waren
keine Russen, sondern einige KZ-Häftlinge, ausgezehrt und
dürr bis auf die Knochen. Ein hagerer Mann griff sofort nach
dem Sirup, den er auf unserem Tisch fand. Er aß ihn hastig
mit einem Löffel und hörte nicht auf unseren Rat, ihn aufs
Brot zu streichen. Zwei andere öffneten den großen Schrank,
in dem sich Männerkleidung befand. Sie legten ihre Häft-
lingsanzüge ab und zogen sich an, was ihnen paßte. Wir ließen sie gewähren und hatten großes Mitleid mit ihnen. Auch
Schuldgefühle schlichen sich mit ein.

Unter unserem Zimmer befand sich der Lebensmittella-
den der Hausbesitzerin. Dort randalierte der Mob. Gekrei-
sche, Gejohle, Gelächter. Das Geschäft wurde geplündert.
Krach kam auch aus dem Kellergewölbe des Hauses. Unsere Wirtin hatte dort ihre Koffer mit den wertvollsten Gegenständen versteckt. Sie fand später keinen einzigen mehr
vor.

Als die sowjetische Armee einmarschierte, versteckten wir
jungen Mädchen und Frauen uns im hintersten Zimmer des
ersten Stockwerkes. Vor die Tür wurde ein großer Schrank
geschoben. Doch unser Haus blieb verschont. Wir wiegten
uns bereits in Sicherheit und kamen gerade aus dem Versteck, da trat ein sowjetischer Offizier ins Zimmer. Er nahm
zunächst dem Hausherrn seine sehr kostbare Taschenuhr

ab, ein altes Familienstück. Dann musterte er uns der Reihe nach und sagte lächelnd: „Mitkommen!"

Da wir nicht darauf reagierten, drehte er sich um und verließ ohne uns das Haus. Schon glaubten wir, endlich Ruhe zu haben, als es am Abend eine weitere Aufregung gab. Ein sowjetischer Soldat kam die Treppen hochgestürmt, immer eine Stufe überspringend, und rief: „Frau! Frau!".

Dabei zeigte er auf das Dach in der Nähe des alten Speichers. Nun erkannten wir den Grund seiner Aufregung. Eine Flüchtlingsfrau aus dem Nachbarhaus hatte die Nerven verloren und wollte sich vom Dach in die Tiefe stürzen. Der Soldat kletterte durch unser Fenster, stieg auf das Dach und ergriff die Frau, bevor sie die Tat begehen konnte.

Allmählich hörten die Plünderungen auf, das Leben normalisierte sich etwas. Doch das Schicksal hielt für unsere Familie noch eine Überraschung bereit: Am 16. Mai erhielten meine Eltern und ich die Aufforderung, uns im Barther Hafen einzufinden zwecks Rückführung per Schiff in die alte Heimat.

Die Fortsetzung der Flucht erzählt die Geschichte „Rückfahrkarte nicht inbegriffen", erschienen im Zeitgut Band 8 „Und weiter geht es doch".

[Posen, Wartheland – Berlin –
Schwerin, Mecklenburg;
Januar 1945]

Nora Kaube

Sieg der Nächstenliebe

Der Krieg näherte sich in diesen Januartagen des Jahres 1945 seinem Ende, aber seine häßliche Fratze hatte er noch nicht verloren und auch seine Grausamkeit nicht. Jetzt hatte er sich verlagert von den Fronten auf die Landstraßen im Osten. Es waren Frauen und Kinder, ganz Alte und ganz Junge, die er nun traf und zu Flüchtlingen machte. Sie alle wollten nur noch eines retten, das Kostbarste, was sie besaßen – ihr Leben. Hier hatte der Krieg ein anderes Gesicht als in der Welt der Männer, hier traf unmittelbar Verantwortung auf Menschenverachtung, Nächstenliebe und Hilfsbereitschaft auf Kaltherzigkeit und Erbarmungslosigkeit.

Ich habe sie erlebt, diese Welt der Landstraße, auf der alles in Richtung Westen zog, getrieben von dem Drang, sich und die Seinen in Sicherheit zu bringen, alle Kraft einzusetzen, um ein Stück Erde zu erreichen, wo noch Sicherheit war. Wir waren zwei junge Frauen und drei Kinder im Alter von drei, fünf und sechs Jahren. Es waren meine Halbgeschwister und die zweite Frau meines Vaters.

Es war ein bitterkalter Wintertag, an dem in Posen die Mitteilung, es werde ein Treck zusammengestellt, hunderte Frauen, Kinder und alte Leute auf einen Platz trieb, wo sie

---

*) heute Poznań in Polen

stundenlang frierend gewartet hatten. Später ging das De-
menti von Mund zu Mund. So mußte jeder allein einen Weg
zur Rettung finden. Wir kehrten zunächst nach Hause zurück, denn wir hatten einen vollbepackten Handwagen, mit
dem wir uns ohne Treck nicht aufmachen konnten.

Mit zwei Kinderwagen und wenigen Habseligkeiten machten wir uns dann zum zweiten Mal auf den Weg ins Ungewisse. Vater konnte uns nur bis zur Stadtgrenze begleiten,
dann mußte er uns allein weiterziehen lassen und umkeh-
ren. Er hatte einem völlig sinnlosen Befehl zu folgen, der ihn
als Luftschutzarzt verpflichtete.

Zu Fuß zogen wir nun los. Der einzige Mann unter uns
Frauen und Kindern war einer, der die braune Uniform der
Nazis trug. „Goldfasan" nannte der Volksmund diese Leute,
die in verschiedenen politischen Ämtern Verantwortung trugen. Nun hätte er eine ganz andere, wirklich wichtige Verantwortung übernehmen können: den Schutz von Frauen und
Kindern, die in Not waren. Hatte er die Kraft dazu?

Er suchte sie im Alkohol aus einer flachen Taschenflasche.
Die Nacht war kalt, und er griff oft nach ihr.

Eine Weile ging alles gut. Aber dann kam plötzlich das
Gerücht auf, wir würden den Russen entgegenlaufen statt
uns vor ihnen in Sicherheit zu bringen. Das schlug ein wie
eine Bombe. Panik brach aus. Mütter schrien, Kinder wein-
ten, Gepäck flog in den Straßengraben. Im allgemeinen Chaos
hatte unseren Goldfasan die Nacht verschluckt.

So ganz allein, schutzlos, mit den drei kleinen Kindern
standen wir in der bedrohlichen Finsternis. Wir zwei Frau-
en hatten nur den einen Gedanken: zurück nach Posen in
die Geborgenheit unseres Heims! Dort wären wir wenigstens
alle beisammen – komme was wolle!

Wir kehrten um.

Es gab aber nicht nur Alkohol trinkende Goldfasane in
dieser schrecklichen Nacht, es gab auch mitfühlende Menschen. Die trugen Wehrmachtsuniform, saßen auf einem

Motorrad mit Beiwagen und hielten bei uns an. Nachdem sie uns ein wenig beruhigt hatten, beschworen sie uns, nicht zurück nach Posen, sondern weiter nach Westen zu gehen. Das Gerücht, die Front läge vor uns, sei eine Falschmeldung gewesen. Wir konnten also unseren ursprünglichen Weg fortsetzen. Erst sehr viel später begriffen wir, daß wir diesen Soldaten vermutlich unser Leben verdankten.

Nach etlichen Kilometern nahmen uns andere Soldaten in einem Wehrmachtslaster mit, obwohl wir kaum noch hineinpaßten. Einen Kinderwagen ließen wir am Wegesrand stehen. Als die nächste Ortschaft in Sichtweite kam, mußten wir alle absteigen, weil die Soldaten fürchteten, in eine Kontrolle zu geraten. Da durften keine Zivilisten auf ihrem Fahrzeug zu finden sein.

Die Nacht verbrachten wir in einem offenstehenden Hotel, in dem es weder Besitzer noch Personal mehr gab. Jeder, der ein freies Zimmer fand, quartierte sich einfach dort ein. Lange konnten wir nicht bleiben, denn die Front rückte immer weiter nach Westen vor. Eile war geboten.

Als es hell wurde, machten wir uns wieder auf den Weg. Wir hofften, einen Bahnhof zu finden, von dem noch ein Zug nach Westen fahren würde. Jetzt am Tag war alles anders. Nicht enden wollende Trecks zogen über die Landstraße. Es war die Landbevölkerung, die über Pferde und Wagen verfügte. Am Rande der Straße, nur mühsam mit unserem Kinderwagen vorwärtskommend, trafen uns mitunter spöttische Blicke von den hochbeladenen Wagen. „Wie weit wollt ihr mit dem Kinderwagen denn kommen?", rief man uns zu.

Wir wußten und fühlten nur eines: Wir durften nicht aufgeben und mußten weiter, immer weiter gehen.

Und dann erlebten wir, daß es auch in dieser Situation einen Menschen gab, der sich seine Menschlichkeit trotz Haß und Not ringsum bewahrt hatte. Am Rande der Straße stand eine polnische Frau. Sie hatte eine große Milchkanne neben sich, wie die Bauern sie für die Molkerei an die Straße stellen, und einen verbeulten Becher aus Blech in der Hand. Mit dem schöpfte sie Kaffee aus der Kanne und gab uns zu trinken. Mehr konnte sie für uns nicht tun. Weitab von der Straße sah man ein Bauernhaus liegen, zu dem ihre in den Schnee getretenen Spuren führten. Dieses Bild hat sich so tief in mein Herz gebrannt, daß ich es auch heute, mehr als 65 Jahre danach, deutlich vor mir sehe: die Straße mit der unendlichen Reihe der Trecks, die gleichförmig vorüberziehen, wir beiden Frauen mit den Kindern am Rand und eine fremde polnische Frau, die uns zu trinken gibt. Niemand hatte es ihr befohlen, uns etwas Gutes zu tun. Mehr noch, nach den Gesetzen des Krieges ist der Eroberer der Feind; nach den Gesetzen der Menschlichkeit aber, die diese Frau auszeichnete, ist der Durstige der bedürftige Nächste, dem man zu trinken gibt. Dieser Sieg der Nächstenliebe treibt mir noch heute, da ich eine 90jährige Frau bin, Tränen der Dankbarkeit in die Augen.

Irgendwann erreichten wir einen Bahnhof. Dort stand ein Zug, in den alle einstiegen, obgleich keiner wußte, wohin er fahren würde. Es gab keinen Fahrplan, keine Fahrkarten und keinen Schaffner – nur Chaos. Als sich der total überfüllte Zug endlich in Bewegung setzte, dauerte es eine lange, angstvolle Zeit, bis wir erleichtert feststellen konnten, daß er nach Westen fuhr, ja sogar bis Berlin kamen wir!

Wie unterwegs so manches Mal, so blieb auch im Berliner Stadtgebiet der Zug mitunter auf freier Strecke stehen. Als das wieder einmal passierte, stiegen wir kurzerhand aus, um uns weiter nach Schwerin durchzuschlagen. Dort – so hatten wir mit meinem Vater vereinbart – wollten wir uns alle wieder treffen. Mit dem Kinderwagen, dem Gepäck, die Kinder fest an der Hand, stolperten wir über Schienen und Gleise, immer auf der Hut, nicht von vorbeifahrenden Zügen überfahren zu werden.

Auch hier gab es noch einmal Hilfe in großer Not. Ein erschrockener Eisenbahner geleitete uns sicher in den Warteraum eines Bahnhofs. Dort wurden wir mit neugierigen Blikken bestaunt. Die große Flüchtlingswelle hatte Berlin noch nicht erreicht.

Wir schafften es, nach Schwerin zu gelangen, wo uns Vater, um Jahre gealtert und von Sorge um uns gezeichnet, bereits erwartete. Wie war das möglich?

Als wir Frauen mit den Kindern schon einen Tag auf der Flucht unterwegs waren, hatte Vater erfahren, daß ein Zug von Posen nach Berlin fuhr, und nutzte nun doch diese wahrscheinlich allerletzte Chance. In Schwerin war er eher angekommen als wir. Während er uns suchte, hörte er schreckliche Fluchtgeschichten von Trecks, die Panzer überrollt hatten. Und seine Lieben waren zu Fuß unterwegs!

Gott und den hilfreichen Menschen auf unserem Weg sei Dank, nun waren wir wieder vereint.

(Weitere ZEITGUT-Beiträge dieser Autorin sind im Autorenverzeichnis am Ende des Buches vermerkt.)

[Schwellin*) – Dargen bei Köslin**),
Hinterpommern;
März 1945]

Gisela Bertl

Die Rache der Sieger

In meinen Heimatort Schwellin war die Rote Armee einmarschiert. Es war noch bitterkalter Winter, aber Mutter und ich hatten uns vor den russischen Soldaten im Wald versteckt. Wir froren und hungerten sehr. Als die größte Gefahr vorbei schien – die Truppen zogen weiter, aber immer neue folgten ihnen – wagten wir uns nach Hause. Inzwischen waren die meisten Bewohner unseres Dorfes von der Flucht zurückgekehrt, auch der Gutsbesitzer Herr Hinze mit seiner Familie. Wir waren alle sehr erfreut darüber, doch es war immer noch unruhig im Ort. Unterdessen war auch mein Vater, noch im letzten Augenblick zum Volkssturm eingezogen, wieder bei uns. Darüber empfanden wir große Freude und Erleichterung. Wie beruhigend, einen Mann und Beschützer im Haus zu haben!

Trotzdem kam ich, wie alle jungen Mädchen im Dorf, immer nur zum Essen und versteckte mich dann wieder im Wald. Wir hatten mittlerweile eine Stelle gefunden, von der aus wir das Dorf gut überblicken konnten. Dort harrten wir alle zusammen aus, bis uns die Jungen von dort Zeichen gaben, daß die Luft rein sei.

Als ich mal wieder im Haus war und gerade etwas gegessen hatte, wurden wir eines Tages plötzlich von Russen über-

---

*) heute Swielinow und **) Koszalin in Polen

rascht. Meine Eltern waren bei mir, wir hielten uns alle in der Küche auf, doch es gab kein Entrinnen mehr. Die Russen kamen herein und winkten mich heran. Ich bekam große Angst, meine Mutter hat sehr geweint, aber es half alles nichts – ich hatte mich zu fügen, sonst wären wir alle erschossen worden. Schweren Herzens mußte ich mitgehen. Draußen auf dem Wagen saß bereits ein Mädchen, es war Hildegard Lamprecht, die Tochter des Ortsbauernführers, die in meinem Alter war.

Die Russen fuhren mit uns beiden nach Dargen. Dort mußten wir aussteigen und in ein Haus gehen, in dem bereits zwei Mädchen aus dem Ort waren. Uns wurde erklärt, daß wir für die Russen kochen sollten. Lebensmittel waren genügend da. Wir zwei 16jährigen aus Schwellin verstanden noch nicht viel vom Kochen, doch die beiden aus Dargen waren etwas älter und konnten es besser. So gingen wir ihnen zur Hand. Wir hatten noch immer große Angst. Was würde weiter passieren?

Ich hatte mir vorgenommen zu fliehen, doch überall standen Russen mit Karabinern. Sie duldeten auch keine Gespräche unter uns Mädchen. Es war ein grauenvoller Tag für uns.

Am Abend mußten wir für die Herren Offiziere den Tisch decken. Die ließen es sich schmecken und tranken viel Wodka. Was sie von den Speisen übrigließen, es war nicht viel, das durften wir verzehren. Auch Speck sollten wir essen und danach Wodka trinken! Ich konnte es nicht, doch der Wodka wurde uns gewaltsam eingeflößt. Er hat mir fast die Kehle durchgebrannt, denn er war viel zu stark.

Danach startete ich meinen Fluchtversuch: Ich behauptete, nach dem Essen starke Bauchschmerzen bekommen zu haben und dringend zur Toilette zu müssen. Die befand sich auf dem Hof, denn es gab nur ein Holzklosett. Leider durfte ich nicht allein dorthin, ein Russe mußte mich begleiten. So blieb ich ziemlich lange drin und hoffte, daß er sich etwas

*Auf diesem Foto
bin ich 17 Jahre alt.*

entfernen würde. Es war schon ziemlich dunkel geworden. Als der Russe hinter dem Häuschen war, öffnete ich leise die Tür und lief hinaus. Doch er bemerkte es gleich und holte mich wieder ein. Dann setzte er mir die Pistole auf die Brust – eine eindeutige Geste, wieder mit ihm ins Haus zu kommen. Mir war in dem Moment alles egal. Ich schaute ihm in die Augen und sagte: „Schieß doch!"

Er tat es nicht und brachte mich zurück zu den anderen.

Die Russen redeten auf uns ein, doch wir verstanden kein Wort. Und dann kam das Schrecklichste. Wir mußten mit ihnen ins Bett, wo wir alle vier vergewaltigt wurden. Es half kein Jammern und kein Schreien. Obwohl es sehr schmerzhaft war, habe ich mich ziemlich ruhig verhalten, denn Hildegard, die im Nebenbett war, hat sich gewehrt und gebissen und gekratzt. Dafür wurde sie gestoßen und geschlagen.

Als wir glaubten, endlich alles überstanden zu haben, begann die Tortur von vorn, denn jetzt tauschten die Russen uns untereinander aus, so daß jeder von ihnen jedes Mädchen einmal haben konnte und wir mehrmals von verschiedenen Männern vergewaltigt wurden. Wir haben alle sehr geweint, doch sie hatten kein Mitleid mit uns. Es war die schrecklichste Nacht meines Lebens.

Am nächsten Morgen wollten die Russen weiterfahren und uns mitnehmen. Wir Mädchen waren völlig verzweifelt. Ich faßte mir ein Herz, ging zum höchsten Offizier, machte unter Tränen Bitte-Bitte und bat: „Laßt uns bitte damoi, nach Hause! Mama und Papa warten."

Irgend etwas von meiner Rede muß er wohl verstanden haben – vielleicht regte sich auch sein Gewissen –, denn nach einigem Zögern ließ er uns alle vier gehen. Wir waren überglücklich und wollten schnell nach Hause eilen, doch so einfach war das Laufen nicht, denn wir hatten Schmerzen und bluteten.

Es muß gegen Mittag gewesen sein, als wir in Schwellin ankamen. Meine Eltern waren nicht zu Hause, ich traf sie dann im Dorf. Sie waren unterwegs, um mich zu suchen. Auch Frau Lamprecht hatte nichts von ihrer Tochter Hildegard gewußt. Als sie uns nun kommen sahen, war die Freude riesengroß. Wir lagen uns lange in den Armen und haben vor Freude geweint. Meine Mutter hatte viel gebetet. Ihre Gebete waren erhört worden, und wir waren sehr dankbar dafür.

Die nächsten Tage verliefen ziemlich ruhig und ich erholte mich bald wieder. Doch die Angst hat sich lange nicht verloren. Denn auch andere Mädchen aus dem Dorf sind vergewaltigt worden. Wir mußten uns also weiter im Wald verstecken.

[Schwellin bei Köslin*),
Hinterpommern;
April 1945]

Gisela Bertl

Kolbenschläge an der Tür

Im April 1945 waren meine Mutter und ich allein zu Hause,
denn mein Vater war von den Russen zur Zwangsarbeit in
einem nahegelegenen Landwirtschaftsbetrieb verpflichtet
worden. Er durfte nur sonntags für ein paar Stunden mit
dem Fahrrad nach Schwellin fahren. Wir freuten uns immer
sehr, wenn er kam.

Im Dorf war es etwas ruhiger geworden, denn es zogen
nicht mehr so oft russische Truppen durch. Der Frühling
hatte Einzug gehalten. Die liebe Sonne, die wir so lange vermißt hatten, erwärmte uns, so daß wir wieder Mut und Hoffnung schöpften. Dennoch hielten wir jungen Mädchen uns
seit einiger Zeit im Versteck auf einem Berg Richtung Wo-
jentin auf. Wir saßen auf einer ausgebreiteten Decke und
machten Handarbeiten, zum Beispiel Strümpfe stopfen; wer
noch Wolle hatte, strickte. Nur zum Essen gingen wir kurz
nach Hause. Noch immer war Vorsicht geboten.

Im Ort hatten die Schuljungen eine Warnsignalkette or-
ganisiert. Sobald sie ein Fahrzeug kommen hörten, gaben
sie durch laute Pfeiftöne zu verstehen, daß Russen im An-
marsch waren. Im Beamtenhaus gleich neben dem Bahnhof
lebte einer von ihnen. Werner Teske hängte bei Gefahr für
uns Mädchen sofort ein rotes Tuch aus dem Fenster, das wir

---

*) heute Swielinow und Koszalin in Polen

Gasthaus mit Dorfstraße

Schule

Pfarrhaus

Gruß aus **Schwellin**

16. 7. 1930

Die alte Postkarte meines Heimatortes Schwellin in Hinterpommern
zeigt die Dorfstraße mit dem Gasthaus, die Schule und das Pfarrhaus.

von weitem sehen konnten. Wenn die Russen weitergezogen
waren, gab er mit einem weißen Tuch Entwarnung. Das war
unser Startzeichen, jetzt konnten wir zum Essen nach Hause gehen, was dann auch gut klappte. Doch nachts trauten
wir uns noch lange nicht, im eigenen Bett zu schlafen. Meistens legten wir uns auf dem Stroh- oder Heuboden zur Ruhe
nieder. Einmal übernachteten wir alle bei Familie Patzwald
auf dem Fußboden, weil es das letzte Haus im Dorf und ver-
hältnismäßig ungestört war.

Als ich an einem Nachmittag zu Hause etwas gegessen
hatte, sagte ich zu meiner Mutter: „Heute bin ich so sehr
müde, ich kann nicht mehr! Es sind schon zwei Tage keine
Russen gekommen. Ich schlafe heute mal in meinem Bett,
ganz egal, was passiert."

Ich wusch mich gründlich und zog mein Nachthemd an –
zu anderen Zeiten alltägliche Verrichtungen, die wir Mädchen uns aber schon lange nicht mehr hatten leisten kön-

nen. Inzwischen war es auch dunkel geworden. Es war herrlich, endlich mal wieder im eigen Bett liegen zu können!

Ich schlief sofort ein.

Etwa eine Stunde später stand meine Mutter an meinem Bett, rüttelte mich und flüsterte mir eindringlich zu: „Du mußt sofort aufstehen! Es sind Russen an unserer Haustür und wollen rein!"

Ich lag in so tiefem Schlaf, daß es lange dauerte, bis ich begriff, was los war. Dann hörte ich, daß mit dem Gewehrkolben an unsere Türe geschlagen wurde.

Jemand rief: „Paschlie, paschlie!"

Wir verstanden es ja nicht.

Mutter blieb ruhig und antwortete: „Moment mal, kleinen Moment! Ich mache gleich auf."

Danach war eine kleine Weile Ruhe, bis bald darauf die Schläge gegen die Tür erneut einsetzten. Ich war blitzschnell aus dem Bett, zog mein Nachthemd aus, legte es aufs Bett, zog mich in Windeseile an und warf einen Blick aus unserem rückwärtigen Fenster ins Dunkel. Hinter dem Haus war alles ruhig. Rasch stieg ich aus dem Fenster, zum Glück war es nicht sehr hoch.

Mutter kam ins Zimmer, sah mich nicht und rief kaum hörbar: „Wo bist du?"

Ich hockte unter dem Fenster im Dunkeln. So stieg sie mir nach, denn an der Haustür wurde es immer lauter. Ganz leise schlichen wir am Haus entlang und kamen zum Blumengarten. Von dort gingen wir tief gebückt weiter über die Wiese und am Gemüsegarten vorbei ins Dorf. Hier war alles ruhig. So klopften wir bei Familie Ruhmke an. Es war schon ziemlich spät geworden. Sie öffneten und ließen uns hinein. Wir blieben über Nacht dort und saßen auf dem Sofa. An Schlaf war wieder nicht zu denken, aber wir waren froh und dankbar, daß wir bei ihnen aufgenommen worden waren. Es blieb die ganze Nacht ruhig.

Nachdem wir etwas getrunken hatten, gingen wir am

nächsten Morgen gegen zehn Uhr klopfenden Herzens zurück nach Hause. Wie würde es da wohl aussehen?

Wir ahnten nichts Gutes. Waren die Tür oder die Fenster kaputtgeschlagen? Was erwartet uns?

Wir schlichen wieder den gleichen Weg zurück. Als wir in die Nähe unseres Hauses kamen, sahen wir dort von weitem unsere Nachbarin Frau Kaldowski stehen, die zur Tür und zum Fenster schaute und den Kopf schüttelte. Sie konnte uns noch nicht sehen. So kamen wir ganz leise auf den Hof geschlichen. Als sie uns erblickte, schlug sie die Hände über dem Kopf zusammen und rief: „Wo kommen Sie denn beide her? Ich habe gedacht, Sie wären tot!"

Wir fragten: „Wieso denn das?"

„Vor einer Viertelstunde ist hier von Ihrem Hof ein Russe mit dem Fahrrad gekommen und an uns vorbeigefahren."

Nun, dachten wir, das wird der von gestern Abend gewesen sein, der bei uns an die Tür geschlagen hat. Wir wagten es kaum, ins Haus zu gehen und vermuteten, alles sei verwüstet. Doch nichts davon traf zu. Dann stellten wir fest, daß der Russe ebenfalls durch das Fenster der Hinterstube gestiegen, nur von draußen nach drinnen. Er hatte in meinem Bett geschlafen, mein Nachthemd und mein Bettlaken mitgenommen und war nun gerade abgefahren. Sonst fehlte nichts.

Was für ein Glück für uns! Zum zweiten Mal hatten wir einen Schutzengel an unserer Seite gehabt, denn als wir kamen, war der Russe gerade weg. Später haben wir erfahren, daß er im Dorf nach „Paninka" gefragt hatte. Doch ich war glücklich gerettet worden.

*(Weitere **ZEITGUT**-Beiträge dieser Autorin sind im Autorenverzeichnis am Ende des Buches vermerkt.)*

[Greifswald, Pommern – Hamburg-Elstorf –
Bösingfeld – Schevelstein bei Aerzen, Niedersachsen;
1944/45]

Karla Lang

Kriegswinter 1944/45

Die Universität Greifswald schloß ihre Tore für alle Studie-
renden außer den Examenssemestern. Es herrschte „Totaler
Krieg". Die Studentinnen und Studenten wurden zum Kriegsdienst verpflichtet. Ich wurde zur Luftverteidigung Hamburgs
abkommandiert und gehörte zu einer Flakscheinwerferbatte-
rie innerhalb einer RAD-(Reichsarbeitsdienst-)Einheit.

Fast jede Nacht gab es Fliegeralarm, oft auch am Tag. Dann
wurden uns telefonisch feindliche Fliegerverbände im Anflug auf Hamburg gemeldet. Ich hatte im „Turm" die genaue Position mit Koordinaten zu ermitteln und weiterzugeben. Darauf hatten die mit Funkmeßgeräten ausgestatteten Suchscheinwerfer und die von Hand bewegten Lauer-
scheinwerfer die Flugziele zu erfassen, damit diese von den
Flakgeschützen abgeschossen werden konnten. Alle Scheinwerferstellungen waren bei Kriegsende um Hamburg nur
noch von RAD-Maiden besetzt, die Männer waren längst an
der Front im Einsatz.

Ich wohnte mit Inge Knoop, einer Medizinstudentin, in
einer Holzbaracke. Wir konnten sie nur mit einer Taschen-
lampe spärlich beleuchten, und in jenem Winter 1944/45
gefror das Wasser in der Waschschüssel. Wir sahen ziemlich
abenteuerlich aus: Wir trugen Uniformen und im Dienst lange Militärmäntel, dicke Filzstiefel und auf dem Kopf Helme
gegen die Granatsplitter, die uns „singend" umschwirrten.

Inge war als Fernmelderin ausgebildet worden. Nach jeder
Entwarnung, oft mitten in der Nacht, mußte sie die zerschossenen Telefonleitungen flicken und dazu mit Steigei-
sen auf die Telegrafenmaste klettern. Ich habe sie sehr be-
wundert. Meine Tätigkeit spielte sich hauptsächlich auf dem
„Turm" ab. Gelegentlich aber mußte ich auch mit dem
Batteriekommandeur auf Inspektionstour, um die einzel-
nen Scheinwerferstellungen zu besuchen, die gut getarnt
im Wald oder im geschützten Gelände lagen. Dann saß ich
im Tarnzeug hinten auf seinem Krad und war bei schlech-
tem Wetter auf holprigen Straßen völlig verdreckt und halb
erfroren. Meine Skizzen und Berichte, die ich vor Ort an-
fertigen mußte, sahen dementsprechend aus.

Wie weit war ich in diesem Landserleben von meiner Stu-
dienzeit entfernt, in der wir uns über Kants philosophische
Ideen ereifert, mittelhochdeutsche Texte gelesen oder englische Konversation geübt hatten!

Hier ging's ums Überleben, und viel Tausenden Ham-
burgern, darunter zahlreichen RAD-Kameradinnen, war
das nicht vergönnt. Sie kamen in den schrecklichen Bom-
bennächten und Feuerwalzen ums Leben.

Aus meinen Tagebuchnotizen

Hamburg-Elstorf. Heiligabend 1944: Maria von Türckheim,
unsere RAD-Führerin, Inge Knoop und ich sitzen mit Oberleutnant von Gemmingen in dessen Baracke und hoffen, daß
es an diesem Abend keinen Fliegeralarm gibt. Ein paar Kerzen an einem kleinen Tannenbaum geben flackernd ein trü-
bes Licht. Es ist fast dunkel im Raum. Auf dem Tischchen
vor uns stehen Becher mit Tee und ein paar Kekse. Sonst
nichts.

„Wir könnten von früheren Weihnachtsabenden erzählen", schlägt von Gemmingen betont heiter vor, aber das
will hier und jetzt nicht gelingen. Bald hängen wir nur noch
still unseren Gedanken nach, bis ... die Sirene uns auf-

Ich stamme aus Ostpreußen, lebte aber seit meinem 12. Lebensjahr bei meiner kinderlosen Tante Emma und deren Mann Fritz Heuer in Angermünde in der Uckermark, um dort das Gymnasium zu besuchen. Das Foto zeigt meine Abiturklasse. Von den 12 Jungen legten 1943 noch drei das Abitur ab, neun wurden vorher Soldaten. Ich bin die zweite von links oben.

*Diese Aufnahme
aus dem Jahr
1944 zeigt mich
als Studentin
der Philologie in
Greifswald.*

schreckt und zum Dienst ruft! „Starke Bomberverbände im Anflug auf Hamburg ...“

April 1945: Die Invasionstruppen der Alliierten sind auf dem Vormarsch durch Deutschland, die deutschen Soldaten überall auf dem Rückzug. Durch Elstorf fluten schier unendliche Flüchtlingstrecks, neben Armeeangehörigen der verschiedensten Einheiten, einzeln und auch als Trupps. Alle ziehen nach Norden, Richtung Schleswig-Holstein, das noch nicht besetzt ist.

Ich lernte Karl-Heinz R. kennen. Er gehört zur „Einheit Schnabel", die eine knappe Woche in Elstorf einquartiert ist. Er informiert mich laufend über den Stand der Dinge, das heißt über den Verlauf der Front und das Geschehen im Land. Er rät mir dringend zum Rückzug, zusammen mit seiner Einheit. Da ich ablehne, drückt er mir eine Pistole 6,35 mm in die Hand mit den Worten: „Vielleicht wirst du sie gebrauchen müssen."

Anschließend machen wir im Wald Schießübungen. Ich treffe gut und habe eine Gänsehaut.

Elstorf, Batterie-Befehlsstelle. 19. April 1945: Die gesamte Scheinwerferbatterie hat sich aufgelöst. Nur Maria, Inge und ich sind noch in der Vermittlung, um telefonische Meldungen entgegenzunehmen und an die Untergruppe Neugraben weiterzugeben. Es herrscht eine unheilvolle Spannung.

Um 15.32 Uhr beginnt der Panzerbeschuß der Engländer auf Elstorf. Ich sehe die ersten Panzer in etwa einem Kilometer Entfernung auf einer Straßenkuppe auftauchen und ganz langsam näherkommen. Die Telefonleitung funktioniert noch. Ich schildere die genaue Situation vor Ort, während Panzergranaten in der Nähe einschlagen und uns die Splitter um die Ohren fliegen.

„Hiermit verleihe ich Ihnen – fernmündlich voraus – das Kriegsverdienstkreuz", sagt die Stimme am anderen Ende der Leitung. Dann eine erneute Salve, es kracht und knackt. Die Leitung ist tot.

Was hatte der Mensch da gesagt, das Kriegsverdienstkreuz? Gibt's jetzt keine anderen Sorgen??

20. April 1945: 6.00 Uhr – Einnahme Elstorfs durch eine britische Panzereinheit. Mehrere Wohnhäuser abgebrannt, laufend Militärkontrollen und Durchsuchungen nach Waffen und Munition. Nachts zweimal Kontrolle.

Maria, Inge und ich waren bei Familie Schneeberg, dem Ortspolizisten, untergekommen, der tags darauf verhaftet

und abgeführt wurde. Von der britischen Standortkomman-
dantur erging der Befehl, daß bis zum 21. April, 22 Uhr, sämtliche Waffen abgeliefert sein müßten, andernfalls würden die
betreffenden Häuser angezündet. Diese Meldung wurde laufend über Lautsprecher verbreitet. Frau Schneeberg war in
großer Angst. Ihr Mann hatte als Polizist natürlich Dienst-
waffen, aber wo?

Immer wieder durchsuchten wir das ganze Haus, – stundenlang, tagelang – und fanden nichts. Der Abgabetermin
war bereits verstrichen, als wir uns noch einmal im Keller
auf die Suche machten und einen großen Haufen Briketts
Stück für Stück abtrugen. Ganz unten fanden wir ein Ge-
wehr und eine Pistole. Was nun?

Frau Schneeberg getraute sich nicht, die Fundstücke nachträglich abzuliefern. So nahm Inge sie mit stoischer Ruhe
auseinander, fettete sie ein und verpackte sie in wasserdich-
te Planen. Wir legten sie zwischen Bettzeug in einen Handwagen und schoben damit, als Flüchtlinge vermummt, quer
über unser ehemaliges Dienstgelände zwischen den britischen Soldaten hindurch in den Wald. Dort vergruben wir
alles, auch meine 6,35er Pistole, neben einem gekennzeich-
neten Baum, damit Herr Schneeberg sie, wenn er zurückkä-
me, unversehrt wiederfände. –

Als ich dieses Erlebnis später meinem Mann erzählte,
meinte er entsetzt: „Wenn man euch mit den Waffen erwischt hätte, wäret ihr zu jener Zeit auf der Stelle erschossen worden."

Doch wir waren nur von dem Gedanken beseelt, Frau
Schneeberg mit ihren zwei kleinen Kindern in ihrer mißli-
chen Lage zu helfen.

April – Mai 1945: Wir richteten uns noch für einige Zeit
bei Schneebergs ein, bevor wir uns auf den Heimweg oder auf
die Suche nach unseren Angehörigen machen konnten. Züge
und Busse fuhren noch nicht wieder. Die Straßen waren von
langen Flüchtlingstrecks und heimwärts strebenden Solda-

ten verstopft. Sie waren besonders unsicher, weil freigelas-
senen Lager- und Gefängnisinsassen plündernd durch das
Land zogen. In unserer RAD- und Wehrmachtsbekleidung
wären wir angehalten, befragt und vielleicht festgenommen
worden. Wir brauchten also Zivilsachen, und diese nähte ich
uns aus blau- und rotkarierten Fenstervorhängen, die wir
uns aus einem verlassenen und leergeräumten NS-Erho-
lungsheim besorgt hatten. Unsere Dirndlkleider sahen „normal" aus und paßten. Doch sicher waren wir auch im Hause
bei Schneebergs nicht. Laufend gab es Kontrollen, die meist
völlig willkürlich waren und zu jeder Tages- und Nachtzeit
stattfanden. Wir stellten uns darauf ein und hielten abwechselnd Nachtwache, um die anderen rechtzeitig zu warnen.

Einmal gab es eine Razzia nach Uhren. Ich konnte gerade noch in einer dunklen Ecke des Treppenhauses hinter
meinem Rücken die goldene Uhr meiner Mutter abmachen
und fallenlassen.

Ein anderes Mal zerrte ein Engländer uns nacheinander
ins Schlafzimmer zu den Betten. Wir wehrten ihn mit ver-
einten Kräften ab, und da er sternhagelbetrunken war, gelang es uns, ihn aus dem Haus zu befördern.

Einen dagegen angenehmen Besuch möchte ich aber auch
erwähnen: An einem Nachmittag klingelte es, – sonst kamen die ungebetenen Gäste gleich durch die unverschlos-
sene Tür hereingestampft – und ein britischer Panzeroffi-
zier wünschte die drei jungen Mädchen zu sprechen, die,
wie er erfahren hatte, im Hause waren. Er lehnte sich läs-
sig gegen einen Tisch und befragte uns in akzent- und feh-
lerfreiem Deutsch nach dem Dienst in unserer Einheit und
unserem Woher und Wohin.

„Ich bin Philologiestudentin", antwortete ich auf seine
Frage.

„Welche Fächer?"

„Geschichte, Deutsch und Englisch", erwiderte ich.

„Dann sind wir ja Kollegen", meinte er lächelnd.

Hatte er erwartet, daß wir verkappte Wehrwölfe oder ähnliche Ungeheuer seien?

Er verabschiedete sich, wünschte uns alles Gute, und festgenommen wurden wir auch nicht. Dieser Mann – obwohl Gegner – war ebensowenig ein Ungeheuer wie wir. Wir werden alle umdenken müssen.

26. – 30. Mai 1945: Am 26. Mai verlassen wir, Maria, Inge und ich Elstorf in Richtung Süden. Unsere wenigen Habseligkeiten ziehen wir auf einem Handwagen hinter uns her. Abends in Unterstetten, einem Dorf hinter Rothenburg angekommen, in einer Scheune übernachtet (55 Kilometer).

27. Mai: Verden hinter uns gelassen, in Oiste im Heu geschlafen (35 Kilometer).

28. Mai: Durch Hoya bis Buchhorst gekommen. Bei netten Leuten zu Abend gegessen und übernachtet. Die Füße brennen wie Feuer (28 Kilometer).

29. Mai: Bis Stolzenau zu Fuß (25 Kilometer).

Großer Glücksfall, ein Schottenauto nimmt uns mit bis kurz vor Minden. Von betrunkenen Tommies belästigt. Bei einer freundlichen Bauernfamilie untergekommen.

30. Mai: Abschied von Maria und Inge. Allein bis Rinteln weitergegangen (20 Kilometer). Die Extertalbahn fährt wieder. Sie bringt mich nach Bösingfeld. Nach Schevelstein, zu Tante Emma, die vor den Russen aus Angermünde in den Westen geflüchtet ist, werde ich im Ami-Jeep mitgenommen. Der Krieg ist aus, Gott sei Dank! Nun kann der Frieden kommen. Wie wird er aussehen?

Nach dem Krieg lebte Karla Didzuneit bis zu ihrer Heirat 1953 mit der mittlerweile verwitweten Tante Emma in Bösingfeld zusammen. Sie beendete 1950 ihre Lehrerinnenausbildung an der Pädagogischen Akademie Detmold mit Auszeichnung.

[Mittelstreu, heute zu Oberstreu gehörend,
Bayrischer Wald;
1942 –1945]

Wolfgang Absolon

Meta und Lilly

Meine Eltern, Meta und Albrecht Absolon, hatten 1937 in
Wuppertal geheiratet. Zu dieser Zeit arbeitete mein Vater
als Revisor bei Tengelmann, einer damals bedeutenden Han-
delskette mit Filialen in ganz Deutschland. Sie mußten deshalb oft umziehen und so kam es, daß mein ältester Bruder
Udo 1942 in Düsseldorf geboren wurde.

Mein Vater war handwerklich sehr begabt und hatte einen Großteil der Möbel selbst getischlert. Nun fertigte er
kleine maßstabsgetreue Holzklötzchen an, damit er, wenn
er den Grundriß für eine neu zu beziehende Wohnung bekam,
mit Meta Möbelrücken üben konnte. Sie waren sich dann
schon im Vorfeld darüber einig, wo die Möbel aufgestellt
werden sollten. Das machte den Umzug einfacher.

Erst relativ spät wurde Albrecht zum Kriegsdienst heran-
gezogen, wo er als Obergefreiter seinen Dienst als Furier verrichtete. Als solcher mußte er vor allem Nahrungsmittel für
die Mannschaftsküche besorgen. Dies hatte natürlich den
Vorteil, daß er recht gut auch an sonst schwer zu beschaffen-
de Eßwaren kam. Ein Kamerad wunderte sich deshalb auch
immer, daß es ihm deutlich besser schmeckte, wenn er mit
Albrecht zusammen aß. Er konnte ja nicht wissen, daß mein
Vater dem eigenen Topf stets einen ordentlichen Stich Butter beifügte. Es lohnte sich also, mit ihm am gleichen Tisch
zu sitzen.

Mit Fortschreiten des Krieges beherrschten die Alliierten immer mehr den Luftraum über Deutschland und brachten mit verheerenden Bombardements der zivilen Bevölkerung schlimmes Leid und schrecklichen Tod. Nachdem es in den deutschen Großstädten zu gefährlich wurde, wurde meine Mutter Meta mit Udo ins ferne Mittelstreu in den Bayerischen Wald verschickt. Waren die Dorfbewohner auch sicherlich nicht besonders erbaut von den zusätzlichen Leuten, die in ihren Häusern zwangsweise einquartiert wurden, so hatte es meine Mutter bei den Gucks, einer Landwirtsfamilie mit kleinem Bauernhof, recht gut getroffen. Das lag wohl auch daran, daß Oma und Opa Guck einen Narren am kleinen Udo gefressen hatten. Der war ein liebes Kerlchen. Nur wenn es Zwiebelkuchen gab, protestierte er vernehmlich mit dem bis heute überlieferten Ausruf: „Fiebelkuchen mag ich nicht!"

Kurz darauf war der Krieg verloren, meine Mutter und Udo wohnten aber zunächst noch in Mittelstreu. In der Nähe des Ortes wurden amerikanische Soldaten stationiert. Wie Mutter später noch oft erzählte, sah sie damals die ersten Dosen Nescafé ihres Lebens. Mitunter gelangte in eine dieser Dosen Feuchtigkeit und ließ das Kaffeepulver zu einer harten Masse werden. Achtlos wurden sie dann von den amerikanischen „Küchenbullen" weggeworfen. Die Deutschen, die seit Jahren nur Muckefuck gewohnt waren, rissen sich darum und bereiteten daraus den köstlichsten Kaffee, den sie je getrunken hatten.

Während dieser Zeit war Meta zum zweiten Mal schwanger und gebar wieder einen kleinen Jungen, meinen Bruder Hans-Albrecht. Leider konnte sie das Kind nicht stillen, weil sie keine Milch hatte. Eine Amme war aber weit und breit nicht zu finden, und so versuchte die verzweifelte Mutter, das Baby bereits kurz nach der Geburt mit Kuhmilch zu ernähren. Das konnte der kleine Körper nicht verkraften. Durch Erbrechen und Durchfall wurde der Kleine immer schwächer. Als endlich eine Frau bereit war, Amme für Hans-Albrecht zu werden, war der Kleine schon nicht mehr fähig, die Nahrung aufzunehmen. Nur wenige Tage nach seiner Geburt starb das Kind.

Noch kurz vor diesem schrecklichen Ereignis kam ein schwarzer GI auf den Hof. Meta hatte noch Tücher vorgebunden, da sie nach der Geburt noch Blutungen hatte. Der Soldat riß ihr die Kleider und den Verband vom Leib und vergewaltigte sie. Auch das neben ihr im Bett liegende Baby störte diesen Mann nicht. Meta aber hatte noch wochenlang die größten Ängste, wieder schwanger geworden zu sein und das farbige Kind eines Vergewaltigers austragen zu müssen. Eine Abtreibung wäre für sie nie in Frage gekommen.

Nachdem er 1946 aus amerikanischer Kriegsgefangenschaft entlassen worden war, versuchte mein Vater zwar, den Soldaten ausfindig zu machen, um ihn bei den amerikanischen Militärbehörden anzuzeigen, aber er hatte keinen Erfolg. Diesen Vorfall hat uns unsere Mutter erst Jahrzehnte später unter Tränen berichtet. Was mußte diese Generation bloß alles aushalten?

Mein Vater hingegen erfuhr mitten im Wahnsinn des Krieges Freundlichkeit und selbstlose Hilfe. Er wurde verschüttet und war nicht in der Lage, sich selbst zu befreien. Unter Einsatz ihres eigenen Lebens rettete ihn damals eine junge Frau im Kugelhagel aus den Trümmern und brachte ihn aus der Gefahrenzone. Die tapfere Retterin heißt Lilly, und wir sind ihr bis heute dankbar, denn ohne sie wären wir jüngeren Geschwister nicht auf dieser Welt.

Solange mein Vater lebte, hat er seiner Lilly zu jedem Weihnachtsfest ein Päckchen geschickt. Ich habe heute noch ab und zu telefonischen und brieflichen Kontakt zu ihr. Lange Zeit lebte sie in Derschlag mit einem Mann zusammen, der als jugoslawischer Gastarbeiter in Deutschland sein Geld

Meine Mutter Meta Absolon und meine beiden älteren Brüder Udo,
rechts, und Hartmut etwa 1948/49.

verdiente. Jahre später haben die beiden geheiratet, und als
er in Rente ging, folgte Lilly ihrem Gatten nach Lubljana.
Heute lebt sie dort allein, ihr Partner ist bereits gestorben.
　　Leider habe ich Lilly nie persönlich kennengelernt. Sehr
gern würde ich diese einmalige Frau einmal besuchen und
sie dankbar umarmen.

Aus: Wolfgang Absolon, „De Kluntjeknieper", im Eigenverlag, 2004.

[Speyer/Oberrhein, Rheinland-Pfalz;
Frühjahr 1945]

Wilma Klevinghaus

Die Gummer

Ihr Spitzname leitete sich von ihrem Familiennamen ab, doch
konnte ihre krankhaft aufgeschwemmte Figur durchaus an eine
Landgurke erinnern, die man bei uns zu Hause „Gummer"
nennt, und so hatte sie bald ihren wenig schmeichelhaften Namen weg. Dessen ungeachtet schätzten wir sie sehr, ich selbst
habe geradezu für sie geschwärmt. Heute kann ich mich kaum
mehr an Einzelheiten erinnern, doch entsinne ich mich ebensowenig, daß jemals jemand über ihre Unterrichtsstunden ge-
schimpft hätte, obwohl sie gewiß nicht wenig verlangte.

Weiter als bis ins 19. Jahrhundert drangen wir weder in
Geschichte noch im Literaturunterricht vor; doch wäre niemand auf den Gedanken gekommen, sie könne vielleicht mit
Absicht die Vermittlung der anschließenden Stoffe hinaus-
zögern. Auch in Mathematik hinkten wir weit hinter dem
vorgeschriebenen Pensum her. Und das bei einem Lehrer,
der als einer der fähigsten seines Faches galt.

Wir wohnten im Internat einer „Lehrerbildungsanstalt".
Man hatte diesen Ausbildungsweg im Krieg wieder ins Leben
gerufen, um rasch ehemalige Volksschüler für das Lehramt
an diesen Schulen vorzubereiten, ähnlich wie in den Semina-
ren ein halbes Jahrhundert vorher. Die meisten von uns
stammten wie ich aus Dörfern und abgelegenen Kleinstädten
und hatten dort keine Gelegenheit zum Besuch einer höheren
Schule gehabt. So gab es nur eine Handvoll Tagesschüler. Der

*Diese Aufnahme zeigt einen unserer Späße in einer Freistunde 1943/44.
Ich liege ganz links auf den Schienen der Kleinbahn, die an unserem
Internat vorbeiführte.*

Internatszwang, der sich für uns ergab, mochte den Initiato-
ren dieser Institute ganz wünschenswert sein. In der engen
Lebens- und Lerngemeinschaft fiel es nicht schwer, uns im
Sinne der herrschenden Weltanschauung zu beeinflussen.

Wir waren alle begeisterte Mitglieder des Bundes Deutscher Mädel, BDM genannt. Politische Unbedenklichkeit war
eine der wichtigsten Voraussetzungen für die Aufnahme gewesen. Einige hatten bereits vorher Führerinnenränge erreicht, und es gehörte zu unserer pädagogischen Ausbildung,
mindestens ein Jahr lang als Führerin tätig zu sein, entweder in der kleinen Stadt, an deren Rand unsere Schule lag,
oder aber innerhalb des Internats, das eine eigene BDM-Ein-
heit bildete. Einige Lehrerinnen, die mit im Internat wohnten, waren Lehrerin, Internatserzieherin und BDM-Führerin in einem. Sozialpädagogen kannte man damals noch nicht.

Einzig die Gummer trat nie als BDM-Führerin in Erscheinung. Bei ihrem Alter, ihrem Gesundheitszustand und ihrer Körperfülle erschien uns das auch in keiner Weise verwunderlich. Verwunderlich war nur die Tatsache, daß sie als politisch inaktiver Mensch zur Leiterin der weiblichen Abteilung berufen worden war, direkt aus dem Volksschuldienst heraus. Aber in unserem Bischofsstädtchen war einiges möglich, was an anderen Orten undenkbar gewesen wäre. Darüber machten wir uns kaum Gedanken.

Mit den Gebäuden des uralten katholischen Lehrerseminars, in dem man später eine Aufbauschule eingerichtet hatte, waren eine Reihe alter Seminarlehrer aus der späteren Aufbauschule übernommen worden, darunter auch unser Konrektor, – alles Leute, die keineswegs überzeugte Nazis waren, auf deren Unterricht man aber, zumal in den unverfänglichen naturwissenschaftlichen und musischen Fächern, nicht verzichten konnte, waren die jungen Lehrer doch längst alle eingezogen, sofern sie überhaupt noch lebten.

Die Internatsschülerinnen meiner Klasse beim „Spazierenmarschieren".

Für uns hieß Nationalsozialismus in erster Linie national, also patriotisch sein. Die verherrlichten „Toten der Bewegung" waren für uns ebenso bewunderte Vorbilder wie der im Ruhrkampf 1923 von den Franzosen hingerichtete Albert Leo Schlageter oder die Freiheitskämpfer gegen Napoleon.

In zweiter Linie, aber unmittelbar danach, bedeutete es, sozial zu sein. All diese Ideale verkörperte für uns die Gummer. Daß unsere Beifallsstürme sie nicht mitzureißen vermochten, wußten wir wohl. Aber das befremdete uns nicht. Sie haßte alles Pathetische. Nur dreimal während meiner Schulzeit habe ich mich wirklich über sie gewundert:

Beim ersten Mal gab sie mir eine umfangreiche Hausarbeit über Barbarossa und Heinrich den Löwen, die ich für einigermaßen gelungen gehalten und die mich eine Menge Arbeit gekostet hatte, mit den Worten zurück: „Sie müssen aufpassen, daß Sie nicht propagandistisch werden."

Ich mußte sie wohl sehr dumm angeschaut haben und fragte völlig verwirrt: „Wieso denn propagandistisch?"

„Sie stellen zuweilen Behauptungen auf, die Sie nicht beweisen können. Die Propaganda darf das tun, die exakte Wissenschaft nicht."

Nun begriff ich überhaupt nichts mehr. „Aber wieso denn?" wagte ich eine schüchterne Gegenfrage. „Das sind doch alles Tatsachen, das ist doch bewiesen ..."

Ich hatte nichts anderes getan, als einfach die Phrasen nachgeplappert, die wir täglich zu hören und zu lesen bekamen – am wenigsten freilich von ihr –, und es war mir nie in den Sinn gekommen, sie anzuzweifeln. Der Unterschied zwischen Propagandasprüchen und gesicherten Tatsachen war mir noch nicht aufgegangen.

Die Gummer lächelte nur – ein seltsam hintergründiges Lächeln, das schwer zu deuten war. „Sie werden schon dahinter kommen", sagte sie dann und ging unvermittelt zur nächsten Arbeit über. Verwirrt nahm ich meine eigene in

Empfang, sah eine glatte Eins darunter, nichts weiter. Die Bemerkung, die ich nicht verstanden hatte, hatte sie nur mündlich gemacht. Nirgendwo auch nur eine leise Andeutung, auf welchen Passus ihr grundsätzliches Urteil sich bezog. Noch einmal zu fragen, wagte ich nicht.

Das zweite Mal wunderte ich mich wieder im Geschichtsunterricht. Sie vertrat die kühne These, alle Kriege seien letzten Endes auf wirtschaftliche Ursachen zurückzuführen. Dieser Satz mußte unseren Widerspruch hervorrufen. Wir waren gewohnt, von Freiheit und Ehre, von Blut und Boden zu reden, vom heiligen Kampf um die ewigen Werte unseres Volkes.

Ein Sturm der Entrüstung erhob sich. Nicht, daß wir mißtrauisch geworden wären. Niemand verdächtigte sie, nicht auf unserer und damit auf der Seite unseres glorreichen Führers zu stehen. Wir konnten ihre unbedachte Äußerung nur als falschen Ausdruck verstehen, den wir berichtigen mußten. Leidenschaftlich verteidigten wir unsere Vorstellungen. Was sie erwiderte, ist mir entfallen. Wahrscheinlich versuchte sie, an einigen Beispielen das Sowohl-als-auch zu zeigen, vielleicht erlöste auch ganz einfach die Stundenklingel sie und uns. Sie hat ihre These nicht wiederholt. Sie geriet in Vergessenheit, wie so vieles damals. Erst viel, viel später fiel mir jener Ausspruch wieder ein.

Das dritte Mal war mehr als ein bloßes Verwundern. Es traf mich im Innersten. Damals hielten wir für eigene Gedanken, was die Partei uns in die Ohren dröhnte, bezogen unsere Informationen über das Weltgeschehen allein aus den Nachrichten des Großdeutschen Rundfunks und aus der einzigen Tageszeitung, die noch übriggeblieben war, nachdem alle anderen angeblich der Papierknappheit zum Opfer gefallen waren. Das mit der Papierknappheit glaubten wir ebenso wie das mit der Kohlenknappheit, deretwegen in den letzten Kriegswintern alle möglichen Veranstaltungen verboten wurden.

Auch den Totalen Krieg hatten wir akzeptiert als letztes Mittel, unserem Volk die unermeßlichen Nöte zu ersparen, die ihm von einem Meer von Feinden ringsum drohten. Die unaussprechlichen Nöte anderer Völker, verursacht durch die von uns bewunderte Herrenrasse, sahen wir nicht. Keine von uns hatte Bekannte in einem KZ, zu Juden hatte kaum eine nähere Beziehung gehabt. In den kleinen Dörfern, aus denen wir kamen, hatten Juden keine Rolle gespielt. Die wenigen, die einige von uns noch als Kinder gekannt hatten, waren eines Tages verschwunden, so unauffällig, daß wir es nicht bemerkt hatten. Das alles lag im übrigen Jahre zurück, und uns beschäftigten jetzt andere Dinge.

Die letzten Kriegswochen waren ausgefüllt mit Vorbereitungen für das auf Ende März angesetzte Erste Staatsexamen. Daß das von uns erträumte Großreich unter deutscher Führung niemals Wirklichkeit werden würde, begann uns allmählich zu dämmern, als unser Examen Hals über Kopf vorverlegt und zusammengeschoben wurde, dann in unabsehbaren Zügen Soldaten durch das Städtchen fluteten und stundenlang die neue Rheinbrücke schwarz von Menschen zitterte.

Da standen wir am Nachmittag auf den Straßen und fragten die verdreckten, schleichenden Gestalten, so oft ihr Zug ins Stokken geriet, woher sie kämen, und riefen einander zu, wenn ein Trupp am Heimatort einer Mitschülerin vorbei oder gar durch denselben gekommen war. Wir fragten, ob es dort Zerstörungen oder Kampfhandlungen gegeben hatte, versuchten, uns das Unvorstellbare vorzustellen: ob und wie es möglich sein könnte weiterzuleben nach dem Ende dieses Krieges.

Von den Vätern, Brüdern und Freunden an den Fronten waren schon seit Tagen keine Nachrichten mehr gekommen. Aber was dort geschah, waren Dinge, die zwar grausam und gnadenlos, aber doch irgendwie vorstellbar waren. Die Welt hinter der Front jedoch lag wie hinter einem Tor, durch das noch niemand zurückgekommen war, vergleichbar der Unerbittlichkeit und Ungewißheit des Todes.

Hier ist er noch einmal deutlich zu sehen, der dunkelblaue „Blunzen-Mantel". Er zeigt mich auf der Treppe zum Internat. Der Mantel war der erste Teil einer Schuluniform, die wir aber nie komplett erhielten.
Den Spitznamen verpaßten wir ihm nach den dicken runden, nahezu fettfreien Blutwürsten, die es manchmal ohne Marken zu kaufen gab.

Die Frage nach dem Sinn stellten wir nicht. Der noch ausstehende Teil des Examens wirkte wie eine betäubende Droge. Er vertrieb für eine Weile die Gedanken an das Unausweichliche. Die mündliche Prüfung verlief als Groteske. In drei kahlen Räumen im Erdgeschoß saßen die Prüfer, stellten geistesabwesend und halb mechanisch ihre Fragen, erwarteten unter dem immer häufigeren Donnern der näherkommenden Front Antworten, die ein Bekenntnis zur Idee des erlöschenden Reiches darstellen sollten – oder auch nicht. Schwer festzustellen, ob sie überhaupt noch hinhörten auf das, was wir von uns gaben. Einzig die tickende Uhr schien noch von Bedeutung, und niemand hielt sich mit Zwischenfragen auf. Mehr Zeit als das vorgeschriebene Minimum wurde keinem Prüfling gegönnt und von keinem gewünscht.

Die Noten waren unwichtig, war doch der Wert dieses verkürzten Abschlusses fraglich geworden. Was war überhaupt noch wichtig in diesen so unbeschreiblich schönen Frühlingstagen, deren Zauber damals kaum jemanden berührte – und die sich doch allen, die sie erlebten, ins Gedächtnis einprägten, vielleicht gerade wegen des Kontrastes zu dem allgemeinen Chaos ringsum?

Am anderen Morgen – es war Mitte März – standen alle außer mir auf dem Schulhof. Ein verängstigter, hoffnungsloser Haufen duckte sich in den Schutz der Mauern, so gut es ging. Ich hatte mir bei der Sportprüfung eine Wirbelverletzung zugezogen, die mich von Tag zu Tag mehr behinderte. Von heftigen Schmerzen gequält lag ich auf einer Bank, kaum beachtet von den anderen, die so schweigend warteten wie ich. Wo alles in Frage gestellt war, gab es nichts mehr zu sprechen.

Wir lauschten: Von der Straße her hörten wir das unablässige, manchmal für Minuten stockende Dröhnen der vorbeirollenden Fahrzeugkolonnen, von Westen her sich ständig nähernde Detonationen. Ob Bomben oder Bodengeschosse, war schon nicht mehr zu unterscheiden. Die Luft vibrierte von Motorengeräuschen, nur geübte Ohren erkannten deutsche oder feindliche am Ton. Seit Tagen schwiegen die Sirenen. Dem letzten Alarm war keine Entwarnung mehr gefolgt.

Das Geklapper der Schreibmaschinen im provisorischen Sekretariat im Erdgeschoß erregte uns kaum, obgleich wir wußten, daß es um unsere Zeugnisse ging. Wenn ein Packen geschrieben war, trug sie der Hausmeister in den Keller, wo die Gummer sie mit ihren großen, klaren Schriftzügen signierte und die Unterlagen gleich an Ort und Stelle in die Panzerschränke schloß.

Tauchte der Mann mit den Blättern wieder auf, hing sofort eine Menschentraube an ihm. Wenn die Aufgerufenen nicht sofort durch den Knäuel dringen konnten, reichte man die Bogen einfach über die Köpfe nach hinten. Die meisten steckten sie ohne zu lesen weg und verschwanden ohne Umschweife auf den schon mitgebrachten Fahrrädern, um sich in einem mehr oder weniger waghalsigen Versuch doch noch zu den Eltern oder irgendwelchen nahen Verwandten durchzuschlagen, zumeist der Front entgegen. An manchen Rädern flatterte noch der Wimpel der Hitlerjugend.

Selbst bei Aufbietung aller meiner Kräfte wäre mir eine solche Tour in meinem Zustand unmöglich gewesen. So blieb ich als einzige aus unserer Klasse im Internat. Immer kleiner wurde das Häuflein der Wartenden, bis nur noch einige wenige aus den anderen Kursen, die ich nicht kannte, weil sie nur zum Examen in unsere Stadt gekommen waren, übriggeblieben waren.

Am Nachmittag leerten sich langsam auch die verstopften Straßen. Eine gespenstische Ruhe, unheimliche Stille kroch in die Stadt. Als während eines unwirklich zarten Sonnenuntergangs das Städtchen von einem gewaltigen Dröhnen erbebte, wußten wir alle: Das war die Brücke!

Niemand gab einen Kommentar. Angst zu zeigen, ließ unser Stolz nicht zu. Nur inwendig erstarben wir in Verzweiflung. Schrecklich genug hatte uns ja die Propaganda, der wir vertrauten, ausgemalt, wie es sein würde, wenn ...

Immerhin schien uns jetzt – ich weiß nicht, wieso – ein Überleben im Bereich des Möglichen zu liegen. Nur konnte sich niemand vorstellen, wie. Als am anderen Morgen das Heulen der Sirenen überhaupt nicht mehr aufhören wollte, begriffen wir: Das war keine Entwarnung, auch kein neuer Luftalarm. Niemand hatte die Bevölkerung auf dieses Signal vorbereitet, aber jeder verstand, was es bedeuten mußte: Panzer!

Mit weichen Knien krochen alle in die Keller. Ich hatte mich morgens schon nicht mehr nach oben schleppen können, sah die anderen herzuschleichen, das Äußerste erwartend, was an Demütigung und Qual denkbar war.

Das Äußerste kam nicht in diesen Vormittagsstunden. Die amerikanischen Panzerungetüme rückten fast wie zu einer Parade ein. Niemand leistete Widerstand. Durch Megaphon forderten die Sieger alle Bewohner auf, unverzüglich die Häuser zu verlassen. Ich war dazu nicht in der Lage. Über Nacht waren meine Rückenschmerzen unerträglich geworden. Die Wirbelsäule hatte sich völlig versteift, ich konnte meine Beine nicht mehr bewegen. Vielleicht hatte auch die Angst das Ihre dazugetan, ich weiß es nicht. Ausgeliefert und verloren wie nie wieder in meinem Leben lag ich, nachdem die anderen gegangen waren, allein in Kälte und Finsternis auf einem klapprigen Feldbett, nur mit einem Biberlaken zugedeckt, von einer Petroleumfunzel spärlich beleuchtet.

Irgendwann erschienen zwei Amis, ein Schwarzer und ein Weißer, mit vorgehaltener Pistole, richteten die Läufe auf mich, und einer kommandierte: „Stand up!"

Kein einziges englisches Wort fiel mir ein, ich bibberte nur noch. Neben den Soldaten erkannte ich die Gummer, leichenblaß und schlotternd vor Angst. Sie radebrechte fürchterlich, aber sie konnte ihnen wenigstens erklären, ich sei krank. Mißtrauisch betastete mich der Weiße durch das Tuch, während der Schwarze unter das Bettgestell kroch und sorgfältig alles nach versteckten Waffen oder Bewaffneten absuchte. Als sie weggingen, grüßten sie.

Das sind ja Menschen!, war mein erster Gedanke.

Das Leben ging weiter mit Registrierung, Ausgangssperre und unverdunkelten Fenstern, hinter denen wir uns in den ersten Wochen wie nackt und preisgegeben vorkamen, so sehr hatten wir uns an das Abgeschirmtsein während des Krieges gewöhnt. Das Leben ging weiter trotz Plünderungen und Zerstörungen und Hunger.

Dies alles war zu ertragen. Das Äußerste sah anders aus, kroch als schleichendes Entsetzen in unsere Herzen und fraß an allem, was uns heilig gewesen war: Unsere Ideale begannen zu wanken, wurden von Tag zu Tag brüchiger. Dahinter lauerte eine Wirklichkeit, grausamer und brutaler, als wir sie uns je hätten ausdenken können. Von all unseren Lehrerinnen war nur die Gummer geblieben. Wenn wir vom Hof in ihr Dienstzimmer hineinsahen, das die Besatzung ihr im Erdgeschoß als Wohnraum zugewiesen hatte, saß sie fast immer am Schreibtisch. Sie schrieb jedoch kaum, obwohl sie Stöße von leeren Blättern vor sich liegen hatte. Meist las sie auch nicht, sie stierte einfach vor sich hin.

Tag um Tag, Woche um Woche vergingen unter fassungslosem Staunen, noch immer zu leben. Mein Rücken hatte sich gebessert, die Schmerzen waren erträglich geworden, die Beine beweglicher. Wenigstens ein Thema, mit den anderen zu sprechen. Es gab ja kaum noch Gemeinsamkeiten. Das Mißtrauen wuchs immer mehr. Die Nachricht vom Heldentod des Führers vernahmen wir ohne Kommentar. Die Gummer verzog keine Miene. Was uns bewegte, wagte niemand auszusprechen.

Am nächsten Tag faßte ich mir ein Herz. Die Gummer schien auf mich gewartet zu haben. Ich beobachtete den Anflug eines matten Lächelns auf ihrem Gesicht und hatte den Eindruck, als weiche kaum merklich die Starre, die sie mir in den letzten Wochen hatte so fremd erscheinen lassen. Ich spürte etwas von der Wärme, die ich immer gesucht und gerade in dieser Zeit, wo sie mir am nötigsten gewesen wäre, so bitter entbehrt hatte. Es fehlte nicht viel, und ich wäre vor ihr in Tränen ausgebrochen. Ich suchte nach Worten und kämpfte gegen die Verzweiflung.

„Was ist denn nun wirklich die Wahrheit?" begann ich schließlich. „Man weiß ja nicht, wem man glauben soll. Wozu eigentlich noch weiterleben, wo doch alles zerbrochen ist?"

„Sehr viel ist zerbrochen", beschwichtigte sie behutsam, „nicht alles. Nur, was ohnehin schlecht war. Aber es ist noch ein Funke übriggeblieben für einen neuen Anfang, glauben Sie mir."

Glauben – gerade das konnte ich nicht mehr. An nichts.

„Nein!"

Ich muß es sehr heftig hervorgestoßen haben, denn sie sah mich erstaunt und erschrocken zugleich an.

„Was wir jetzt so lesen und hören müssen", fing ich wieder an, „das kann doch nicht alles erfunden sein!"

„Erfunden?"

Sie schien mich nicht zu verstehen. Ich kam mir vor wie in einer ihrer Deutschstunden, wenn wir den bestmöglichen Ausdruck für Gedanken oder Gefühle gesucht hatten. Aber die Sprache, die ich im Unterricht sehr wohl zu gebrauchen wußte, stand mir jetzt nicht zur Verfügung.

„Es muß doch etwas dran sein an all den Berichten", druckste ich schließlich herum. „So kann man doch nicht lügen!"

Sie verstand mich noch nicht.

„Wie meinen Sie das?" fragte sie.

Nun war das Erstaunen an mir. „Das mit den KZ zum Beispiel", fing ich hilflos an, „was da Unglaubliches geschehen sein soll. Ich habe mir immer eine Art Internierungslager für Arbeitsscheue und ähnliche Typen darunter vorgestellt – aber wenn ich jetzt die Briefe und Berichte lese: So schreiben keine Asozialen."

Sie antwortete nicht, sah mich nur mit ihrem ungläubig staunenden Kinderblick an, der Wut in mir aufsteigen ließ.

„Was sagen *Sie* denn dazu?" brüllte ich sie an.

Nie im Leben werde ich ihre Antwort vergessen, das fassungslose: „Aber das wußte man doch!"

„Was wußte man?" würgte ich aus zugeschnürter Kehle hervor.

„Was dort geschah", antwortete sie in hilfloser Selbstverständlichkeit, „und was für Leute man dort einsperrte, Pastor Niemöller zum Beispiel ..."

Der Name sagte mir nichts. Ich hatte ihn nie gehört.

„Das wußten Sie?" schrie ich sie an, um nicht auszuspukken vor Ekel, Enttäuschung und Verzweiflung, und rannte aus dem Zimmer. Ich spürte, wie auch sie um Fassung rang, hörte sie hinter mir, noch immer nicht begreifend, stöhnen: „Nun sagen Sie bloß, Sie haben das nicht gewußt!"

Wie Peitschenhiebe trafen mich diese Worte. Durch Jahrzehnte hindurch gellen sie in meinen Ohren – immer wieder, wenn mich einer fragt, wie ich das damals erlebte. Wenn sie, die Ältere, das schon nicht fassen konnte – wie soll es möglich sein, so etwas Jüngeren zu erklären?

Der Ekel, den ich im ersten Augenblick gegenüber der Gummer empfunden hatte, kehrte sich nun gegen mich selbst. Daß es möglich gewesen war, unbeschwert zu lernen, zu spielen, zu feiern, zu musizieren, sich an Gedichten zu ergötzen, und dabei an *dieser* Wirklichkeit vorbeizuleben! Nicht nur vorbeizuleben, sondern unwissend mitschuldig zu sein.

Am nächsten Morgen ergab sich völlig unerwartet die Möglichkeit, illegal in Begleitung einer überraschend aufgetauchten Diakonisse die Stadt zu verlassen. Im Schutz ihres geistlichen Gewandes fuhr ich die über hundert Kilometer mit dem Fahrrad nach Hause. Von der Gummer verabschiedete ich mich nicht. Ich verabschiedete mich auch sonst von niemand. Nicht, weil ich Verbotenes tat, das mußte jeder damals irgendwann, um weiterzuleben. Mein Weggang war wie eine Flucht. Aber vor seiner Vergangenheit kann man nicht fliehen.

Aus: Wilma Klevinghaus, „Abschied von Illichen", Jahn & Ernst Verlag Hamburg 1988.

[Kaaden/Eger*), Egerland, Sudeten;
1943 – Frühjahr 1945]

Peter Nowotny

Toni, unsere Retterin

Meine Mutter hatte immer ein Dienstmädchen. Eines hieß Else,
ein anderes Berta. Ihre Kochkünste waren bescheiden. Eine
gewisse Frieda bekam ein Kind von ihrem Freund und verließ
uns deswegen, wobei ein uneheliches Kind damals unerhört
war! Am besten kann ich mich an unser letztes Mädchen erinnern, weil es durch besondere Umstände zu uns kam und sich
später als Retterin meiner Mutter erweisen sollte.

Als Else weg war – sie mußte nach Hause zurück, um auf
dem Bauernhof ihrer Eltern zu helfen –, konnte meine Mutter kein anderes Mädchen mehr finden. Alle waren beschäftigt, schließlich noch in Munitionsfabriken, Lazaretten oder
bei anderen kriegswichtigen Stellen. Meine Mutter, die mit
unserer Schwester Regine schwanger war, was mein Bruder
Max und ich allerdings nicht ahnten, begann, sich im Bekann-
tenkreis umzuhören. Tatsächlich bekam sie einen Tip, wo sie
eine Hilfe für den Haushalt finden könne: Ein Transport
zwangsverpflichteter Polinnen sei in Kaaden angekommen.
Aus diesen Frauen solle sich meine Mutter eine ihr geeignet
erscheinende Person aussuchen. Wenn sie sich entschieden
hätte, sei Mutter allerdings auch dafür verantwortlich, daß
die Polin nicht entfliehen könne. Anfangs war meine Mutter
nicht begeistert. „Eine Polin", rief sie aus, „du lieber Him-

---

*) heute Kadaň in Tschechien

*Eine alte Ansicht meiner Heimatstadt Kaaden an der Eger im Sudeten-
land, in der wir bis zum 29. Juli 1945 lebten.*

mel!" Doch ihr gutes Herz siegte, und sie fuhr mit einem Uni-
formierten zum Lager, in dem die Polinnen ihr weiteres Schicksal abwarteten. Von dort brachte sie Antonina Maj mit, die
bei uns fortan nur Toni hieß. Ich sehe sie heute, nach so vielen
Jahrzehnten, noch vor mir, wie sie hinter meiner Mutter in
die Küche trat: Von mittelgroßer, etwas gedrungener Gestalt
mit einem rundlichen Kopf, blickte sie aus einer alten schwarz-
geränderten Brille ziemlich verschüchtert drein. Sie steckte
in einem weiten braunen Rock, trug alte Stiefel und hatte eine
gestreifte, reichlich zerknitterte Leinenjacke an, die mit einem gelben Abzeichen versehen war, das sie als Ausländerin
kenntlich machte. Etwa zwanzig Jahre alt, wirkte sie ängstlich, war schmutzig und hungrig. Toni sprach so gut wie kein
Deutsch, fing aber bald an, unsere Sprache zu erlernen. Wir
kamen glänzend mit ihr aus. Als sie Max, zwölf, und mich,
sieben Jahre alt, sah, spreizte sie, auf uns deutend, zwei Finger ab und sah meine Mutter an.

„Ja, die beiden gehören mir", sagte meine Mutter und dachte

wohl im Stillen an das kommende Leben in ihrem Leib. Nach der Begrüßung zeigte sie Toni das Dienstmädchenzimmer und das zweite Bad, in dem sie sich waschen konnte. Toni riß die Augen ungläubig auf, als ihr klar wurde, daß sie das Zimmer und das untere Bad ganz allein für sich haben konnte. Kopfschüttelnd ging sie im Zimmer umher, berührte vorsichtig das Bett, öffnete den Schrank und sah zum Fenster in den Garten hinaus. So etwas Schönes hatte sie wohl noch nie gesehen!

Unsere Mutter versah Toni mit Kleidung, denn das einzige Gepäck, das sie mitgebracht hatte, war eine verschnürte Pappschachtel, aus der nichts Brauchbares zum Vorschein kam. Später, als sie besser Deutsch sprach, erzählte Toni manchmal von ihrem Zuhause in Ostpolen. Sie stammte aus ärmli-

Meine Mutter, mein Bruder Max und ich bei einem Ausflug 1943.

chen bäuerlichen Verhältnissen und hatte noch acht Geschwister, die all zusammen mit zwei Zimmern auskommen mußten. Ihr Dorf schien ein recht schmutziges, kleines Nest an der russischen Grenze gewesen zu sein.

In der folgenden Zeit lernte Toni alles sehr schnell. Unverdrossen machte sie sich an die Arbeit. Sie hatte wohl bald begriffen, daß sie zu Menschen gekommen war, die auch in ihr einen Menschen sahen, was den damaligen Hetzreden vom slawischen Untermenschen ganz und gar widersprach. Meine Mutter behandelte sie gut und menschenwürdig. Für sie war Toni ein armes, vom Krieg vertriebenes Wesen, das sich nach Geborgenheit und Verständnis sehnte. Beides wurde ihr in unserer Familie zuteil, und sie sollte sich dafür eines Tages wunderbar bedanken. Auch etwas Taschengeld erhielt sie, was allerdings von „oben" nicht gerne gesehen war, den für die Nazi-Verantwortlichen waren die Zwangsverpflichteten keine gleichwertigen Menschen.

Wenn Toni zum Einkaufen auf die Straße ging oder wenn sie nach Feierabend andere Polen besuchen wollte, mußte sie ihre gestreifte Jacke mit dem gelben Abzeichen tragen. Das konnten wir ihr nicht ersparen, so leid es uns auch tat.

Zwischen Toni und uns entwickelte sich im Laufe der Zeit eine richtige Zuneigung. Sie spürte sehr wohl, daß sie es hier in einem fremden Land, weit weg von zu Hause, gut getroffen hatte und als Mitmensch anerkannt wurde. In Kaaden gab es noch mehr Polen und Polinnen. Leider wurden viele nicht so menschlich behandelt wie unsere Toni. Ihre Rache sollte später, als sie von den Russen befreit wurden, schrecklich sein.

Am 3. Mai 1945 wurde meine Schwester zu Hause geboren und auf den Namen Regine getauft. Nach zwei Buben hatten sich meine Eltern so sehr ein kleines Mädchen gewünscht. Doch ihre Überlebenschancen waren nicht besonders gut, mangelte es doch an allem. Fünf Tage danach marschierten die Russen, über die Wernsdorfer Straße kommend, in Kaaden ein. Das Kriegsende war da. Das Grauenvolle, das man uns seit Wochen prophezeit hatte, war eingetreten. Voller Angst beobachteten wir vom Küchenfenster aus hinter zugezogener Gardine die endlose Kolonne von pferdebespannten Panjewagen, die hinter einem Panzer herankamen. Bei einem Halt stürzten sich die aufgesessenen Soldaten in den erdbraunen Uniformen in die angrenzenden Häuser und suchten nach deutschen Soldaten, Waffen, Schmuck, Alkohol und Frauen. Wie alle Nachbarn, so hatten auch wir die Haustür mit Balken verrammelt, was die Russen natürlich erst recht reizte.

Einen Tag später kam der Befehl, alle Türen hätten unversperrt zu bleiben. Am ersten Tag wurden wir nicht belästigt. Draußen peitschten Schüsse durch die Straßen. Sie galten aber nicht den Deutschen, sondern wurden von den offensichtlich betrunkenen, mongolisch aussehenden Russen irgendwohin gefeuert. Der Siegestaumel griff um sich. Ein betrunkener Russe aber galt als besonders unberechenbar und gefährlich, was unsere Angst noch weiter steigerte.

Tags darauf trampelten Stiefel das Treppenhaus hinauf, die Wohnungstür wurde aufgerissen und acht russische Soldaten kamen mit vorgehaltenen Maschinenpistolen herein. Starr vor Angst hatten wir uns alle im Schlafzimmer meiner Mutter versammelt, die das Neugeborene schützend im Arm hielt.

Und jetzt zeigte sich Tonis heldenhafter Mut. Statt wie Polen in anderen Familien über ihre Herrschaft herzufallen, stellte sie sich mit ausgebreiteten Armen vor das Schlafzimmer und redete wie ein Wasserfall – sie konnte sehr gut Russisch – auf die Soldaten ein. Auf die eigene Gefahr als junge Frau achtete sie nicht. Buchstäblich mit Händen und Füßen wehrte sie die Russen ab, bis sie schließlich weggerissen wurde. Die Schlafzimmertüre wurde aufgestoßen – und zum ersten Mal sahen wir den Feind, von dem wir so viel Schlimmes gehört hatten, vor uns.

Die ersten beiden Soldaten waren kaum im Zimmer, als sich Toni, unaufhörlich redend und gestikulierend, zwischen ih-

nen hindurchdrängte und sich schützend vor meine Mutter
stellte. Max und ich waren bis zum Fenster zurückgewichen,
während Oma, die seit ein paar Wochen bei uns wohnte, an
der Bettkante saß und eine Hand meiner Mutter hielt. Es entwickelte sich ein ziemlich lauter Tumult. Die Russen schrien,
fluchten und fuchtelten mit ihren Waffen; Toni schrie und
wehrte sie ab. Die Situation stand auf Messers Schneide.

Einige Soldaten blickten gierig auf meine Mutter im Bett,
die Regine im Arm hielt und nicht aufzuschauen wagte. Aber
das Wunder geschah – Toni gelang es, die ganze Bande aus
dem Zimmer zu drängen und die Tür zu schließen.

Schluchzend vor Anstrengung und Angst lehnte sie sich dann
an die Wand, während die Rotarmisten die ganze Wohnung auf
den Kopf stellten und mitnahmen, was interessant erschien.
Und das war eine ganze Menge. Sie klimperten grölend auf dem
Klavier, zogen die Toilettenspülung einige Male zum Spaß und
verzogen sich schließlich wieder auf die Straße.

Solche Besuche gab es jetzt jeden Tag. Immer in Gruppen und bewaffnet, durchsuchten die Russen alle Häuser
nach Begehrenswertem. „Uri, Uri!" brüllten sie, wenn sie
hereinkamen. Längst hatten wir ihnen alle, auch die ka-
putten, gegeben. Manche Soldaten hatten schon die ganzen Unterarme mit Uhren behängt, die meisten gingen wohl
bald kaputt, denn von einem vorsichtigen Aufziehen konnte keine Rede sein. Funktionierte eine nicht mehr, wurde
sie irgendwann einfach weggeworfen. Toni stand jedes Mal
wieder vor der Schlafzimmertür und verteidigte meine
Mutter mit Erfolg. Noch einmal drang ein Soldat dorthin
vor, drückte uns Buben an die Wand, riß die Schubladen
auf und schrie sein „Uri, Uri!", wobei damit wohl nicht nur
Uhren, sondern Schmuck überhaupt gemeint war. Sein lü-
sterner Blick streifte unsere Mutter, doch er verschwand
wieder, ohne ihr etwas angetan zu haben. Später erfuhren
wir, daß sich die Russen in anderen Familien nicht so haben abdrängen lassen.

Die Kopie des Schreibens in polnischer Sprache, in dem Toni – die Zwangs-arbeiterin Antonia Maj – die gute Behandlung bei meiner Mutter bestätigte.

Ein paar Tage darauf kam Toni weinend ins Zimmer und be-richtete, daß sie jetzt in ihre Heimat zurückkehren müsse. Ihr Transport ginge in zwei Tagen. Zwar konnte sie durchsetzen, daß sie diesen Termin noch nicht zu wahrzunehmen brauchte, aber einige Tage später mußte es dann doch sein. Als der aller-letzte Transport abging, gab es auch für unsere Toni keinen Aufschub mehr. Der Abschied war für beide Seiten schmerzvoll. Wir waren alle sehr traurig, als sie das Haus verließ.

Irgendwie haben uns später, als wir schon im Westen wa-ren, zwei Briefe von ihr erreicht. Dann riß die Verbindung ab. Die dankbare Erinnerung an Toni, die uns unter Einsatz ihres eigenen Lebens vor dem Schlimmsten bewahrte, aber wird bleiben.

*(Weitere **ZEITGUT**-Beiträge dieses Autors sind am Buchende vermerkt.)*

[Berlin-Neukölln;
April/Mai 1945]

Gerda Steinke

Überstehen ist alles

Anfang April 1945 war ich gerade 19 Jahre alt geworden und
erwartete sehnsüchtig das Ende des Krieges. Wie das allerdings aussehen würde, davon hatte ich keine genaue Vorstellung. Keine Bomben mehr, wir würden wieder in Ruhe
nachts schlafen können, und unsere Soldaten könnten alle
nach Hause kommen. Das Leben sollte endlich für mich be-
ginnen und Träume in Erfüllung gehen.

Was ich dann aber tatsächlich erleben mußte, sollte meine naiven Vorstellungen als ahnungslose Wunschphantasi-
en entlarven. Bald schon hatten wir in jenen chaotischen
Tagen, die dem Ende des Krieges folgen sollten, nur noch
ein Motto: „Überstehen ist alles!"

Wir wußten ja nichts von den geheimen Absprachen der
Alliierten und davon, was schon 1944 über die Aufteilung
Deutschlands und Berlins nach dem Sieg der Alliierten entschieden worden war. Die meisten Berliner hatten inbrünstig gehofft, daß Amerikaner und Engländer Berlin erobern
würden. Was für ein Irrtum mit unsäglich tragischen Folgen
für die Bevölkerung! So waren wir der Eroberung durch die
Sowjets ausgeliefert.

Das ununterbrochene, mörderisch entnervende Heulen der
Stalinorgeln während der letzten Kämpfe, die mitten in Ber-
lin um jede Straße ausgefochten wurden, hämmert in meiner
Erinnerung gegen mein Trommelfell. Von der gegenüberlie-

genden Feuerwache jaulten sie die ganze Nacht hindurch über unser Haus in Neukölln hinweg.

Die schlimmste Nacht meines jungen Lebens aber war die vom 26. zum 27. April. Da hockte ich in einer Balkonecke im vierten Stockwerk unseres Hauses, bereit zum Absprung in die Tiefe, meinen Tod bereits vor Augen. Doch mein Schutzengel muß wohl seine Hand über mich gehalten haben, ich wurde nicht entdeckt. Bis heute aber kann ich das akustische Mit-Erleben und Mit-Leiden der nächtlichen Ereignisse in unserem Haus nicht vergessen. Ich glaubte danach, niemals mehr lachen zu können.

Wir fühlten uns in unserem Haus nicht mehr sicher, meine Mutter, meine Schwester mit ihrem Baby und ich, und so flüchteten wir zu Freunden einige Straßen weiter. Deren Haus war massiver geschützt und noch von mehreren Männern bewohnt. Ihre Anwesenheit gab uns ein Gefühl von Sicherheit. Am 1. Mai kehrten wir in unsere Wohnung zurück, brachten die durchwühlten und verdreckten Räume nach und nach in Ordnung und konnten auch die eingetretene Wohnungstür, notdürftig repariert, hinter uns schließen.

Von der Kapitulation Berlins am 2. Mai hörten wir nur durch Mundpropaganda. Einzelheiten konnten wir nicht erfahren, denn es gab keine Radiomeldung, keine Zeitung, keinen Strom, kein Telefon – nichts. Die Rundfunkgeräte mußten ohnehin gleich in den ersten Tagen abgeliefert werden, in unserem Fall gleich gegenüber bei der Feuerwache, wo sich die dafür vorgesehene Sammelstelle befand.

Nun waren die Stalinorgeln endlich verstummt, das Donnern von Panzern und letzte Maschinengewehrsalven verhallt. Es kehrte Ruhe ein, doch sie war gespenstisch. Wenn es dunkel geworden war, ging niemand mehr auf die Straße. Man hörte nur immer wieder sowjetische Soldaten mit Gewehrkolben gegen Türen schlagen. Manchmal wurden dann Rufe nach einem „Kommissar" laut, der angeblich vor Gewalt helfen sollte.

Der Kampf um Berlin war vorbei, jetzt begann der gegen Hunger und Chaos. Berlin war ohne städtische Verwaltung und lag in Trümmern. Keine S-Bahn, keine U-Bahn, kein Bus und keine Straßenbahn. Die Brücken waren gesprengt. An den Eisenteilen einer geborstenen Brücke in Neukölln bot sich mir erstmals der erschütternde Anblick einer weiblichen Wasserleiche. Der aufgedunsene Körper entsetzte mich zutiefst. Auf den Straßen lagen tote Pferde, aus deren Leibern sich Hungernde Fleischstücke herausschnitten. In Schubkarren fuhren einige Leute Leichen an mir vorbei, Tote, die sich das Leben genommen hatten oder erschossen worden waren. Auf dem Richardplatz wurde ein großes Massengrab ausgehoben, aber schon im Sommer wieder geöffnet und die Toten exhumiert. Auch die Eltern meiner Schwägerin, die sich erhängt hatten, waren dort hineingelegt worden, und sie mußte unter Tränen ihre Eltern identifizieren, bevor sie endlich auf dem Friedhof ihre Ruhe finden konnten.

Es ging nur noch um das einfache, nackte Überleben. An die weitere Zukunft dachten in den ersten Nachkriegstagen die wenigsten Berliner. Nur mit rußverschmierten Gesichtern, ungepflegten Haaren und häßlichen Kopftüchern wagten wir Mädchen und Frauen uns auf die Straße, um an der Wasserpumpe mit Eimern in langen Schlangen nach Wasser anzustehen oder zu versuchen, irgendwo etwas Eßbares aufzutreiben.

Etwa zehn bis vierzehn Tage nach dem Einmarsch der Roten Armee waren die größten Schrecken und Ängste der Frauen überstanden. In einer Bekanntmachung der sowjetischen Kommandantur über die provisorische Regelung der Versorgung der Bevölkerung vom 5. Mai 1945 stand zu lesen:

„Lebensmittelkarten: pro Kopf und Tag für deutsche Erwachsene: 200 g Brot, 25 g Fleisch, 400 g Kartoffeln, 10 g Zucker, 10 g Salz, 2 g Kaffee.

Für Kinder bis 14 Jahre: 150 g Brot, 25 g Fleisch, 200 g Kartoffeln, 10 g Zucker, 5 g Fett, 10 g Salz, 1 g Kaffee.“

Aber auch diese geringen Mengen standen oft nur auf dem Papier, weil sie in den Läden gar nicht vorhanden waren. Am 7. Mai gab es zum ersten Mal wieder frischgebackenes Brot. Man kann sich heute kaum noch vorstellen, wovon wir uns in jenen Tagen eigentlich ernährten.

Die Frauen wurden erfinderisch. Kartoffelschalen warfen sie nicht weg, sondern verwerteten sie noch irgendwie. Brotscheiben wurden ohne Fett auf der Herdplatte geröstet, dann schmeckten sie besser und gaben ein mehr oder weniger sättigendes Gefühl im Magen. Etwas Mehl, mit Wasser angerührt, buken sie in einer mit Kerzenresten eingerieben Pfanne zu Plinsen. Um Feuer zum Kochen anzumachen, holten sich die Menschen aus Trümmern Holzteile, zersplitterte Türen, Balken. Nicht selten wurde auch mal ein als überflüssig erkannter Stuhl zerschlagen und verfeuert.

Und dennoch lebten wir! Die endlosen Bombennächte hatten wir durchgehalten, wir hatten den Kampf um Berlin ertragen. Jetzt wußten wir: Nur wer die ersten Wochen und Monate nach der Kapitulation überstand, konnte sagen, er sei noch einmal davongekommen!

Ich werde oft gefragt, wie ich das Ende des Krieges empfunden habe – ob als Befreiung, als Niederlage oder wie sonst?

Das ist eine schwierige Frage und nicht so leicht zu beantworten. Befreiung? Nein.

Niederlage? Nein.

Meine damaligen Gefühle waren eine Mischung aus Angst, Hilflosigkeit, Ausgeliefertsein, Hoffnungslosigkeit, aber auch Überlebenswillen. Mein jugendlicher Optimismus gewann im Juli, als die Amerikaner kamen, schnell wieder die Oberhand.

(Weitere **ZEITGUT**-*Beiträge dieser Autorin sind im Autorenverzeichnis am Ende des Buches vermerkt.)*

[Alt Kattenau/Neu Trakehnen*) – Ebenrode**),
Ostpreußen – Tannenbergsthal, Vogtland;
1942 – 1994]

Otto Höchst

Die ungeweinten Tränen meiner Mutter

Als Vater starb, war meine Mutter gerade 31 Jahre alt. Eine
junge Frau, die ein glückliches Familienleben an der Seite eines starken Mannes geführt und voller Zuversicht in die Zukunft geschaut hatte, war plötzlich mit drei Kindern allein.

Wir Kinder von drei, zehn und zwölf Jahren waren keine
Hilfe, um das weiterführen zu können, was die Eltern aufgebaut hatten. Seit 1937 besaßen sie in Alt-Kattenau, einem
kleinen Vorwerk des namhaften Gestüts Groß Trakehnen, eine
Deputatstelle. Als die zum Deputat gehörenden Äcker gute
Erträge brachten, in den Ställen gesundes Vieh stand und die
notwendigen Gerätschaften für die Bewirtschaftung ange-
schafft waren, kam der Krieg. Vater war von Anfang an dabei.

In den ersten Septembertagen 1942 kam ein Brief mit unbekannter Handschrift von der Ostfront und brachte die bit-
tere Nachricht: Vater war tot. Er war auf dem Hauptver-
bandsplatz „Marinow" trotz aller ärztlichen Bemühungen
einem Bauchdurchschuß erlegen. Der leitende Arzt endete
sein Kondolenzschreiben mit den „trostreichen" Worten:

„Ihr Gatte gab sein Leben für Führer, Volk und Vaterland
im opferungsfreudigen Einsatz."

Für Mutter, einer kleinen bescheidenen Frau, die Entschei-
dungen gern ihrem Mann überlassen hatte, bedeutete Va-

---

*) heute: Furmanowka und **) Nesterow in Rußland

Das Foto zeigt meine Mutter Emma Höchst, geb. Willumei, im Alter von 30 Jahren.

ters Tod nicht nur das Ende einer großen Liebe und harmonischen Familienglücks. Es war auch das Ende einer mühevoll aufgebauten Existenz.

„Gott, mein Gott", sagte sie, „warum ich? Ich habe doch gerade erst angefangen zu leben." Sie brach in sich zusammen, ertrug schweigend ihr großes Leid.

Kutschiert von einem älteren Mann, fuhr eine tiefschwarz gekleidete Frau in einem Zweispänner bei uns vor. Ihr streng gescheiteltes graumeliertes Haar war mit einer schwarz umschleierten Kappe bedeckt. Sachlich drückte sie Mutter ihr Beileid aus. „Wir deutschen Frauen", sagte sie, „fühlen doch alle gleich. Ich trauere um meinen Ältesten. Die Kranzweihe meines Sohnes in der Kirche zu Kattenau wird vermutlich am nächsten Sonntag mit der Ihres Mannes zusam-

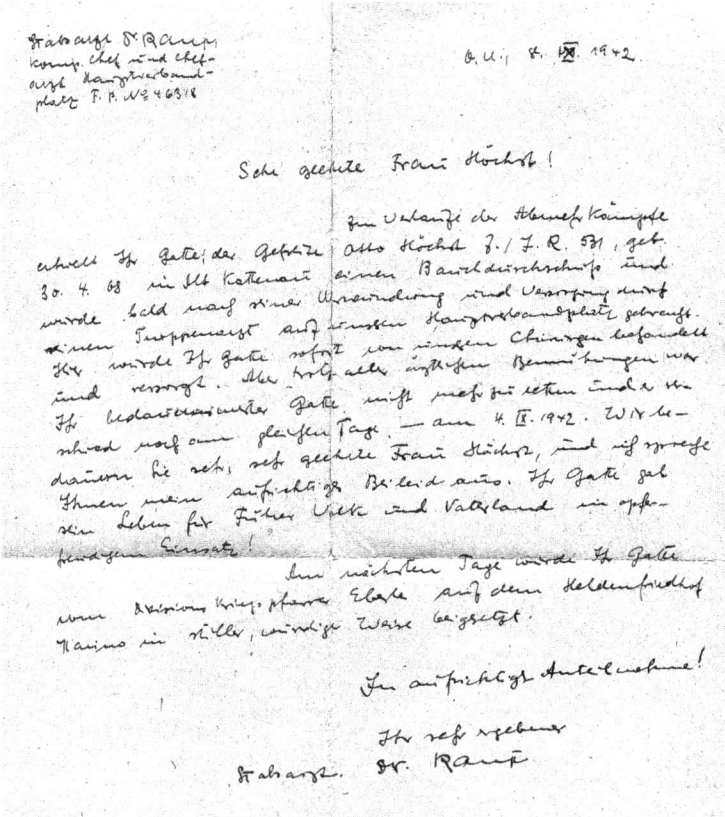

Das Kondolenzschreiben des leitenden Arztes an meine Mutter endete mit den Worten: „Ihr Gatte gab sein Leben für Führer, Volk und Vaterland im opferungsfreudigen Einsatz." – Mein Vater starb im September 1942 an einer Verwundung an der Ostfront.

menfallen. Gemeinsam werden wir unserer gefallenen Helden gedenken. Sicher geben Sie auch eine Traueranzeige in den ‚Ostdeutschen Grenzboten' auf."

Mühevoll nickte Mutter. „Und wir werden ‚In stolzer Trauer' zeichnen. Da sind wir doch sicher einer Meinung."

Das war zuviel, das hätte sie nicht sagen dürfen. Mutter erhob sich von ihrem Stuhl. „‚Stolz', sagen Sie. Ich soll stolz sein auf den Tod meines Mannes, der an einem Bauchdurchschuß starb und ganz sicher große Schmerzen erdulden mußte? Ich bin nicht stolz, ich bin nicht stolz. Ich danke Ihnen für Ihren Besuch und wünsche einen guten Tag."

Sie hatte beide Hände vor das Gesicht gelegt als müsse sie ihren Kopf stützen und ging in unser Schlafzimmer.

Pfarrer Wegner kam. Der im Konfirmandenunterricht so strenge Lehrer strich sanft über meinen Kopf. Er besprach mit Mutter die nötigen Daten, die am kommenden Sonntag für das Gedenken im Gottesdienst notwendig waren. Ein gemeinsames Gebet. Er ging.

In der Kirche war meinem Vater zu Ehren ein Kranz aus falschem Lorbeer mit weißen Schleifen an der Empore angebracht worden. Er reihte sich ein in die endlose Reihe von Kränzen für die gefallenen Helden aus dem Kirchspiel Kattenau in Ostpreußen.

„Da werden Kirchen zu Friedhöfen", sagte Großvater, „mögen sie in fremder Erde die ewige Ruhe finden."

Beim verhaltenen Klang der Orgel „Ich hat' einen Kameraden ...", die weihevolle Kanzelabkündigung. Als Vaters Name genannt wurde, erhoben wir uns von den Plätzen. Mutter kniete regungslos in der Kirchenbank. Die trauernde Kirchengemeinde verharrte im stillen Gebet.

„Gott schütze den Führer und seine Ratgeber."

Die letzten Worte des Pfarrers hinterließen in uns nur Trostlosigkeit.

Als der Gottesdienst zu Ende war, schaute Mutter zu uns auf und sagte: „Wartet vor dem Portal auf mich. Ich brauche noch etwas Zeit, um mit Gott zu reden."

Auch der Bürgermeister und der Inspektor machten ihre Aufwartung. Mutter fragte gleich zu Beginn des Gespräches: „Wie lange werden Sie uns in dieser Wohnung lassen? Es ist eine Dienstwohnung, die zum Deputat gehört. Wird sich für uns was anderes finden lassen? Ich möchte in unserem Dorf bleiben. Fünf Jahre wohnen wir nun im Ort, und bevor wir die Deputatstelle bekamen, hat mein Mann Jahr für Jahr hier als Freiarbeiter geschuftet. Die Kinder gehen hier in die Schule. Und in der Erntezeit will ich ja wie bisher mithelfen."

„Sie sollten erst einmal zur Ruhe kommen", unterbrach sie der Inspektor. „Ihr Mann war ein guter Spezialist und jemanden, der die Bulldoggs und den Raupenschlepper fahren und warten kann, finden wir so leicht nicht, zumindest nicht in diesen Kriegszeiten. Ein anderer kommt nicht in Frage und solange bleibt alles beim Alten."

Neben der Kriegerwitwen- und Waisenrente bot uns das geopferte Leben unseres Vaters einen gewissen Schutz. Bis wir unsere Heimat im Oktober 1944 verlassen mußten, wohnten wir weiterhin in der Dienstwohnung und durften alles zum Deputat Gehörende nutzen.

In den ersten Oktobertagen bekam Mutter den Bescheid, daß sie mit ihren Kindern für eine Evakuierung vorgesehen sei. Der Transport, der sie ins Innere des Deutschen Reiches bringen würde, ginge am 5. Oktober 1944 vom Trakehner Bahnhof ab. Nach Verhandlungen mit dem Bürgermeister erreichte sie, daß ihre Eltern ebenfalls in diesen Transport eingegliedert wurden.

„Was wird mit Otto, meinem Großen?" fragte sie. „Der lernt in Ebenrode. Wir wollen alle zusammenbleiben."

„Da kann ich nichts machen", hatte Bürgermeister Diekmann gesagt, „machen Sie das dort klar."

Mutter kam mit dem Fahrrad ins Wirtschaftsamt, der ersten Station meiner Lehre. „Wir müssen flüchten", sagte sie. „Am 5. Oktober geht der Transport. Oma und Opa kommen mit. Pack deine Sachen. Ich laß dich hier nicht alleine zurück."

„Ich bleibe hier", sagte ich. „Was sollen die anderen wohl von mir denken, wenn ich jetzt, wo es ernst wird, die Flucht ergreife?"

Mutter meldete sich bei der zuständigen Leiterin und trug

ihr Anliegen vor. Fräulein Mischkat, eine kleine resolute Person, machte es ganz kurz: „Natürlich haben Sie das Recht, Ihren vierzehnjährigen Jungen mit auf den Transport zu nehmen. Aber soweit ich weiß, wohnt er doch sowieso nicht bei Ihnen zu Hause, sondern in Stadtfelde bei einer Tante. Er ist also voll versorgt. Wissen Sie, gute Frau, das, was da jetzt mit den Evakuierungen passiert, sind doch reine Schutzmaßnahmen für Mütter mit kleinen Kindern. Wir können doch wohl ganz sicher sein, daß kein Feind jemals in unser Ostpreußen hineingelassen wird. Ich müßte mich auch erst noch beraten, was dann aus seiner Lehre wird. Denken Sie an seine Ausbildung. Die Schule, da ist im Moment nichts los, aber wenn die Front zurückgeht und die Soldaten abziehen, wird der Unterricht sofort wieder aufgenommen. Soweit ich weiß, gibt es diese Ausbildung nicht überall. Wo wollen Sie ihn denn unterbringen?"

Mutter wurde unsicher. Ich blieb in Ebenrode. Meine Familie fuhr mit einem Zug ins Unbekannte. Für alle Fälle wurde ich mit einem Geldbetrag ausgerüstet und mit Adressen unserer Verwandten im Rheinland, bei denen wir uns im Notfall treffen wollten.

„Wenn ihr auch raus müßt, nimm warme Sachen mit. Die weinrote Wolldecke, die wärmt gut." – Mutters Stimme begann zu zittern. – „Nun auch der Sohn", brach es aus ihr heraus. Sie ging zum Ausgang, kam zurück und drückte mich ganz fest an sich. „Gott schütze dich."

Ihr traurig verzweifelter Blick ging mir sehr nahe. Damals, mit vierzehn Jahren, war das schnell vergessen. Die Gegenwart des Krieges hatte mich wieder. Mutter ging, ohne noch einmal zurückzuschauen. Ihr Gang war schleppend, als hätte sie Zentnerlasten zu tragen.

Ein Telegramm brachte die Nachricht:

„Sind in Muldenberg im Vogtland, alle gesund. Komm sofort hierher. In Sorge Mama"

Etwa drei Wochen später saß auch ich auf einer Stroh-schütte in einem Güterzug, der ins Unbekannte fuhr. Das Landratsamt Ebenrode wurde ebenfalls evakuiert. Mutters weinrote Wolldecke war mein Schutzschild. Mein Ziel war klar: Muldenberg im Vogtland, Mutter, meine Familie.

Als sie mich in ihre Arme schloß, sagte sie: „Nie mehr laß ich ein Kind allein."

In unserem vogtländischen Zufluchtsort war niemand auf unser Kommen vorbereitet. Auch die Kirche nahm von un-serer Anwesenheit kaum Notiz. Mutter kam von ihrem er-sten Kirchgang zurück und sagte: „Der Pfarrer hatte in sei-nem Gebet mit dem Krieg zu tun. Über unser kärgliches Flüchtlingsdasein kein Wort. Ich möchte mal wissen, wie viele Räume es in diesem großen Pfarrhaus gibt, in denen sich ein Platz für meine alten Eltern fände. Aber Gott wird uns bei-stehen. Er vergißt keinen."

Wir waren notdürftig untergebracht. Zusammen mit an-deren Flüchtlingsfamilien lebten wir etwa ein Vierteljahr lang in der Kegelbahn der Dorfkneipe „Krug zum alten Forsthaus" im Massenquartier. Für uns wurden Behelfsheime gebaut, kleine, schlecht isolierte Holzbaracken.

„Um diese Hütte warm zu halten", sagte Mutter, „brau-chen wir Holz, viel Holz."

Sie sprach mit dem Förster. Wir gingen in den Wald, fäll-ten Bäume und rodeten Stubben.

Der Schutz, der uns bisher durch Vaters Tod gewährt wor-den war, versiegte in der Fremde. Das in Ostpreußen zustän-dige Versorgungsamt Insterburg war unbekannten Ortes eva-kuiert worden und die Rentenzahlungen blieben ab Novem-ber 1944 bis zum Zusammenbruch des Dritten Reiches aus. Arbeit gab es im näheren Umfeld nicht, und wenn in der orts-ansässigen Fabrik mal eine Stelle frei wurde, rückten Einhei-mische nach. Die Spareinlagen einer Landarbeiterfamilie waren nicht groß, aber sie hielten uns eine Weile über Wasser.

Großvater, der Mutter bisher mit Rat und Tat zur Seite
gestanden hatte, wurde sehr krank. Der Verlust der geliebten
Heimat, das Vierteljahr Massenquartier und das nachfolgen-
de Leben in einem notdürftigen Behelfsheim hatten seinen
Gesundheitszustand stark geschwächt. Er starb in der Silve-
sternacht 1945. Es hieß Abschied nehmen von einem geliebten Menschen. Es hieß auch, diesen geliebten Vater und Großvater vorzubereiten für seinen letzten Gang. Es gab ja keinen,
der damit hätte beauftragt werden können.

Mutter kam zu mir und fragte: „Wirst du es schaffen, mir
zu helfen? Ich meine, die körperliche Kraft wirst du haben,
aber du bist erst fünfzehn. Und nun Opas Leichnam. Ich schaf-
fe es nicht alleine, ihn in die Friedhofskapelle zu bringen."

Ich drückte nur ganz fest ihre Hand und sagte: „Komm."
Wir sprachen ein Gebet. Mutter berührte Großvaters Stirn.

„Es muß sein", sagte sie, „wir müssen Abschied nehmen.
Vergib, Väterchen, wir haben unsere Toten sonst würdiger
begraben."

Ihre Stimme erstickte in Tränen. Wir hüllten Großvater
in Laken und in eine Schlafdecke, verschnürten seinen Leichnam mit einer Wäscheleine. Ich hatte einen großen Schlitten besorgt. Darauf betteten wir ihn. Schweigend brachten
wir unsere kostbare Fracht zur Friedhofskapelle.

Mutter erfuhr, daß in der Sachsenerz AG, Grube „Tannenberg" eine Köchin gebraucht wurde. „Ich bin keine ge-
lernte Köchin", sagte sie, „aber was es in diesen mageren
Zeiten zu kochen gibt, koche ich allemal."

Sie bewarb sich und wurde angenommen. Am 23. August
1946 nahm sie ihre Arbeit auf. Mutter arbeitete im Drei-
schichtsystem, und ihr täglicher Arbeitsweg zur Grube und
zurück betrug etwa zwölf Kilometer. Diesen Weg, der durch
ein Waldgelände führte, das nachts nicht beleuchtet war, ging
sie in den ersten Jahren zu Fuß.

Großmutter fragte: „Wie lange willst du das aushalten?"

Hier Eintragungen nur durch das Arbeitsamt	
1.	Geburtsdatum	*29. April 1911*
2.	Geburtsort Kreis Provinz Land	*Althattenau* *Ebenrode*
3.	Staats- angehörigkeit	*deutsch*
4.	Familienstand	*verw.*
5.	Geburtsjahre der Kinder	*1930 1932 1939*
6.	Wohnort und Wohnung (genaue Anschrift)	*Tannenbergsthal 14.* *Behelfsheim*

Tannenbergsthal im Vogtland wurde nach der Flucht aus Ostpreußen unsere zweite Heimat. Im Arbeitsbuch meiner Mutter ist als Wohnung „Behelfsheim" angegeben.

„Ich tue es für meine Familie", sagte sie, „für euch. Es ist sonst keiner da, der die Familie ernähren kann. Gott wird mir Kraft geben."

Sie hielt es knappe fünf Jahre aus. Wie sich später herausstellte, zu wenig, um eine Rente aus der Knappschaftsversicherung zuerkannt zu bekommen.

Der Volksentscheid, der in Sachsen im Jahre 1946 über die Enteignung der Kriegsverbrecher durchgeführt wurde, traf auch die „Sachsenerz AG". Mutters Arbeitsstelle wurde von der Sowjetischen Militäradministration übernommen und verwaltet. Sie war fortan bei der Feldposteinheit 27304, Objekt 32 beschäftigt. In dieser Gegend war Pechblende, radioaktives Erz, gefunden worden. Die Deutsch-Sowjetische-Aktiengesellschaft „Wismut" trat auf den Plan. Es wurde ein intensiver Erzabbau betrieben. „Ich bin Bergmann, wer

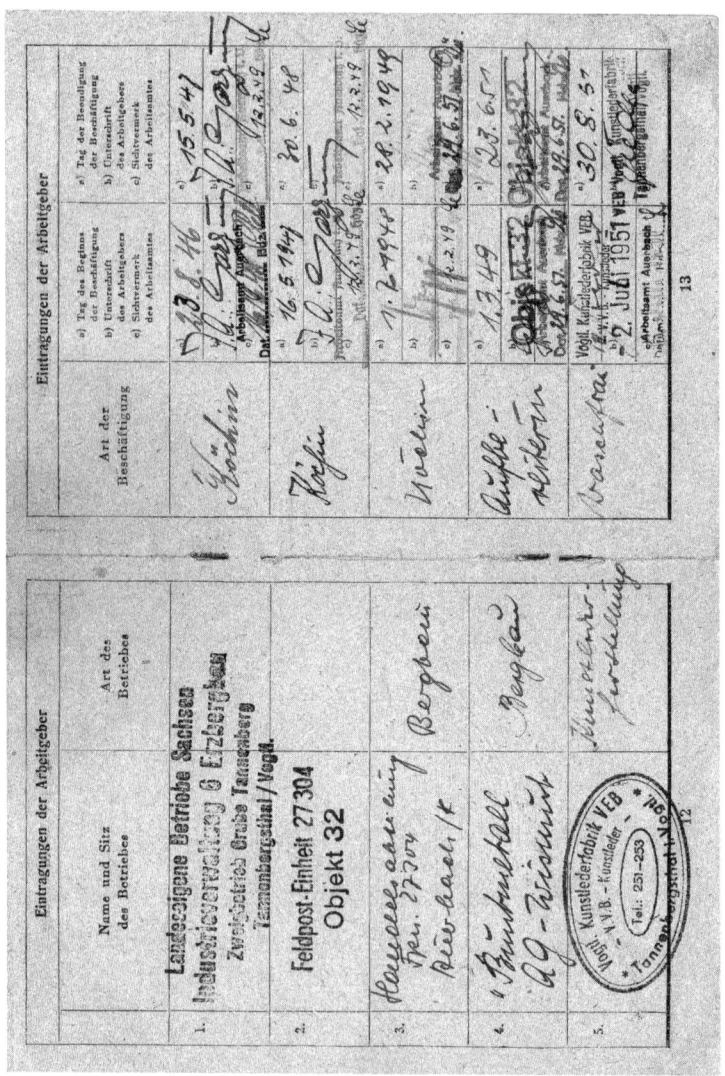

Ausschnitt aus dem Arbeitsbuch meiner Mutter. Unter dem Eintrag
„Feldpost-Einheit 27304 Objekt 32" verbirgt sich ihr Arbeitsverhältnis bei
der AG Wismut und in der Grube Tannenberg.

ist mehr?" war die Losung. Ähnlich dem Goldgräberfieber strömten Männer und Frauen zur „Wismut", ein kleines „Klondike" in Vogtlands Wäldern.

Des besseren Verdienstes wegen arbeitete Mutter nun in der Erzaufbereitung. Hinweise auf eventuelle Gesundheitsschäden, die durch diese Arbeit auftreten könnten, nahm sie in Kauf. Ein Stäubchen aktives Erz an der Kleidung reichte aus, um sich langen Durchsuchungsmanövern unterziehen zu müssen.

„Ich tue es für meine Familie", sagte sie. Wir Kinder bangten. Wenn Mutter zu lange ausblieb, machten wir uns auf den Weg, um sie abzuholen. Ein fahles Licht in der Ferne ließ uns aufatmen. Es war Mutters Karbidlampe.

Der Familie ging es besser. Mutter bekam Zusatzlebensmittelkarten, erhielt Bezugsscheine für Wäsche und Kleidung. Der monatlich zugeteilte hochprozentige Wismutschnaps war ein begehrtes Tauschobjekt für andere Waren und Leistungen.

Endlich fand sich Arbeit in der Kunstlederfabrik am Wohnort, auch im Schichtsystem und ebenfalls gesundheitsbelastend. Dort arbeitete sie bis zu ihrem 62. Lebensjahr, zwei Jahre über das Rentenalter hinaus. Liebevoll hat sie ihre alte Mutter betreut, die in ihrem Haushalt lebte und mit 89 Jahren starb. In ihrer gütigen Obhut waren drei Kinder groß geworden, die ihr viel Freude bereiteten, aber auch Leid. Den viel zu frühen Tod ihres jüngsten Sohnes im Jahre 1991 ertrug sie, wie sie den Tod ihres geliebten Mannes ertragen hatte: in stiller, tiefer Trauer.

Wir waren eine Familie geblieben, eine Familie aus Ostpreußen. Wohlbehütet im Haushalt ihrer Tochter hatte Mutter einen geruhsamen Lebensabend. Sie starb mit 83 Jahren. „Üb' immer Treu und Redlichkeit bis an dein kühles Grab" war ihre Lebensmaxime. Auf dem Friedhof in Reichenbach im Vogtland erinnert ein Grabstein:
Emma Höchst 1911 – 1994.

*(Weitere **ZEITGUT**-Beiträge dieses Autors sind am Buchende vermerkt.)*

Weitere Informationen unter **www.zeitgut.de**

Verfasser

Bisherige Veröffentlichungen: Beiträge in „Blätter für innere Mission", Nürnberg 1949; „Elbing-Kreis-Heft", Balge 1953/1959/1999; „Elbinger Nachrichten", Marl; „Neuendettelsauer Korrespondenzblätter", 1997; „Erlebte Schulgeschichte 1939-1955", Verlag Julius Klinkhardt, Bad Heilbrunn 1997; „Auch das geschah damals", Verlag R. Maskus, Gießen 1999; „Und sie treten aus dem Schatten", epv print, Claudius Verlag; Beiträge in ZEITGUT Band 10, 22 und in „Nichts führt zurück".

Budick, Lisa (Elisabeth), geb. Hanke *S. 168*
geb. 1914 in Berlin, verstorben 2006, lebte in Berlin.
Beruf/Tätigkeiten: Stenokontoristin.

Hansen, Dr. med. Irmgard, geb. Dunkel *S. 130*
geb. 1924 in Bonn/Beuel,
lebt in Mülheim an der Ruhr, Nordrhein-Westfalen.
Beruf/Tätigkeiten: Fachärztin für Kinderheilkunde, im Ruhestand.
Bisherige Veröffentlichungen: in „Städtehygiene". Heft 12/1950; Beitrag in ZEITGUT Band 12.

Heuser, Günter *S. 158*
geb. 1938 in Stöchen, Kreis Gifhorn,
lebt in Lüneburg, Niedersachsen.
Beruf/Tätigkeiten: Fleischer, Berufssoldat (Stabsfeldwebel), a.D.

Höchst, Otto *S. 295*
geb. 1930 in Alt-Kattenau, Kreis Stallupönen, Ostpreußen,
lebt in Auerbach im Vogtland.
Beruf/Tätigkeiten: Dipl.-Staatswissenschaftler, Kulturwissenschaftler, im Ruhestand.
Bisherige Veröffentlichungen: Text für Bildband „Potsdam". Potsdaminformation, 1973; Beiträge in „Preußische Allgemeine Zeitung. Das Ostpreußenblatt": „Feinfühliger Menschensucher - Erinnerungen an meinen Bruder, den Schauspieler und Regisseur Siegfried Höchst", 1999; „Der Tag, als die Vögel schwiegen", 2001; „Mit allem Gnurren und Murren - eine Rede", 2002; „Ungeweinte Tränen", 2004; „Träume und Ängste" und „Die Übernahme", 2005; Beiträge in ZEITGUT Band 12, in „Nichts führt zurück" und „Wo morgens der Hahn kräht. Band 1 und Band 2".

Hünichen, Liesel, geb. Freisenhausen *S. 190, 195*
geb. 1919 in Münster, lebt in Norderstedt, Schleswig Holstein.
Beruf/Tätigkeiten: Sozialarbeiterin, Hausfrau, ehrenamtl. Abgeordnete,
Schöffin, Mitarbeit in Vereinen und Verbänden; Seniorenbeirat.
Bisherige Veröffentlichungen: Beiträge in „Erlebte Geschichte(n) 1933-
1948". Verlagshaus Meinecke, Norderstedt; „Hitlers willige Vollstrecker?",
Jahn & Ernst Verlag, Hamburg; Beiträge in ZEITGUT Band 4, 11, 15,
16, 21, 22, 23, in „Unvergessene Weihnachten. Band 2, 3, 4 und 6", „Ge-
gessen wird immer", „Damals bei Oma und Opa" und „Hoch auf dem
Erntewagen".

Kaube, Nora, geb. Vogel *S. 246*
geb. 1920 in Dorpat, Estland, lebt in Bad Vilbel, Hessen.
Beruf/Tätigkeiten: Berufsschullehrerin, im Ruhestand.
Bisherige Veröffentlichungen: Beitrag in „Damals bei Oma und Opa".

Klevinghaus, Wilma, geb. Biehn *S. 271*
geb. 1924 in St. Alban, Pfalz,
lebt in Erkrath, Nordrhein Westfalen.
Beruf/Tätigkeiten: Volksschullehrerin, im Ruhestand.
Bisherige Veröffentlichungen: Zwei Erzählbände, Quell-Verlag Stuttgart;
Kinderbuch, Brockhaus Verlag, Wuppertal; Erzählungen, Jahn & Ernst
Verlag, Hamburg.

Koch, Rosa *S. 86*
geb. 1913 in Frankfurt/Main, Hessen.
Beruf/Tätigkeiten: Schneiderin, im Krieg Schaffnerin bei der Eisenbahn.

Kramer, Hildegard, geb. Penkalla *S. 155*
geb. 1913 in Hannover, lebt in Hannover, Niedersachsen.
Beruf/Tätigkeiten: Kinderkrankenschwester, im Ruhestand.
Bisherige Veröffentlichungen: im Projekt der „Geschichtswerkstatt Hannover" 2000; Zeitschrift „Widerstand", Heft Nr. 4; 10/2000, lemo-Archiv.

Lang, Karla, geb. Didzuneit *S. 259*
geb. 1924 in Darkehmen, Ostpreußen, verstorben 2006,
lebte zuletzt in Dassel, Niedersachsen.
Beruf/Tätigkeiten: Lehrerin.

Lichtenberger, Sigrid, geb. Mertens   *S. 60*
geb. 1923 in Leipzig,
lebt in Bielefeld, Nordrhein-Westfalen.
Beruf/Tätigkeiten: Hausfrau, jetzt Schriftstellerin.
Bisherige Veröffentlichungen: „Als sei mein Zweifel ein Weg", Gebet-Gedichte, Vandenhoeck & Ruprecht Göttingen, 1995; „Gedichte in unruhigen Zeiten, 1963-2003", 2003; „Der Herbst der Veränderung", Erzählungen, 2003; „Mein Ich im Gefüge der Zeit. - Jungsein in den Jahren 1923-1945", 2005; „Die Freiheit der Verlassenheit", Erzählungen, 2006; „Von Nähe und Abschied", Lyrik, 2006; „Als ob sich Türen öffnen - Mein Lebensweg zwischen 1945 und 2000", 2008; „Weiter- immer noch wieder", Gedichte, 2010; „An diesem Sonntagmorgen", Novelle, 2011; alle Pendragon-Verlag Bielefeld; Beitrag in ZEITGUT Band 22.

Maczey, Gisela, geb. Rosenberg   *S. 78*
geb. 1923 in Berlin, verstorben 2006, lebte in Berlin.
Beruf/Tätigkeiten: zahnärztliche Helferin, OP-Schwester, Röntgenassistentin.
Bisherige Veröffentlichungen: Aphorismen und Gedichte, Beiträge in Anthologien: Pattloch-Verlag, Edition L, actuell-Verlag, Gauke-Verlag; in Zeitschriften: HOFFNUNG, boot, Liboriusblatt, evangelische und katholische Kirchenzeitungen.

Michalik, Elfriede, geb. Stern   *S. 21*
geb. 1936 in Neunkirchen, Siegerland,
lebt in Neunkirchen, Nordrhein-Westfalen.
Beruf/Tätigkeiten: Poststellenleiterin, im Ruhestand.
Bisherige Veröffentlichungen: Beiträge in der Siegerländer Zeitung, 1996/97 und in „Unvergessene Weihnachten. Band 7".

Nowotny, Peter, Dr.   *S. 284*
geb. 1936 in Komotau, heute Tschechien,
lebt in Rettenberg, Bayern.
Beruf/Tätigkeiten: Leitender Landwirtschaftsdirektor, im Ruhestand.
Bisherige Veröffentlichungen: seit 1973 Beiträge in Fachzeitschriften; Touristische Wanderführer, u.a. im AVA Verlag Kempten, Compact Verlag München, Verlag Tobias Dannheimer Kempten (Regional-Krimis), Eberl Verlag Immenstadt (Alpenfluß-Trilogie), Verlag für Heimatpflege

Kempten (Heimatgeschichtliche Werke); Beitrag in „Unvergessene Weihnachten. Band 5 und 6".

Peters, Erika, geb. Köplin   *S. 25*
geb. 1917 in Stolp, Pommern,
lebt in Gerlingen, Baden-Württemberg.
Beruf/Tätigkeiten: Lehrerin, im Ruhestand.
Bisherige Veröffentlichungen: Zeitschrift „Vereinigung staatliche Lessingschule Stolp", 1986-2000, Nr. 34-62, Westpreußen-Verlag, Münster; Literatur-Verlag Dr. Gerhardt + Hilden, Idar-Oberstein; Beitrag in ZEITGUT Band 11.

Rüffer, Liselotte, geb. Alsleben   *S. 153*
geb. 1913 in Berlin, lebt in Düsseldorf, Nordrhein-Westfalen.
Beruf/Tätigkeiten: Fachlehrerin an einer kaufmännischen Berufs-, Fachund Fachoberschule.

Schamp, Gerda Hildegard, geb. Eilers   *S. 140*
geb. 1926 in Oberweimar, Thüringen, verstorben 2002,
lebte zuletzt in Dannenberg/Elbe, Niedersachsen.
Beruf/Tätigkeiten: Floristin.
Bisherige Veröffentlichungen: Bastelbuch, Falkenverlag 1982; Beitrag in ZEITGUT Band 12.

Schmidt, Christa, geb. Sachse   *S. 54, 103*
geb. 1914 in Waldenburg, Schlesien,
lebt in Schneverdingen, Niedersachsen.
Beruf/Tätigkeiten: Lehrerin, Bibliotheksleiterin, im Ruhestand.
Bisherige Veröffentlichungen: Beitrag in ZEITGUT Band 21.

Schmidt-Reins, Hildegard, geb. Reins   *S. 112*
geb. 1924 in Hamburg, verstorben 2012,
lebte zuletzt in Buxtehude, Niedersachsen.
Beruf/Tätigkeiten: Sachbearbeiterin.
Bisherige Veröffentlichungen: „Dreimalsogroß und Halbsolang". Titania-Verlag, Stuttgart 1955; Plattdeutsche Geschichten in Anthologien: „De leeven Naverslüüd". 1990, „Plattdüütsch leevt". 1992, „Een goden Fründ". 1994, alle Quickborn-Verlag, Hamburg; Beitrag in ZEITGUT Band 8.

Siemionow, Elisabeth, geb. Joel *S. 173*
geb. 1922 in Berlin-Charlottenburg, verstorben 2003,
lebte zuletzt in Trier, Rheinland-Pfalz.
Beruf/Tätigkeiten: Buchhalterin und Deutsch-Lehrerin in Polen.
Bisherige Veröffentlichungen: Beiträge in ZEITGUT Band 3, 4, 5, 16
und Auswahlband „Als wir Frauen stark sein mußten".

Sonnemann, Ursula, geb. Stoewer *S. 128*
geb. 1925 in Hameln, lebt in Bremen.
Beruf/Tätigkeiten: Lehrerin an kaufmännischen Berufs- und Handels-
schulen, im Ruhestand.
Bisherige Veröffentlichungen: „Waschtag" (Arbeitslehre), Landesbildstelle
Bremen, 1994; „Buten & Binnen: Schüler spielen Szenen aus der Nazi-
zeit, Unterrichtsstunden in Mathematik und Deutsch", Schulhistorisches
Museum Bremen, 1993; Beiträge in ZEITGUT Band 13, 15, 16 und Auswahlband „Als wir Frauen stark sein mußten".

Steinke, Gerda, geb. Petersohn *S. 200, 291*
geb. 1926 in Berlin, lebt in Berlin.
Beruf/Tätigkeiten: Sekretärin, im Ruhestand.
Bisherige Veröffentlichungen: Beitrag „Der Todeskampf der Reichs-
hauptstadt", CHRONOS-Verlag, 1994; Beitrag „Der Zug in die Freiheit"
in „Berliner Stadtbahn". Ullstein Verlag, 1995; Beiträge zur 21., 22. und
23. Berliner Seniorenwoche; alle Abes-Verlag, 1995/96/97; Beitrag „Bitte, bitte mit Stocklocken!" in „Meine schönste Puppengeschichte". Edition MONA, Karlsruhe 1998; Beitrag „Als die Tage zu Nächten wurden",
Verlag Berlin Story 2003; Beitrag „Schicksalsjahre in Berlin 1945-1960;
Frieling Verlag Berlin; Beitrag „Die BDM-Generation", Verlag für Ber-
lin-Brandenburg-Potsdamer Studien, Beiträge in ZEITGUT Band 8 und
in „Unvergessene Weihnachten. Band 5".

Strube, Anna, geb. Nienstedt *S. 183*
geb. 1922 in Ammensen,
lebt in Delligsen, Niedersachsen.
Beruf/Tätigkeiten: Hausfrau.
Bisherige Veröffentlichungen: Beiträge in ZEITGUT Band 15, in „Barfuß übers Stoppelfeld" und „Hoch auf dem Erntewagen".

Walther, Gertrud, geb. Herzog *S. 205*
geb. 1929 in Karlshagen auf Usedom, lebt in Berlin.
Beruf/Tätigkeiten: Kindergärtnerin, im Ruhestand.

Wegner, Susanne, geb. Daehmel *S. 210*
geb. 1926 in Breslau, Schlesien, lebt in Zeitz, Sachsen-Anhalt.
Beruf/Tätigkeiten: Berufsschullehrerin, im Ruhestand.

Wellner, Ursula, geb. Lehmann *S. 236*
geb. 1926 in Versin, Kreis Rummelsburg, heute Polen,
lebt in Barth, Mecklenburg-Vorpommern.
Beruf/Tätigkeiten: Lehrerin, Fachberaterin für Lehrer der Unterstufe,
Oberstudienrätin, im Ruhestand.
Bisherige Veröffentlichungen: Artikel für „Deutsche Lehrerzeitung"
(DDR), Berlin 1975; Beiträge in ZEITGUT Band 8,15 und in „Unverges-
sene Schulzeit. Band 3".

Werneken, Ingeborg, geb. Schmidt *S. 107*
geb. 1921 in Frankenberg/Eder, verstorben 2011,
lebte zuletzt in Bad Krozingen, Baden-Württemberg.
Beruf/Tätigkeiten: Im Krieg Sekretärin im Landratsamt Frankenberg/Eder,
Anlaufstelle für Flüchtlinge und Ausgebombte, danach Sachbearbeiterin
im Presse- und Sozialamt der Evangelischen Kirche, Oldenburg, im Ruhestand.
Bisherige Veröffentlichungen: Gedichte im Selbstverlag und in Zeitungen;
Beiträge in ZEITGUT Band 8, 9, 18 und 22.

Stöckchen-Hiebe.
Kindheit in Deutschland 1914–1933
52 Geschichten und Berichte von Zeitzeugen
352 Seiten mit vielen Abbildungen,
Ortsregister, gebunden.
Band 3
ISBN 978-3-933336-02-6, EUR 12,90

Pimpfe, Mädels & andere Kinder.
Kindheit in Deutschland 1933–1939
56 Geschichten und Berichte von Zeitzeugen
322 Seiten mit vielen Abbildungen,
Ortsregister, Taschenbuch.
Band 4
ISBN 978-3-86614-112-4, EUR 9,90

Heil Hitler, Herr Lehrer!
Kindheit in Deutschland 1933–1939
50 Geschichten und Berichte von Zeitzeugen
360 Seiten mit vielen Abbildungen,
Ortsregister, Chronologie, gebunden.
Band 13
ISBN 978-3-933336-12-5, EUR 12,90

Gebrannte Kinder.
Kindheit in Deutschland 1939–1945
61 Geschichten und Berichte von Zeitzeugen
384 Seiten mit vielen Abbildungen,
Ortsregister, gebunden.
Band 1
ISBN 978-3-86614-110-0, EUR 9,90

Von hier nach drüben.
Grenzgänge, Reisen und
Fluchten 1945–1961
40 Geschichten und Berichte von Zeitzeugen
352 Seiten mit vielen Abbildungen,
Ortsregister, Chronologie, gebunden.
Band 11.
ISBN 978-3-933336-13-2, EUR 12,90

Deutschland - Wunderland.
Erinnerungen 1950–1960
44 Geschichten von Zeitzeugen
368 Seiten mit vielen Abbildungen,
Ortsregister, Band 18
gebunden, ISBN 3-933336-18-X, EUR 12,90
Taschenb., ISBN 3-86614-115-5,EUR 9,90

Halbstark und tüchtig.
Jugend in Deutschland 1950–1960
48 Geschichten und Berichte von Zeitzeugen
320 Seiten mit vielen Abbildungen,
Ortsregister, Chronologie, Band 17
gebunden, ISBN 3-933336-17-1, EUR 12,90
Taschenbuch, ISBN 3-86614-114-8, EUR 9,90

Schlüssel-Kinder.
Kindheit in Deutschland 1950–1960
46 Geschichten von Zeitzeugen
336 Seiten mit vielen Abbildungen,
Ortsregister, Klappenbroschur.
Band 6
ISBN 978-3-933336-05-7, EUR 12,90

Aus dem Programm.   Alle Bücher finden Sie unter www.zeitgut.de

Zeitzeugen-Erinnerungen gesucht

ZEITGUT ist eine zeitgeschichtliche Buchreihe besonderer Prägung. Jeder Band beleuchtet einen markanten Zeitraum des 20. Jahrhunderts in Deutschland aus der persönlichen Sicht von etwa 35 bis 40 Zeitzeugen. ZEITGUT ergänzt die klassische Geschichtsschreibung durch Momentaufnahmen aus dem Leben der betroffenen Menschen.

Die Reihe ist als lebendiges und wachsendes Projekt angelegt. Herausgeber und Verlag wählen die Beiträge unabhängig und überparteilich aus. Die Manuskripte werden sensibel bearbeitet, ohne den Schreibstil der Verfasser zu verändern. Die Reihe wird fortgesetzt und thematisch erweitert.

Sammlung der Zeitzeugen

Die **Sammlung der Zeitzeugen** faßt autobiografische Einzelbücher zusammen, die ebenfalls das Leben in Deutschland im 20. Jahrhundert beschreiben. Die Bände ermöglichen einen tieferen Einblick in das Schicksal der Verfasser und gestatten es, deren Leben über längere Strecken zu verfolgen.

Manuskript-Einsendungen sind jederzeit erwünscht.

Zeitgut Verlag GmbH
Klausenpaß 14, D-12107 Berlin
Tel. 030 - 70 20 93 0
Fax 030 - 70 20 93 22
E-Mail: info@zeitgut.de

www.zeitgut.de